OS ESTUDOS LITERÁRIOS
EM TRÊS TEMPOS

Dados Internacionais de Catalogação na Publicação (CIP)
(Câmara Brasileira do Livro, SP, Brasil)

Souza, Roberto Acízelo de
    Os estudos literários em três tempos : clássico, moderno, pós-moderno / Roberto Acízelo de Souza. – Petrópolis, RJ : Vozes, 2024.

    ISBN 978-85-326-6691-8

    1. Clássicos literários 2. Literatura – Estudo e ensino I. Título.

23-170606   CDD-807

Índices para catálogo sistemático:
1. Literatura : Estudo e ensino   807

Tábata Alves da Silva – Bibliotecária – CRB 8/9253

ROBERTO ACÍZELO DE SOUZA

OS ESTUDOS LITERÁRIOS EM TRÊS TEMPOS

Clássico, moderno, pós-moderno

© 2024, Editora Vozes Ltda.
Rua Frei Luís, 100
25689-900 Petrópolis, RJ
www.vozes.com.br
Brasil

 Av. Erasmo Braga, 118, 6º andar – Centro
20020-000 Rio de Janeiro, RJ

Todos os direitos reservados. Nenhuma parte desta obra poderá ser reproduzida ou transmitida por qualquer forma e/ou quaisquer meios (eletrônico ou mecânico, incluindo fotocópia e gravação) ou arquivada em qualquer sistema ou banco de dados sem permissão escrita da editora.

CONSELHO EDITORIAL

Diretor
Volney J. Berkenbrock

Editores
Aline dos Santos Carneiro
Edrian Josué Pasini
Marilac Loraine Oleniki
Welder Lancieri Marchini

Conselheiros
Elói Dionísio Piva
Francisco Morás
Gilberto Gonçalves Garcia
Ludovico Garmus
Teobaldo Heidemann

Secretário executivo
Leonardo A.R.T. dos Santos

Editoração: Fernando Sergio Olivetti da Rocha
Diagramação: Monique Rodrigues
Revisão gráfica: Anna Carolina Guimarães
Capa: Érico Lebedenco

ISBN 978-85-6691-8

Este livro foi composto e impresso pela Editora Vozes Ltda.

Sumário

Antonio Carlos Secchin: sua lira dos vinte anos, 7

O figurativo e o abstrato nas artes literárias, 15

Os professores do Colégio Pedro II e a institucionalização da literatura brasileira, 33

O conceito de epopeia na historiografia literária brasileira oitocentista, 47

Termos e conceitos básicos nos estudos literários: reflexões a partir das etimologias, 71

Teoria da literatura, 93

Teoria da literatura: fragmentação, limites, possibilidades, 111

O lugar da crítica nos estudos literários, 115

Croniquinha da profissão I: de como uma geração lidou com a teoria da literatura, 129

Croniquinha da profissão II: a área de letras na universidade brasileira, 135

A questão do método nos estudos literários, 143

Um pouco de metateoria: a historicidade dos estudos literários, 155

Os estudos literários em três tempos: clássico, moderno, pós-moderno, 173

Sobre os textos, 189

Antonio Carlos Secchin:
sua lira dos vinte anos

1973: Antonio Carlos Secchin publica, aos vinte e um anos, *Ária de estação*, reunião de poemas escritos a partir de 1969. Na cena política, anos de chumbo, a ditadura militar no auge de seu poder, tendo reprimido quase tudo o que restava de resistência democrática. Na cena literária, o modernismo nacional completara o seu cinquentenário em 1972, e os vários movimentos de vanguarda que entre nós marcaram as décadas de 1950 e 1960 – concretismo, práxis, poema-processo, tropicalismo – perdiam vigor. Ao mesmo tempo, despontava uma nova maneira poética, que configuraria o que veio a chamar-se poesia marginal, geração mimeógrafo.

O conjunto de poemas teria, com alterações consideráveis, três publicações posteriores: primeiro, como parte da antologia *26 poetas hoje*, de 1976, organizada por Heloisa Buarque de Hollanda; depois, em edição especificada como "revisitada e diminuída" – evidência, aliás, do rigorismo autocrítico do poeta –, na condição de segmento final do terceiro livro de poesia do autor, *Elementos*, datado de 1983; por fim – até que eventualmente venhamos a ter quem sabe nova versão reformulada –, em 2017, no volume *Desdizer*, no qual, como informa o subtítulo – "e antes" –, além de composições do período 2003-2017, recolhem-se os livros anteriores a partir de *Ária de estação*. As observações que se seguem atêm-se exclusivamente a essa versão mais recente, no pressuposto de que ela constitui a mais depurada, segundo o ponto de vista do próprio autor.

O livro consta de dezoito poemas, cuja disposição, no geral, aparentemente não resulta de um plano nítido, salvo pela sequência de três poemas de cunho memorialístico na abertura do livro ("O tempo: saída & entrada", "Inventário" e "Infância"), e de duas composições do tipo por assim dizer engajado ("O soldado" e "Poema do infante"), no seu final.

A nota política, embora "tão infensa à efusão lírica", comparece, por conseguinte, nesses dois poemas finais do livro, e talvez num terceiro, salvo alguma outra formulação mais hermética que nos tenha escapado. Encontramo-la, assim, no penúltimo poema – "O soldado" –, cujos versos finais – "uma fortaleza feita de silêncio / e de palavras derrubadas pelas balas". (p. 189)[1] –, um hendecassílabo e um dodecassílabo ternário assonantes, constituem-se, tendo em vista o contexto de então, como palavra de ordem meio marcial, definindo o lugar da poesia e da linguagem num tempo de força bruta e violência policial. Por sua vez, a última composição – "Poema do infante"; isto é, do jovem combatente de primeira linha, o soldado da infantaria –, de novo em leitura que o contexto da época parece autorizar, assinala, especialmente por meio do ritmo marcante do par final de hendecassílabos ternários – "Minha vida, mapeada e descumprida, / está pronta para o preço dessa hora" (p. 190) –, o altivo destemor da juventude no enfrentamento da repressão política. Por fim, em "O meu corpo se entrelaça", não obstante seu lirismo erótico um tanto cifrado, talvez não seja tão – digamos – arbitrário vislumbrar, naquele desconcertante e hermético verso final – "arbitrário como um cinco" (p. 185) (pois, por que não, p. ex., "como um dois"?), uma alusão ao AI 5, o famigerado monumento legislativo que a ditadura ergueu à arbitrariedade, no final do ano de 1968.

Quanto a filiações literárias, esse livro de estreia – na verdade, de estreia no circuito comercial, pois precedido de *A ilha*, de 1971, edição particular de cem exemplares – já revela um traço do autor que se confirmará nas suas próximas obras: a receptividade a concepções diversas de poesia, mas, ao mesmo tempo, a distância mantida em relação a grupos, movimentos e estilos históricos definidos, em busca de dicção própria.

Assim, demonstra grande apreço por poetas novecentistas, em poemas que lhes dedica – "A João Cabral" e "A Fernando Pessoa" –, mas limita-se a emulá-los ludicamente nessas composições, sem se deixar levar pela maneira desses autores nos demais textos do livro. Por outro lado, celebra-se o Novecentos, também demonstra alto apreço pela poesia dos séculos XV e XVI, evocada em "Cantiga", que recicla um poema antológico de João Ruiz de Castelo Branco, de mistura com matizes de certa "triste e leda madrugada" camoniana. E tangencia também, de modo sucinto e ligeiro, muito *en passant* e sem apego, movimentos poéticos ainda ativos naquele início dos anos de 1970, como o concretismo e a práxis, nos exercícios "Itinerário de Maria" e "Poema".

---

1. As páginas das citações correspondem às da edição indicada nas referências.

Se, porém, tivermos de identificar, no âmbito das opções estilísticas, um traço geral a unificar conjunto assim tão variado, diríamos que este será a herança modernista, bem marcada no plano das imagens e no sintático, e também no plano da versificação, embora neste de modo claramente por assim dizer apenas relativo. Vejamos isso mais em detalhe.

Os poemas estão repletos de efeitos semânticos arrojados, obtidos pela aproximação entre palavras de sentidos incongruentes, recurso às vezes associado a construções sintáticas inusuais, tudo isso em desacordo com a rotina idiomática. Por esse motivo, frequentemente a comunicabilidade cede ao hermetismo, em perfeita consonância com processos técnicos que o modernismo sintetizou a partir de prescrições futuristas, dadaístas e surrealistas. Alguns exemplos:

> A vez de quem nunca outro após
> além daqui, jamais rios ("Infância", p. 175).

> Me aprendo em teu silêncio
> feliz como um portão azul ("Cartilha", p. 182).

> Como fóssil farejando os espantos
> de seu onde amor [...] ("Busca", p. 184).

> O vento era um abraço salgado
> que os peixes telegrafaram ("Visita", p. 186).

> [...] o hálito das pedras
> que existem em ti
> – estéril dorso entre águas
> estancadas ("Poema do infante", p. 190).

No plano da versificação, contudo, se, à primeira vista, o que se nota é um alheamento quase absoluto em relação a esquemas e padrões reconhecíveis – marca registrada do modernismo, como se sabe –, leitura um pouco mais atenta logo perceberá a presença de procedimentos de procedência antemodernista (e, de certo modo, antimodernista). Tomando versificação em sentido amplo – aí se compreendendo, por conseguinte, não só a medida dos versos, mas também o arranjo das rimas e das estrofes –, analisemos esses aspectos dos poemas.

Comecemos pela questão das rimas. Na maioria dos poemas – doze –, salvo uma ou outra de tipo menos evidente que não tenhamos percebido, dispensam-se as rimas. Em pelo menos seis deles, no entanto, a técnica da rima é acionada.

Em "A João Cabral" encontramos um tipo de rima particularmente cara ao poeta homenageado, cujo emprego põe em relevo o caráter de emulação lúdica da composição. Trata-se da rima toante, muito comum na poesia medieval da língua portuguesa, e que, por seu caráter discreto e talvez mais gráfico do que sonoro, caiu nas graças de João Cabral, que a revitalizou em diversas de suas composições. No poema em apreço, veja-se a nota cabralina das rimas toantes, na última estrofe:

> O engenheiro debruçado
> sobre as ar*es*tas do concr*e*to
> soletra o f*io* de seus r*ios*
> entre as sílabas do des*e*rto (p. 177).

Na estância anterior, porém, os versos segundo e quarto configuram rima consoante – are*ais* / c*ais* –, o que introduz no poema uma diferença em relação ao caráter sistemático que o recurso à rima toante assume na obra de Cabral.

Já no outro poema homenagem/emulação – "A Fernando Pessoa" –, a rima é consoante – inf*antes* / dist*antes*; m*ar* / naufrag*ar* –, segundo a preferência do homenageado, e, juntamente com a seleção do vocabulário e o tom meditativo algo ocultista, contribui para conferir o ar pessoano de que se revestem os versos.

Em "A ilha", um poema em *terza rima*, temos também rimas consoantes, empregadas, no entanto, sem o entrecruzamento sistemático que costura uns aos outros os tercetos dessa espécie poética. Aqui as rimas aparecem dispostas de modo livre e solto, às vezes entre versos de tercetos distintos, à maneira das realizações clássicas dessa forma de poesia, mas às vezes elas se dão entre versos do mesmo terceto, e isso em meio a versos sem rima, anotando-se ainda a existência de uma rima toante isolada. Assim, o segundo verso do primeiro terceto rima com o primeiro do subsequente (traz*ia* / mares*ia*), enquanto rimam os versos segundo e terceiro deste (constru*ída* / part*ida*). Na sequência, observa-se rima entre o último verso do terceiro terceto e o segundo da estrofe seguinte (gl*ória* / hist*ória*), bem como entre o primeiro verso do quarto terceto e o segundo do subsequente (est*io* / fr*io*). Por fim, enlaça o penúltimo e o último tercetos a rima toante que vincula o primeiro verso daquele com o terceiro deste: m*aio* / espr*aia*.

A composição intitulada "Poema", por sua vez, é repleta de rimas, quase todas providas da chamada consoante de apoio – d*rama* / g*rama* / t*rama* / c*ama*; t*osse* / p*osse*; gr*eve* / br*eve* –, tipo de rima, como se sabe, muito valorizado pelos parnasianos, e por isso mesmo ridicularizado por Bandeira no seu famoso "Os sapos". Aqui, porém, tratando-se de um estudo em afinação vanguardista, o papel da rima não é o tradicional; isto é, marcar sonoramente o limite dos versos. Até por causa de sua inusitada acumulação, na brevidade abrupta do texto, elas se põem a serviço de uma montagem de palavras soltas, suscetíveis de leituras multidirecionais, mediante combinações alternativas das unidades componentes das duas colunas que estruturam graficamente o poema.

Finalmente, são dotados de rimas os poemas "Cantiga" – de que trataremos adiante – e "O meu corpo se entrelaça", observando-se neste duas rimas: consoante, entre os versos primeiro e segundo (entrel*aça* / c*aça*), e toante, entre o nono e o último: s*in*to / c*in*co.

No que tange à estrofação, o princípio construtivo amplamente predominante é a irregularidade. Excluídas as composições "Itinerário de Maria" e "Poema", cujo visual vanguardista não comporta falarmos em estrofes, onze dispõem de estrofe única, com número de versos variável e não correspondente a padrões estróficos tradicionais. Dentre os que apresentam mais de uma estrofe, que são em número de cinco, dois têm estrofação irregular – "Tempo de saída & entrada" e "Ver" –, enquanto três mostram-se regulares em relação a esse aspecto: um se compõe de três quadras – "A João Cabral" –, outro de seis tercetos mais o verso final – "A ilha" –, e um terceiro, de dois quartetos: "Cantiga".

Quanto a questões de ordem métrica, iniciemos pela análise de um texto no que concerne a esse elemento composicional.

O poema "Inventário" parece completamente alheio a qualquer padrão métrico, resolvendo-se, à modernista, numa sequência de linhas deliberadamente desiguais em extensão e cadência:

> Um urso caolho
> o piano antigo
> seu silêncio de madeira
> cheio de fugas pra brincar lá fora
> passarinho morto na janela que nem um tambor quebrado (p. 174).

Se seu aspecto gráfico, e certamente uma interpretação oral defeituosa a que fosse submetido, de fato dão a impressão de anarquia métrica, a conclusão será bem outra, no entanto, caso prestemos um pouco mais atenção ao texto.

Na verdade, o poema processa esquemas codificados na tradição métrica da língua portuguesa, combinando versos de cinco, sete, nove e dez sílabas. Inclusive, no caso destes últimos, pertencentes a padrões rítmicos mais estáveis do que os versos de cinco e sete sílabas, observe-se que, no decassílabo, utiliza-se um dos seus dois padrões característicos – o compasso sáfico (quarta/oitava/décima), em vez do heroico (sexta/décima) –, ao passo que, no eneassílabo, se experimenta cadência inusual nesse tipo métrico: em vez de acentos tônicos na terceira, sexta e nona sílabas, ou na quarta e nona, o que temos é o ritmo quinta/nona. Detalhemos, verso a verso.

Os dois primeiros são pentassílabos, ou, segundo a designação tradicional dessa espécie de verso, redondilhas menores: Um[1] / ur[2] / so[3] / ca[4] / o[5] / lho; // o[1] / pi[2] / a[3] / no an[4] / ti[5] / go. O terceiro é um heptassílabo, dito também redondilha maior: seu[1] / si[2] / lên[3] / cio[4] / de[5] / ma[6] / dei[7] / ra. O quarto, um decassílabo sáfico, dado que seus acentos tônicos recaem nas sílabas quarta, oitava e décima: chei[1] / o[2] / de[3] / fu[4] / gas[5] / pra[6] / brin[7] / cár[8] / lá[9] / fó[10] / ra. O quinto, por sua vez, deixa-se decompor em dois: um eneassílabo de cadência não usual, como dissemos, pois com acentos incidentes na quinta e nona sílabas – pas[1] / sa[2] / ri[3] / nho[4] / mór[5] / to[6] / na[7] / ja[8] / ne[9] / la –, e uma redondilha maior: que[1] / nem[2] / um[3] / tam[4] / bor[5] / que[6] / bra[7] / do.

A conclusão que se impõe, à vista dessas considerações, é que o poema, não obstante a opção pelo verso livre, nem por isso deixa de incorporar na sua fatura cadências regulares, embora dispostas sem recurso a arranjos previsíveis. Aliás, é justamente o emprego dessas cadências regulares que, no poema "Aviso", pela reconfiguração de um anúncio classificado do velho *Jornal do Brasil* (conforme esclarece nota de rodapé ao texto), resgata para o campo poético a insignificância prosaica desse material linguístico:

> Desfiz noivado
> vendo sem uso
> almofadas soltas
> jogo
> mesinha mármore rosa
> cama sofá arquinha (p. 176).

Vejamos:

Nos três primeiros versos, a sequência de dois tetrassílabos e um pentassílabo como que mimetiza, no seu andamento arrastado, a abulia em que ficou a enunciadora do aviso, ante o fim da ingênua expectativa do casamento.

Depois, o quarto verso – univocabular e monossilábico – produz uma quebra desse ritmo lento, preparando a fluência rápida dos dois últimos, em cujos compassos acelerados encarna-se o alívio anímico de quem sacode de si símbolos de más lembranças. Observe-se que se trata de um heptassílabo e de um hexassílabo, porém ritmicamente uniformes, graças ao balanço dos acentos tônicos. Assim, no heptassílabo, como os acentos incidem nas sílabas segunda, quarta e sétima – me[1] / sí[2] / nha[3] / már[4] / mo[5] / re[6] / ró[7] / sa –, a atenuação da primeira sílaba virtualmente o transforma em verso de seis sílabas. No hexassílabo, são fortes as sílabas primeira, quarta e sexta – cá[1] / ma[2] / so[3] / fá[4] / ar[5] / qui[6] / nha –, e desse modo, sobrepondo as duas cadências, temos: no heptassílabo, abstraída a atenuada primeira sílaba, uma fraca entre duas tônicas, e depois duas fracas entre duas tônicas; e no hexassílabo, em inversão simétrica, duas fracas entre duas tônicas, e depois uma fraca entre duas tônicas. O balanço descrito pode ser graficamente assim representado:

Eis então como, por artes das cadências regulares, a prosa do anúncio classificado cede vez à poesia.

Analisemos agora o poema que acumula recurso às três regularidades de versificação a que nos referimos; isto é, regularidade estrófica, rímica e métrica. Trata-se do já mencionado "Cantiga":

> Senhora, é doença tão sem cura
> meu querer de vossos olhos tão distantes,
> que digo: é maior a desventura
> ver os olhos sem os ver amantes.
>
> Senhora, é doença tão largada
> meu querer de vossa boca tão serena,
> que até mesmo a cor da madrugada
> é vermelha de chorar a minha pena (p. 183).

Em cada um dos quartetos, os versos ímpares são eneassílabos, ao passo que os pares, hendecassílabos, o que configura estrofe heterométrica, porém distinta dos esquemas comuns para a combinatória de medidas diferentes na mesma estância. As rimas, por sua vez, são consoantes, e se dispõem de modo alternado em cada um dos quartetos; isto é, neste poema, tudo conforme a regularidades formais.

Cremos assim ter demonstrado como a opção estilística dominante em *Ária de estação* é de feição modernista, impondo-se no plano das imagens e no da sintaxe, porém revelando-se um tanto relativizada no nível da versificação, pela presença constante de procedimentos que o modernismo por princípio rejeitou. Acrescentemos agora outro ponto de divergência em relação a processos de composição modernistas: o deslocamento do diálogo com a tradição do plano da paródia, de ânimo em geral destruidor, cômico e sarcástico, para o da emulação lúdica, que implica relação de acolhimento por assim dizer amoroso do seu texto-objeto, funcionando verdadeiramente como homenagem. Estão nesse caso, como já dissemos, os poemas "A João Cabral" e "A Fernando Pessoa", bem como "Cantiga", que toca ligeira e afetuosamente num soneto camoniano ("Aquela triste e leda madrugada, / Cheia toda de mágoa e de piedade, / Enquanto houver no mundo saudade / Quero que seja sempre celebrada. // Ela só, quando amena e marchetada / Saía, dando ao mundo claridade [...]"), e ao mesmo tempo rememora, comemora e revitaliza o primor que é certa composição João Ruiz de Castelo Branco ("Senhora, partem tão tristes, / meus olhos por vós, meu bem, / que nunca tão tristes vistes / outros nenhuns por ninguém").

Enfim, nesse livro que o próprio autor (2017b, p. 198) qualifica como "[sua] lira dos vinte anos", já se vislumbram traços que suas obras posteriores reiterariam: um poeta que, receptivo a tendências as mais diversas, revela-se capaz de processá-las em chave muito pessoal, concebendo a poesia como um constante equilíbrio tenso entre o dizer e o desdizer.

Referências

JOBIM, J. O poeta como crítico ou O crítico como poeta. *In*: FARIA, M.L.G.; OLIVEIRA NETO, G. (orgs.). *Secchin: uma vida em letras*. Rio de Janeiro: UFRJ, 2013, p. 371-384.

SECHIN, A.C. Ária de estação (1969-1973). *Desdizer, e antes*. Rio de Janeiro: Topbooks, 2017a, p. 171-192.

SECHIN, A.C. Um depoimento. *Desdizer, e antes*. Rio de Janeiro: Topbooks, 2017b, p. 193-209.

ZILBERMAN, R. Retrato do poeta quando jovem artista. *In*: FARIA, M.L.G.; OLIVEIRA NETO, G. (orgs.). *Secchin: uma vida em letras*. Rio de Janeiro: UFRJ, 2013, p. 237-246.

O figurativo e o abstrato
nas artes literárias

1

Muito antiga a tradição que associa as letras à pintura. Até onde me foi possível rastrear, detém a primazia desse paralelo um poeta grego que viveu nos séculos VI-V a.C., Simônides de Ceos, a quem se costuma atribuir o crédito por sentença famosa: "A pintura é uma poesia silenciosa e a poesia uma pintura que fala" (cf. Ramos, 1964, p. 102). Essa mesma aproximação encontramos em Platão, no livro X d'*A república*, em que o filósofo estabelece analogias entre o ofício do pintor e o do poeta, a propósito de definir o conceito socrático de imitação. E a afinidade entre essas duas artes prossegue sendo assinalada no curso dos séculos, presente, por exemplo, no capítulo II da *Poética* de Aristóteles, no princípio horaciano cristalizado na expressão *ut pictura poesis*, no capítulo XVII do pequeno tratado sobre a noção de sublime atribuído a Longino, e em diversas outras obras história afora que minha limitada erudição não alcança.

A pintura de que cogitam esses autores é claramente uma arte figurativa e verista, tanto mais bem realizada quanto mais fiel ao objeto que pretende imitar. Nesse sentido, lembremos duas anedotas protagonizadas por um pintor grego do século V a.C., Zêuxis, admirado pela impressão de realismo suscitada por seus quadros. Certa vez, ele pintou um rapaz com um cesto de uvas, e os passarinhos vieram bicar a tela, confundindo as uvas pintadas com frutas de verdade. Felicitado por tamanha demonstração de competência, recusou os cumprimentos, alegando que, se tivesse pintado bem o rapaz, as aves se assustariam com ele e não se teriam aproximado. De outra feita, pintou um cacho de uvas, para um concurso. Quando mostrou o quadro, os passarinhos vieram bicar as uvas pintadas. Em seguida, pediu que seu concorrente desembrulhasse a obra que trouxera, e o adversário lhe explicou que o quadro consistia justamente na simulação da embalagem.

Assombrado com a destreza do colega, deu-se por vencido, dizendo que seu feito fora meramente enganar os pássaros, ao passo que seu rival tinha conseguido iludir o olhar especializado de um artista.

Se dúvidas houver quanto à pressuposição do caráter figurativo da pintura nessas concepções da Antiguidade, veja-se uma das condições referidas na *Poética* aristotélica (1966, p. 71) para a recepção prazerosa de "imagens"; isto é, de quadros ou representações icônicas: "[...] tal é o motivo por que [os homens] se deleitam perante as imagens: olhando-as, [...] discorrem sobre o que seja cada uma delas, [e dirão], por exemplo, 'este é tal'. Porque, se suceder que alguém não tenha visto o original, nenhum prazer lhe advirá da imagem, como imitada [...]".

No entanto, na continuação dessa passagem, acredito que não será um caso de superinterpretação vislumbrar uma abertura para os aspectos não figurativos da pintura, pois o filósofo admite que, caso o espectador não tenha visto o original, a contemplação prazerosa da obra decorrerá "da execução, da cor ou qualquer outra causa da mesma espécie" (1966, p. 71). Ainda que essa afirmação não implique propriamente admitir a possibilidade plena de uma pintura abstrata, credenciar a "execução" e a "cor" como suficientes para garantir o prazer na recepção de obras pictóricas, dispensando-se, pois, a exigência de que elas se constituam como figuração de objetos ou cenas reconhecíveis, demonstra que o pensamento antigo não permaneceu inteiramente alheio a essa possibilidade.

Acrescentemos mais um testemunho que depõe a favor dessa hipótese. Num texto de Luciano de Samósata, "Zêuxis ou Antíoco", menciona-se a atitude que teria tido o pintor, em fala dirigida a seu aprendiz, frustrado pelo fato de os espectadores terem vibrado de entusiasmo tão somente com o verismo da cena representada no quadro que então dava a público, em que figurava uma família de centauros: "Vamos embora, Mikkion, embale o quadro para levá-lo para casa; essa gente só louva a lama do ofício e não se importa com a essência da beleza e o fundamento da arte; o talento da execução desaparece frente ao imprevisto da matéria" (*apud* Hansen, 2019 [2007], p. 285). Zêuxis valoriza, pois, a "execução", que é para ele o "fundamento da arte"; assim, relativizando a importância do elemento figurativo – e mesmo desdenhando dele –, se não chega a fazer profissão de fé no abstracionismo em matéria de pintura, pelo menos chama a atenção para essa virtualidade de sua arte, no seu tempo ainda inexplorada.

Já se terá percebido que essa ideia de arte como figuração; isto é, como referência a objetos exteriores e preexistentes às obras, decorre do famoso conceito antigo de imitação, que hoje, em nossos estudos, costumamos nomear com o helenismo *mímesis*. No entanto, mesmo na conhecida passagem em que Aristóteles

(1966, p. 68-69) define o conceito, há uma intrigante menção à música, que é, como sabemos, a mais puramente não figurativa de todas as artes. Vejamos:

> A epopeia, a tragédia, assim como a poesia ditirâmbica e a maior parte da aulética e da citarística, todas são, em geral, imitações. [...] tal como há os que imitam muitas coisas, exprimindo-se com cores e figuras [...], assim acontece nas sobreditas artes: [...] todas elas imitam com o ritmo, a linguagem e a harmonia.

Detenhamo-nos um pouco no trecho: segundo minha interpretação, a estratégia para definir o conceito se baseia na modalidade artística obviamente imitativa – aquela que se expressa mediante cores e figuras – isto é, a pintura; em seguida, estabelece analogias desta com artes cujo caráter imitativo não é por si só tão evidente, as artes verbais – epopeia, tragédia, ditirambo – e as musicais – aulética e citarística. Ora, com alguma boa vontade admite-se que as primeiras podem ser consideradas imitativas, pois, no ambiente conceitual da retórica, as palavras (*verba*) devem guardar correspondência com as coisas (*res*); mas o que dizer da aulética e da citarística – e também da siríngica, logo depois referida pelo autor –, visto que a música nada figura, só podendo ser apreciada, por conseguinte, enquanto pura "execução"?[1] Não teríamos, nessa compreensão de todas as espécies artísticas na mesma chave, o reconhecimento de que todas compartilham com a música a dimensão abstrata ou não figurativa que a caracteriza?[2] Em outros termos: embora os produtos miméticos – isto é, as obras de arte – sejam, em princípio e por definição, figurativos, a inclusão da música entre eles não consagra a ideia de que a mímesis pode não ser figurativa, o que representaria outra abertura para a percepção de uma eventual dimensão abstrata das artes literárias? Inclino-me a achar que sim.

---

1. Como se sabe, só excepcionalmente a música representa, com seus meios próprios, sons extramusicais. Por isso, essas exceções tendem a tornar-se bastante conhecidas, exatamente por essa singularidade. Casos, para citar dois exemplos, do segundo movimento (Canto do sertão) das *Bachianas brasileiras n. 4*, de Villa-Lobos, em cujo fundo se percebe o canto da araponga, e do "Voo do besouro", trecho da ópera *O conto do Czar Saltan*, de Korsakov.

2. Há uma passagem d'*A política* (livro VIII, 5) em que Aristóteles também se refere à natureza mimética da música: "É precisamente nos ritmos e nas melodias que nos deparamos com as imitações mais perfeitas da verdadeira natureza da cólera e da mansidão, e também da coragem e da temperança, e de todos os seus opostos e outras disposições morais [...]" (Aristóteles, 1998, p. 579). No entanto, como se vê, a mímesis musical, nos termos do filósofo, não consiste em figurar ou representar as "paixões" referidas – cólera, mansidão, coragem, temperança etc. –, mas – talvez se possa dizer –, por sua própria natureza não figurativa, é capaz de suscitar, induzir ou sugerir essas "paixões" naqueles que a ouvem. Como e por que assim é Aristóteles não esclarece – e, de minha parte, não sei quem o faça; parece questão refratária a análises.

2

Nas fontes até aqui examinadas, contudo, permanecemos no âmbito de sumárias menções à nossa questão, a serviço de uma definição do modo de ser da poesia, as quais não se propõem, por conseguinte, constituírem-se como instrumento conceitual aplicável à análise de técnicas e formas literárias. Essa dimensão, menos especulativa e mais operacional, se delineia, por sua natureza, não no âmbito da filosofia, mas no da retórica, que disciplinou os processos pelos quais a *scriptio* – o ato genérico de escrever – especifica-se em *descriptio*, que vem a ser um pintar com palavras. A ideia de descrição torna-se assim objeto de classificações retóricas, situando-se, segundo o complexo sistema em que Heinrich Lausberg (1967-1968 [1960]; 1966 [1963] as recolhe, na seguinte cadeia de categorias: uma das virtudes da elocução, do tipo ornato, da modalidade figura – figura de sentença, por adição, de amplificação alargante e de acumulação pormenorizante –, chamada *evidência, demonstração, ilustração, energia* ou *hipotipose*. Essa figura de pensamento, por sua vez, na compulsão taxionômica da retórica, se subdivide em espécies, segundo os distintos objetos da descrição: *etopeia*, descrição do modo de ser ou caráter dos personagens; *prosopografia*, da aparência exterior dos personagens; *pragmatografia*, de objetos; *cronografia*, dos aspectos do tempo (estações do ano, partes do dia); *topopesia*, de lugares imaginários; *topografia*, de lugares reais.

Capitulada então como figura, a descrição, demonstração, ilustração ou evidência se tipifica sob os referidos cabulosos termos da nomenclatura retórica. Encontra-se, por exemplo, em manuais brasileiros de retórica e poética do Oitocentos, definida ora sob o nome de *hipotipose* – "[...] figura com a qual pinta-se o objeto com tão vivas cores e imagens tão verossímeis, que se põe de alguma sorte debaixo dos olhos de quem ouve ou lê. É menos uma descrição do que uma pintura" (Honorato, 1870 [1859], p. 105) –, ora sob a designação de *energia*:

> [...] pintura feita com tal viveza, que parece estar-se vendo o objeto representado por ela. À semelhança da pintura feita com tintas, que fielmente nos representa o objeto contido em seu quadro, a enargia desperta em nossa fantasia objetos físicos de tal maneira, que parece-nos estar realmente vendo o quadro mental que se nos representa (p. 63).

Integra ainda esse conjunto de conceitos retóricos o termo *écfrase* – aliás, palavra de custosa acomodação à fonologia da língua portuguesa. Conforme Hansen (2019 [2007], p. 257), provém do grego *ekphrasis* – de *phrazo*, "fazer entender", e *ek*, "até o fim" –, e significa "exposição" ou "descrição". Segundo a mesma fonte, o vocábulo designava em princípio um fragmento textual produzido a título de exercício de eloquência ou declamação, assinalado por representação verbal vívida e plástica do objeto em causa. Embora o dicionário geral consultado o consigne como termo da retórica que significa "descrição minuciosa de uma pessoa ou de um objeto" (Houais, 2001, p. 1095), um emprego mais especializado, baseado em fontes antigas, o define como *antigraphai ten graphein*, contrafazer do pintado, ou emulação verbal que compete com a pintura, descrevendo quadros inexistentes como *enargeia*" (Hansen, 2019 [2007], p. 257); isto é, "descriç[ão] de obras de arte, presumivelmente imaginárias" (Ginzburg, 2007 [1988], p. 22).

Mas a descrição presta-se também a uma apropriação ainda mais didática, concebida como um gênero do estilo ou da composição, ao lado da dissertação e da narração, integrando assim o jogo de noções básicas para o ensino de redação, e dando margem a definições como as seguintes: "Descrever é representar verbalmente as diversas partes de um objeto, de um conjunto de objetos, ou de uma cena, de modo a despertar na mente do leitor, ou do ouvinte, a imagem nítida daquilo a que nos referimos" (Bilac; Bomfim, 1912 [1899], p. 77); "Descrição é a representação verbal de um objeto sensível; é uma pintura, cujas linhas, sombras e cores são as palavras e o estilo" (Guerra, 1956 [1938], p. 161).

Gênero da composição ou figura, importa assinalar que a descrição, numa tradição que se estende da Antiguidade até o início do século XX, desfrutou sempre de grande apreço por parte da crítica, cuja influência terá por sua vez induzido o público em geral a igualmente apreciá-las. Poderia multiplicar exemplos de manifestações de entusiasmo pelo gênero ou figura em causa, mas vou-me restringir somente a duas, ambas de críticos oitocentistas a propósito de poetas épicos nacionais do século XVIII: "[Santa Rita Durão] sabe, quando lhe apraz ou quando o assunto o favorece, desenhar e colorir como os grandes mestres, e pode dizer [...], como Corregio: 'Son pittore anch'io'" (Silva, 1853, p. 214); "Com a intuição só dada ao gênio, pressentiu Basílio da Gama que um dos principais títulos pelos quais no futuro seria apreciado o seu poema [*O Uraguay*] consistia na parte descritiva: e ei-lo que de formosos quadros da natureza adereça a sua epopeia" (Pinheiro, 1978 [1862], p. 384).

3

Mas vamos sair um pouco da aridez teórica desta exposição, para ilustrar as mencionadas modalidades de descrição com alguns exemplos que recolhi na memória de minhas leituras. Pela natureza do que pretendo mostrar, pareceu-me inevitável recorrer a citações extensas. Mas, *et pour cause*, aqui teremos a parte colorida e sensual dessa prosa em preto e branco. Vejamos:

Primeiro, a écfrase de uma peça musical, que extraio de *Em busca do tempo perdido*:

> [...] ouvira uma obra para piano e violino. Primeiro, só lhe agradara a qualidade material dos sons empregados pelos instrumentos. E depois fora um grande prazer quando, por baixo da linha do violino, tênue, resistente, densa e dominante, vira de súbito tentar erguer-se num líquido marulho a massa da parte do piano, multiforme, indivisa, plana e entrechocada como a malva agitação das ondas que o luar encanta e bemoliza. Mas em certo momento, sem que pudesse distinguir nitidamente um contorno, dar um nome ao que lhe agradava, subitamente fascinado, procurara recolher a frase ou a harmonia – não o sabia ele próprio – que passava e lhe abria amplamente a alma, como certos perfumes de rosas, circulando no ar úmido da noite, têm a propriedade de nos dilatar as narinas (Proust, 1993 [1913], p. 206).

Uma segunda écfrase, passagem de um romance de Rubens Figueiredo, agora referente a uma obra pictórica:

> A primeira pintura era um barco a seco. Um bote meio tombado sobre a areia da praia, quase esmagado contra o chão por um céu maciço, um céu escovado por nuvens. O casco estendido inteiro sobre a areia, onde não podia boiar nem afundar. Um bote empurrado para tão longe da água que nem a maré cheia poderia vir buscá-lo. No costado do bote, quase no centro, uma queimadura abria uma ferida em brasa sobre o fundo castanho da tampa da caixa de charutos, feita de cedro. Quando observada, quando fixada com insistência na mira do olhar, essa chama se irradiava, só por um segundo, entre o cinzento tostado das cinzas em volta (Figueiredo, 2001, p. 185).

Um terceiro exemplo de écfrase, trecho do romance *O seminarista*, de Bernardo de Guimarães, dedicado a descrever esculturas:

> Sobe-se ao adro da capela [do Senhor Bom Jesus de Matosinhos] por uma escadaria de dois lances flanqueados de um e outro lado pelos vultos majestosos dos profetas da antiga lei, talhados em pedra e de tamanho um pouco maior do que o natural.
>
> [...] a execução artística está muito longe da perfeição. Não é preciso ser profissional para reconhecer nelas a incorreção do desenho, a pouca harmonia e a falta de proporção de certas formas. Cabeças malcontornadas, proporções malguardadas, corpos por demais espessos e curtos, e outros muitos defeitos capitais e de detalhes estão revelando que esses profetas são

filhos de um cinzel tosco e ignorante... Todavia as atitudes em geral são características, imponentes e majestosas, as roupagens dispostas com arte, e por vezes o cinzel do rude escultor soube imprimir às fisionomias uma expressão digna dos profetas.

O sublime de Isaías, o terrível e sombrio de Habacuc, o melancólico de Jeremias são especialmente notáveis pela beleza e solenidade da expressão e da atitude. A não encará-los com as vistas minuciosas e escrutadoras do artista, esses vultos ao primeiro aspecto não deixam de causar uma forte impressão de respeito e mesmo de assombro. Parece que essas estátuas são cópias toscas e incorretas de belos modelos de arte, que o escultor tinha diante dos olhos ou impressos na imaginação (Guimarães, [196-], [1872], p. 40-41)[3].

De Raul Pompeia (1981 [1888], p. 33-34), uma sequência em que uma etopeia quase se confunde com uma prosopografia:

O Dr. Aristarco Argolo de Ramos, da conhecida família do Visconde de Ramos, do Norte, enchia o Império com seu renome de pedagogo. [...] em dias de gala, íntima ou nacional, festas do colégio ou recepção da coroa, o largo peito do grande educador desaparec[ia] sob constelações de pedraria, opulentando a nobreza de todos os honoríficos berloques.

Nas ocasiões de aparato é que se podia tomar o pulso ao homem. Não só as condecorações gritavam-lhe do peito como uma couraça de grilos [...]. Aristarco todo era um anúncio. Os gestos, calmos, soberanos, eram de um rei – o autocrata excelso dos silabários; a pausa hierática do andar deixava sentir o esforço a cada passo, que ele fazia para levar adiante, de empurrão, o progresso do ensino público; o olhar fulgurante, sob a crispação áspera dos supercílios de monstro japonês, penetrando de luz as almas circunstantes – era a educação da inteligência; o queixo, severamente escanhoado, de orelha a orelha, lembrava a lisura das consciências limpas – era a educação moral. A própria estatura, na imobilidade do gesto, na mudez do vulto, a simples estatura dizia dele: aqui está um grande homem... não

---

3. O parágrafo suprimido, por impertinente para o que se pretende ilustrar com a citação, acrescenta um dado para a identificação do "rude escultor" mencionado, que não é outro, como já se terá percebido, senão o Aleijadinho: "É sabido que essas estátuas são obra de um escultor maneta, ou aleijado da mão direita, o qual, para trabalhar, era mister que lhe atassem ao punho os instrumentos" (Guimarães, [196-], [1872], p. 40). Não vem ao caso para a questão aqui analisada, mas o trecho é interessante como documento do caráter ambíguo de uma leitura romântica (de 1872, quando da publicação do romance) da arte que mais tarde seria exaltada como barroca: não obstante seus "defeitos capitais", seria dotada de "beleza", e capaz de suscitar "forte impressão de respeito e mesmo de assombro".

veem os côvados de Golias?!... Retorça-se sobre tudo isto um par de bigodes, volutas maciças de fios alvos, torneadas a capricho, cobrindo os lábios fecho de prata sobre o silêncio de ouro, que tão belamente impunha com o retraimento fecundo do seu espírito – teremos esboçado, moralmente, materialmente, o perfil do ilustre diretor.

De Flaubert (196-[1857], p. 19), uma prosopografia quase pura, não fosse ligeira menção ao *ethos* do personagem:

> De pé, no ângulo da parede, por trás da porta, de modo que dificilmente podia ser visto, estava o novato. Era um rapazinho do campo de uns quinze anos se tanto, mais alto do que qualquer um de nós. Tinha o cabelo cortado rente sobre a fronte como um padre da cidade, a expressão simpática e acanhada. Embora não tivesse os ombros largos, o paletó verde, de botões pretos, apertava-o nas costuras e deixava ver, pelas fendas, punhos vermelhos habituados ao contato do sol. As pernas, vestidas de meias azuis, saíam das calças amarelas já um tanto gastas. Calçava sapatos grossos, mal-engraxados e ferrados nas solas.

De Alberto de Oliveira (1978 [1905], p. 112), a pragmatografia do soneto "O muro":

> É um velho paredão, todo gretado,
> Roto e negro, a que o tempo uma oferenda
> Deixou num cacto em flor ensanguentada
> E num pouco de musgo em cada fenda.
>
> Serve há muito de encerro a uma vivenda;
> Protegê-la e guardá-la é o seu cuidado;
> Talvez consigo esta missão compreenda,
> Sempre em seu posto, firme e alevantado.
>
> Horas mortas, a lua o véu desata
> E em cheio brilha; a solidão se estrela
> Toda de um vago cintilar de prata;
>
> E o velho muro, alta a parede nua,
> Olha em redor, espreita a sombra, e vela,
> Entre os beijos e lágrimas da lua.

De Ausônio (século IV d.C.), uma cronografia, intitulada, na edição que utilizei, "Anoitecer sobre o Mosela" (*In*: Silva, 1964, p. 223):

> Que cor tomam as águas, quando Vésper
> traz as sombras da noite
> e espelha no Mosela o verde monte!
> Nadam os píncaros na negra correnteza,
> e treme o pâmpano – reflexo apenas –
> e as uvas inturgescem na onda vítrea.

E essa outra cronografia, moderna, o soneto "Anoitecer", de Raimundo Correia (1961 [1883], p. 126-127):

> Esbraseia o Ocidente na agonia
> O sol... Aves em bandos destacados,
> Por céus de oiro e de púrpura raiados,
> Fogem... Fecha-se a pálpebra do dia...
>
> Delineiam-se, além, da serrania
> Os vértices de chama aureolados,
> E em tudo, em torno, esbatem derramados
> Uns tons suaves de melancolia...
>
> Um mundo de vapores no ar flutua...
> Como uma informe nódoa, avulta e cresce
> A sombra à proporção que a luz recua...
>
> A natureza apática esmaece...
> Pouco a pouco, entre as árvores, a lua
> Surge trêmula, trêmula... Anoitece.

De Camões, a topopesia configurada no episódio da Ilha dos Amores, canto IX *d'Os lusíadas*, do qual selecionei as estrofes 54 e 55:

> Três fermosos outeiros se mostravam,
> Erguidos com soberba graciosa,
> Que de gramíneo esmalte se adornavam,
> Na fermosa Ilha, alegre e deleitosa.
> Claras fontes límpidas manavam
> Do cume, que a verdura tem viçosa;
> Por entre pedras alvas se deriva
> A sonorosa linfa fugitiva.

Num vale ameno, que os outeiros fende,
Vinham as claras águas ajuntar-se,
Onde hũa mesa fazem, que se estende
Tão bela quanto pode imaginar-se.
Arvoredo gentil sobre ela pende,
Como que pronto está para afeitar-se,
Vendo-se no cristal resplandecente,
Que em si o está pintando propriamente.

E, como último exemplo dessa série, uma topografia, do Visconde de Taunay (1993 [1872], p. 85-86), que transcrevo com alguns cortes, por bastante extensa:

Ali começa o sertão bruto.

Pousos sucedem a pousos, e nenhum teto habitado ou ruínas, nenhuma palhoça ou tapera dá abrigo ao caminhante contra a frialdade das noites, contra o temporal que ameaça, ou a chuva que está caindo. Por toda a parte, a calma da campina não arroteada; por toda a parte, a vegetação virgem, como quando aí surgiu pela primeira vez.

A estrada que atravessa essas regiões incultas desenrola-se à maneira de alvejante faixa, aberta que é na areia, elemento dominante na composição de todo aquele solo, fertilizado aliás por um sem-número de límpidos e borbulhantes regatos, ribeirões e rios, cujos contingentes são outros tantos tributários do claro e fundo Paraná, ou, na contravertente, do correntoso Paraguai.

Essa areia solta e um tanto grossa tem cor uniforme que reverbera com intensidade os raios do sol, quando nela batem de chapa. Em alguns pontos é tão fofa e movediça que os animais das tropas viajeiras arquejam de cansaço, ao vencerem aquele terreno incerto, que lhes foge de sob os cascos e onde se enterram até meia canela.

[...]

Se parece sempre igual o aspecto do caminho, em compensação mui variadas se mostram as paisagens em torno.

Ora é a perspectiva dos cerrados [...], de garbosas e elevadas árvores que [...] ensombram com folhuda rama o terreno que lhes fica em derredor [...]; ora são campos a perder de vista, cobertos de macega alga e alourada, ou de viridente e mimosa grama, toda salpicada de silvestres flores; ora sucessões de luxuriantes capões, tão regulares e simétricos em sua disposição que surpreendem e embelezam os olhos; ora, enfim, charnecas meio apauladas, meio secas, onde nasce o altivo buriti e o gravatá entrança o seu tapume espinhoso (Taunay, 1991 [1872], p. 3-4).

4

Dados os exemplos, retomemos o fio da exposição.

Vimos que as descrições assumiram, na reflexão e na prática literárias, um destaque muito especial, evidenciado no seu reconhecimento como gênero da composição e na caracterização de suas diversas modalidades como figuras; isto é, como excelências do estilo. Acrescento que a estima por essa forma, como demonstra a série de passagens com as quais a exemplifiquei, manteve-se numa longa duração, que alcança o século XIX e mesmo o início do século XX. Diria mesmo que configura o auge do seu prestígio o amplo acolhimento que ela encontrou no romance romântico-realista, cujo pendor para o analitismo o torna, como sabemos, pródigo em descrições, sobretudo etopeias, prosopografias e topografias, mesmo que em sua época esses termos praticamente já não se usassem, restritos que foram ficando aos programas escolares.

Tamanha era a expectativa de que o romance oitocentista se espraiasse em extensas descrições, nas quais os autores exibiam o seu virtuosismo, produzindo páginas que tanto agradariam aos leitores como municiariam os antologistas, que um escritor brasileiro, célebre como paisagista da pena, manifestou certa vez sua perplexidade pelo fato de Machado de Assis mostrar-se tão avesso a esse recurso[4]. O episódio, uma conversa privada entre o tal escritor e seu colega Humberto de Campos, foi registrado por este (1986 [1928], p. 231) como segue:

> Em palestra sobre Machado de Assis, na sua sala de trabalho, Coelho Neto, o romancista do *Rei negro*, manifestava mais uma vez [...] a sua estranheza em relação à arte do criador de Brás Cubra. Apaixonado pela natureza portentosa, Neto não compreendia que Machado de Assis não se impressionasse com a moldura maravilhosa em que fazia mover seus personagens.

E de repente, resumindo tudo: – Já reparaste que a casa de Machado de Assis não tem quintal?

Mas o que explica tamanho apreço por esse dispositivo literário, tanto no polo da produção como no da recepção? A meu ver, a resposta só pode ser uma:

---

4. Um pequeno exemplo do minimalismo machadiano no que tange às descrições, no caso, particularmente, às topografias: "Inácio bebeu a última gota [de café], já fria, e retirou-se, como de costume, para o seu quarto, nos fundos da casa. Entrando, fez um gesto de zanga e desespero e foi depois encostar-se a uma das duas janelas que davam para o mar. Cinco minutos depois, *a vista das águas próximas e das montanhas ao longe* restituía-lhe o sentimento confuso, vago, inquieto, que lhe doía e fazia bem, alguma cousa que deve sentir a planta, quando abotoa a primeira flor" (Machado, 1962 [1896], p. 490; grifo meu). Coerentemente, num ensaio crítico que ficaria famoso, Machado (1973 [1873], p. 805) expressou suas restrições à prática da descrição nas letras nacionais de sua época: "O espetáculo da natureza [...] ocupa notável lugar no romance, e dá páginas animadas e pitorescas [...]. Há boas páginas [...], e creio até que um grande amor a este recurso da descrição, excelente, sem dúvida, mas [...] de mediano efeito, se não avultam no escritor outras qualidades essenciais".

o pressuposto do caráter figurativo das artes literárias, cujas manifestações, portanto, devem ser valorizadas na medida em que sejam capazes de dar a ver, ainda que com alguma estilização, objetos e cenas reconhecíveis. No polo da recepção, aí incluído o chamado grande público e boa parte da crítica, não tenho dúvida de que essa é a explicação. Mas, mesmo no polo da produção, que escritores, antes da revolução modernista nas concepções literárias, estariam dispostos a realizar o desejo de Flaubert (2005 [1852], p. 53), "fazer [...] um livro sobre nada, um livro sem amarra exterior" – desejo, aliás, não realizado por ele próprio –, concebendo obra que concretizasse o ideal abstracionista, resolvendo-se na mera "execução"? Ou, em outros termos, que escritores teriam da literatura compreensão como a de Zêuxis sobre a pintura, distinguindo entre a "lama do ofício" e o "fundamento da arte", a ponto de valorizarem mais a "execução" do que a "matéria", e que críticos e leitores os acompanhariam nesse juízo?

5

No entanto, chegaria o momento em que o abstracionismo estético, muito vagamente cogitado em especulações antigas, como creio ter demonstrado, se realizaria plenamente, tanto na pintura como na literatura. Essa virada os estudos literários a designaram com a expressão *crise du representação*, permanecendo em geral menos dispostos a analisar-lhe as causas múltiplas e complexas do que a fazer a defesa teórica de obras de arte que, contrariando expectativas seculares, se apresentavam não como figuração do que quer que fosse, mas como instauração de uma linguagem autorreferente, muitas vezes empenhada em expor metalinguisticamente suas próprias formas e fundamentos conceituais.

Esta é a ideia de literatura tipicamente representativa do período que viria a ser chamado modernista – e do período que se lhe seguiu, a nossa atualidade, que temos chamado *pós-modernismo* –, e que se revelou particularmente refratária à descrição, o que suscitou proclamações como as seguintes, distanciadas uma da outra por quase um século, mas convergentes no mesmo princípio: "[...] a descrição literária não descreve coisa alguma e [...] cada leitor cria pela imaginativa uma paisagem sua, apenas servindo-se dos dados capitais que o escritor não esqueceu" (Andrade, 1972 [1925], p. 259); "Em relação à narrativa literária, [...] não devemos punir o leitor com longas descrições de espaço" (Brasil, 2022)[5]. E até mesmo um Lukács (1968 [1936], p. 85), não obstante seu antimodernismo impenitente,

---

5. Não só na narrativa literária se constata essa ojeriza pelas descrições, mas também na narrativa historiográfica, como se infere da seguinte observação: "Ocorreu que a historiografia atual, ao preço de tornar-se muitas vezes ilegível, rejeita e ignora a *enargeia*, pelo temor de não parecer científica" (Mello, 2010, p. 23).

correlativo de sua identificação com o dirigismo estético imposto pelo realismo socialista, não deixou de condenar a outrora incensada descrição, que, segundo ele, não seria mais do que "[...] um sucedâneo destinado a suprir a falta no cérebro do escritor da compreensão organizada dos móveis essenciais da vida"[6].

Como se vê, a descrição, por sua condição de maior evidência da natureza figurativa das artes literárias, virou objeto de ataques de gregos e troianos, ao mesmo tempo em que o abstracionismo passou a ocupar posição central, a ponto de ser tomado como critério para a recepção não só de obras modernistas e pós-modernas, mas da produção artística de todos os tempos, tornando-se "[...] para nós uma luz que aclara retrospectivamente o passado [da arte], como a álgebra aclarou a aritmética" (Dufrenne, 1972 [1961], p. 259). É o que leva, por exemplo, no que concerne às artes verbais antigas e clássicas, a se postular que, "[...] mesmo quando a matéria do poema é uma experiência sensorial, [...] nunca é a representação da mesma por meios empiristas ou realistas, mas uma aplicação não exterior da imagem" (Hansen, 2019 [1995], p. 208), o que implica impugnar a ideia de descrição como "imitação da natureza [...], elimina[ndo]-se os preceitos retóricos de seu artifício [...], propondo-se que representa coisas empíricas [...] que teriam efetivamente existido como modelos para seus autores" (p. 263).

Ora, essa constatação, assim em termos tão peremptórios, parece decorrer menos do que se pode inferir diretamente da teorização antiga do que da familiaridade com as convenções estéticas e teorias do nosso tempo – infensas, como se sabe, ao figurativismo –, o que pode acabar conduzindo a uma impressentida adesão a essas convenções e teorias. De fato, essa compreensão do sistema retórico como estrutura autocentrada e completamente alheia ao que lhe é externo, a ponto de sustentar que o critério para valorizar as descrições retórico-poéticas, longe de ser a nitidez na figuração das coisas, consiste exclusivamente na percepção dos artifícios composicionais que engendram essa nitidez, mostra-se sintomaticamente afinada com as concepções literárias das vanguardas modernistas

---

6. Um escritor da nossa época, que se costuma vincular ao pós-modernismo, lastimou que a descrição literária se tenha tornado "arte hoje em dia tão negligenciada" (Calvino, 1990 [1988], p. 88), advertindo para o fato de que "estamos correndo o risco de perder uma faculdade humana fundamental: a capacidade de pôr em foco visões de olhos fechados, de fazer brotar cores e formas de um alinhamento de caracteres alfabéticos negros sobre uma página branca" (p. 107-108). Essa convicção o levou a incluir a *visibilidade* entre os valores literários que considera fundamentais, ao lado de *leveza, rapidez, exatidão, multiplicidade* e *consistência*. No entanto, sua argumentação tortuosa formula um conceito de visibilidade como que não figurativa, francamente abstracionista: "Diversos elementos concorrem para formar a parte visual da imaginação literária: a observação direta do mundo real, a transfiguração fantástica e onírica, o mundo figurativo transmitido pela cultura [...], e um processo de abstração, condensação e interiorização da experiência sensível, de importância decisiva tanto na visualização quanto na verbalização do pensamento" (Calvino, 1990 [1988], p. 110).

e suas derivações nos séculos XX e XXI, bem como com teorias da linguagem estruturalistas e pós-estruturalistas, com as quais compartilha o mesmo princípio antirreferencialista, que constitui o fundamento conceitual do abstracionismo.

6

Bem, pelo que creio ter ficado claro no curso dessas considerações, nossa época, em matéria de arte em geral, sendo francamente inclinada ao abstracionismo, professa, no campo específico da literatura, verdadeira fobia pela descrição, que assim se viu reduzida à "posição subalterna de luxo analógico" (Hansen, 2019 [2007], p. 264) inteiramente dispensável. Se assim é no âmbito da crítica e da teoria, nesse caso com respaldo numa trama sofisticada de conceitos, o mesmo se constata no plano da recepção de obras literárias pelo leitor comum, mas por motivos – digamos assim – menos elevados. Pois, tendo em vista só o romance – dado que há muito a poesia despreza a descrição –, que leitor, hoje, dedicaria parte de seu precioso tempo à leitura de uma extensa página descritiva, à maneira daquelas, por exemplo, de um Eça de Queirós, tão prazerosamente degustadas por leitores luso-brasileiros do passado? Servido fartamente pelas imagens que os meios audiovisuais não cessam de oferecer-lhe, afeito à linguagem ligeira dos clipes, conectado *full time* no fluxo frenético de informações desconexas que as redes sociais lhe oferecem pelo celular, como encontrar vagares para, mediante o esforço lento da leitura, ter acesso a uma cena que, além de lhe parecer desagradavelmente estática, ainda por cima, em vez de se lhe oferecer pronta, tem de ser construída pela imaginação?

Nesse contexto sociocultural, restaria então algum espaço para o figurativismo? Mikel Dufrenne, num ensaio de 1961, pensava que sim. Argumentou que o abstracionismo tinha cumprido àquela altura seu papel histórico, e o que diz a respeito da pintura é perfeitamente extensível à literatura:

> [Os pintores] afirmam que a tarefa da pintura não é "imitar a bela natureza" [...], mas criar um objeto pictórico que tenha valor por si mesmo. [...] é essa exigência que conduziu certos pintores à abstração. O motivo principal do empreendimento deles é, com efeito, o desejo de consagrar a autonomia da pintura. A história da pintura aparece-lhes como uma lenta tomada de consciência de si mesma por parte da pintura na medida em que ela se liberta, ao mesmo tempo, socialmente da autoridade dos poderes, mecenas ou academias [...], e esteticamente da tirania de um assunto que ainda impõe a parecença como norma (Dufrenne, 1972 [1961], p. 258).

Ora – continua o autor –, uma vez que "agora os pintores nos descobriram o campo da pintura, e o não figurativo foi um momento necessário dessa descoberta" (p. 265), "talvez não mais seja necessário que [...] sejamos solicitados pela abstração" (p. 266), e "o não figurativo não mais nos aparece como necessário [...]" (p. 266).

Acenava então o filósofo, em 1961, com a possibilidade de uma revitalização do figurativismo no campo das artes. O mundo deu muitas voltas desde então, e não creio que o prognóstico se tenha realizado. O abstracionismo é que continua dando o tom, o que intimida qualquer movimento de defesa do figurativismo, a meu ver teoricamente viável, no entanto.

Quanto à literatura em particular, arte na qual, conforme a teorização antiga aqui sumariamente rememorada, o figurativo se evidencia mais do que o abstrato, se eu tivesse de avaliar seu estado no nosso tempo, diria, em síntese grosseira, que a poesia se sintoniza melhor com o abstracionismo dominante, ao passo que o figurativismo resiste no romance – ainda que isso, pelas razões antes expostas, esteja longe de mostrar-se suficiente para um retorno à exuberância do elemento descritivo.

Referências

ANDRADE, M. A escrava que não é Isaura [1925]. *Obra imatura*. São Paulo/Brasília: Martins/Instituto Nacional do Livro, 1972, p. 195-300.

ARISTÓTELES. *Poética*. Trad., pref., com. e apêndices de E. Sousa. Porto Alegre: Globo, 1966.

ARISTÓTELES. *A política*. Ed. bilíngue. Nota prévia de J.B. Câmara. Pref. e rev. lit. de R.M.R. Fernandes. Intr. e rev. cient. de M.C. Henriques. Trad. e notas de A.C. Amaral e C.C. Gomes. Lisboa: Vega, 1998.

ARISTÓTELES; HORÁCIO; LONGINO. *A poética clássica*. Intr. de R.O. Brandão. Trad. direta do grego e do latim por J. Bruna. São Paulo: Cultrix/Edusp, 1981.

ASSIS, M. Uns braços [1896]. *Obra completa*. Vol. 2. Rio de Janeiro: José Aguilar, 1962, p. 490-497.

ASSIS, M. Notícia da atual literatura brasileira: instinto de nacionalidade [1873]. *Obra completa*. Vol. 3. Rio de Janeiro: José Aguilar, 1973, p. 801-809.

BASTOS, P. Modos de ver e de representar: o retrato feminino na poesia atribuída a Gregório de Matos. *O Eixo e a Roda – Revista de Literatura Brasileira*, Belo Horizonte, v. 31, n. 2, p. 28-50, 2022.

BILAC, O.; BOMFIM, M. *Livro de composição: para o curso complementar das escolas primárias*. 4. ed., rev. e aum. Rio de Janeiro: Francisco Alves, 1912 [1899].

BRASIL, L.A.A. Ritmo. *Rascunho – O jornal de literatura do Brasil*, Curitiba, ed. 265, maio/2022. Disponível em: https://rascunho.com.br/colunistas/tramas-personagens/ritmo/ Acesso em: 22/10/2022.

CALVINO, Í. *Seis propostas para o próximo milênio: lições americanas*. Trad. de I. Barroso. São Paulo: Companhia das Letras, 1990 [1988].

CAMÕES, L. *Os lusíadas*. 4. ed. Org. de E.P. Ramos. Porto: Porto Ed., [196-?] [1572].

CAMPOS, H. *O miolo e o pão: antologia e estudo crítico*. Org. de R. Reis (coord.), L.H. Carvalho e R.A. Souza. Niterói/Brasília: Eduff/INL, 1986.

CORREIA, R. *Poesia completa e prosa*. Texto, cronologia e estudo biográfico de W.R. do Val. Intr. geral de M. Bandeira. Rio de Janeiro: José Aguilar, 1961.

DUFRENNE, M. Da expressividade do abstrato: a propósito de uma exposição de Lapoujade [1961]. *Estética e filosofia*. Trad. e intr. de R. Figurelli. São Paulo: Perspectiva, 1972, p. 257-266.

FIGUEIREDO, R. *Barco a seco: romance*. São Paulo: Companhia das Letras, 2001.

FLAUBERT, G. *Madame Bovary*. Trad. de S. Duarte. Rio de Janeiro: Ed. de Ouro, [196-?] [1857].

FLAUBERT, G. *Cartas exemplares*. Trad. de C.E.L. Machado. Rio de Janeiro: Imago, 2005.

GINZBURG, C. Descrição e citação [1988]. *O fio e os rastros: verdadeiro, falso, fictício*. Trad. de R.F. d'Aguiar e E. Brandão. São Paulo: Companhia das Letras, 2007, p. 17-40.

GUERRA, A. *Elementos de composição literária*. 4. ed. Porto: Apostolado da Imprensa, 1956 [1938].

GUIMARÃES, B. *O seminarista*. Biografia e intr. de M.C. Proença. Rio de Janeiro: Ed. de Ouro, [196-] [1872].

HANSEN, J.A. Categorias epidíticas da *ekphrasis* [2007]. *Agudezas seiscentistas e outros ensaios*. Org. de C.A. Cunha e M. Laudanna. São Paulo: Edusp, 2019, p. 257-286.

HANSEN, J.A. *Ut pictura poesis* e a verossimilhança na doutrina do conceito no século XVII colonial [1995]. *Agudezas seiscentistas e outros ensaios*. Org. de C.A. Cunha e M. Laudanna. São Paulo: Edusp, 2019, p. 205-220.

HONORATO, M.C. *Sinopse de eloquência e poética nacional: acompanhadas de algumas noções de crítica literária extraídas de vários autores e adaptadas ao ensino da mocidade brasileira*. 3. ed. Rio de Janeiro: Tipografia Americana, 1870 [1859].

HOUAISS, A. *Dicionário da Língua Portuguesa*. Rio de Janeiro: Objetiva, 2001.

LAUSBERG, H. *Elementos de retórica literária*. Trad., pref. e aditamentos de R.M.R. Fernandes. Lisboa: Fundação Calouste Gulbenkian, 1966 [1963].

LAUSBERG, H. *Manual de retórica literaria: fundamentos de una ciencia de la literatura*. Versão espanhola de J.P. Riesco. 3 vol. Madri: Gredos, 1967-1968 [1960]. 3 v.

LUKÁCS, G. Narrar ou descrever? – Contribuição para uma discussão sobre o naturalismo e o formalismo [1936]. Trad. de G.V. Konder. *In*: *Ensaios sobre literatura*. Coord. e pref. de L. Konder. Rio de Janeiro: Civilização Brasileira, 1968, p. 47-99.

MELLO, E.C. Introdução. *In*: MELLO, E.C. (org.). *O Brasil holandês*. São Paulo: Penguin Classics, 2010, p. 11-25.

MOISÉS, M. *Dicionário de Termos Literários*. 2. ed. rev. São Paulo: Cultrix, 1978 [1974].

MUHAMA, A. *Poesia e pintura, ou Pintura e poesia – Tratado seiscentista de Manuel Pires de Almeida*. Trad. do latim por J.Â.O. Neto. São Paulo: Edusp/Fapesp, 2002.

OLIVEIRA, A. *Poesias completas*. Ed. crítica de M.A.M. Reis. Vol. 2. Rio de Janeiro: Uerj, 1978.

PINHEIRO [Joaquim Caetano], F. (Cônego). *Curso [elementar] de literatura nacional*. 3. ed. Rio de Janeiro/Brasília: Cátedra/Instituto Nacional do Livro/Ministério da Educação e Cultura, 1978 [1862].

PLATÃO. *A república: ou Sobre a justiça – gênero político*. Trad. direta do grego por C.A. Nunes. Coord. de B.Nunes. 3. ed. rev. Belém: Edufpa, 2000 [1973].

POMPEIA, R. *Obras*. Org. de A. Coutinho e assistência de E.F. Coutinho. Rio de Janeiro: MEC-Fename/Oficina Literária Afrânio Coutinho/Civilização Brasileira, 1981 [Vol. 2: *O Ateneu*].

PROUST, M. *No caminho de Swan* [1913]. Trad. de M. Quintana. 15. ed. São Paulo: Globo, 1993 [*Em busca do tempo perdido*. Vol. 1].

RAMOS, P.E.S. (Sel., notas e trad.]. *Poesia grega e latina*. São Paulo: Cultrix, 1964.

SILVA, J.M.C. *Esboço biográfico-crítico sobre os melhores poetas portugueses*. Vol. 6. Lisboa: Imprensa Silviana, 1853.

SMITH, P. Zeuxis. *In*: SMITH, W. (ed.). *Dictionary of Greek and Roman biography and mythology*. Vol. 3. Boston: Little, Brown, and Company, 1867, p. 1.325-1.329.

TAUNAY, A.d'E. (Visconde de). *Inocência*. São Paulo: Moderna, 1991 [1972].

Os professores do Colégio Pedro II e a institucionalização da literatura brasileira[1]

O Imperial Colégio de Pedro II foi fundado a 2 de dezembro de 1837, dia do aniversário de doze anos de seu patrono – o Príncipe Pedro de Alcântara –, começando efetivamente a funcionar no ano letivo subsequente. Concebido com o objetivo de servir como modelo para um sistema próprio de educação nacional, a ser progressivamente implantado no país no período pós-independência, em substituição ao que vigorara na época colonial – monopolizado por ordens religiosas ou, a partir da reforma pombalina da educação em Portugal e seus domínios, baseado nas chamadas aulas régias[2] –, ministrava formação acadêmica de nível secundário, numa seriação que ia do primeiro ao sétimo ano. Como não havia cursos superiores de letras no Brasil, seu currículo correspondia à cúpula dos estudos linguísticos e literários entre nós, e assim o Colégio fazia as vezes de uma faculdade de letras, outorgando a seus egressos o título de bacharel em letras.

Os programas escolares do estabelecimento, a partir de 1850, passaram a ser publicados em plaquetes, a maioria das quais conservadas nos seus arquivos. No que diz respeito às matérias literárias, observa-se, nas sucessivas reformas curriculares, um retraimento progressivo das antigas disciplinas clássicas e

---

1. Aproveitam-se neste ensaio passagens da caracterização biobibliográfica dos autores estudados constantes de trabalho nosso anterior: *Historiografia da literatura brasileira: textos fundadores (1825-1888)*. 2 vol. Rio de Janeiro: Caetés, 2014.

2. Licenças do estado a pessoas que, requerendo-a e submetendo-se a seleção pelas autoridades competentes, obtinham concessão especial para lecionar determinada disciplina, em geral em suas próprias casas, como atividade secundária e mediante remuneração simbólica ou pouco mais do que isso. No Brasil, a primeira aula régia, para a qual foi nomeado o advogado e poeta Manuel Inácio da Silva Alvarenga (1749-1814), instalou-se no Rio de Janeiro em 1782, e se destinava ao ensino de retórica e poética. Na mesma cidade, no início do século XIX, funcionaram, na área das letras, pelo menos outras três aulas régias, dedicadas respectivamente a gramática latina, língua grega e retórica (cf. Duran, 2010, p. 63).

de proposição universalista – Retórica e Poética –, que vão sendo gradualmente substituídas por conteúdos programáticos centrados na cultura literária especificamente brasileira. Assim, se na década de 1850 só constam do currículo as disciplinas Retórica e Poética, em cujos programas quase nada há de literatura brasileira, no ano de 1860 cria-se uma disciplina dita *literatura nacional*. Desde então, o espaço curricular reservado às letras do Brasil só faz expandir-se, a ponto de, a partir de 1892, o ensino literário concentrar-se numa única matéria – história da literatura nacional –, com a supressão de retórica e poética.

Ora, a caracterização de uma literatura nacional própria, distinta em primeiro lugar da portuguesa, e cumulativamente de todas as outras, constituía uma declaração de independência cultural, reflexo e ao mesmo tempo reforço da independência política recém-proclamada. O Colégio Pedro II, ele próprio também decorrência do empenho de consolidar a nacionalidade – pretendia ser a independência educacional –, naturalmente forneceu um apoio imprescindível para a concretização desse projeto: acolheu-o nas suas diretrizes pedagógicas, reconhecendo-o como matéria de ensino, dando assim *status* institucional aos conceitos correlativos de literatura brasileira e sua historiografia, transformando-os desse modo em disciplina acadêmica: História da Literatura Brasileira ou, por abreviação, Literatura Brasileira.

Influíram nesse processo diversos professores do Colégio, e não só com suas aulas – mesmo porque nem todos eles lecionaram matérias propriamente literárias –, mas também com publicações que figuram entre as pioneiras para o estabelecimento da historiografia da nossa literatura. Assim, o Pedro II se inscreveu nessa trajetória como instituição, e também mediante intervenções pessoais de vários integrantes de seu corpo docente.

Vejamos então o papel desses antigos mestres do Colégio em cujo espólio literário, em alguma medida, encontram-se contribuições inaugurais para a configuração do campo disciplinar referido.

1

Domingos José **Gonçalves de Magalhães** (1811-1882), quando já era reconhecido, no dizer de seus contemporâneos, como "chefe da escola romântica", foi nomeado em 1838 professor do Colégio[3]. Na verdade, porém, quase não exerceu

---

3. Segundo a prosa confusa e errática de Escragnolle Dória (1869-1948), o memorialista do Colégio, Magalhães teria sido nomeado para ensinar desenho (cf. Dória, 1997 [1937], p. 32), o que é plausível, considerando que, antes de cursar medicina, ele iniciara um curso de belas-artes. No entanto, é certo que em algum momento sua disciplina passou a ser Filosofia, conforme informação da mesma fonte, que, de

o magistério na instituição, pois logo no ano seguinte foi investido na função de secretário do então Coronel Luís Alves de Lima e Silva (1803-1880) – o futuro Duque de Caxias – nas suas missões político-militares – ditas "pacificadoras" pela história oficial –, primeiro no Maranhão, na repressão à Balaiada, e depois no Rio Grande do Sul, na Guerra dos Farrapos. Terminado o conflito no sul, elegeu-se deputado geral pela província gaúcha e, após o exercício do mandato durante uma legislatura, foi requisitado para o serviço diplomático, assumindo várias e sucessivas missões no exterior.

Sua passagem pelo Pedro II e sua atuação como professor acabou tendo sido, pois, breve. Assim, no conjunto de sua obra vasta e heterogênea – compreendendo, como se sabe, poesia, dramaturgia, prosa de ficção, filosofia e história –, a pequena parte dedicada aos estudos literários nada tem a ver com a prática docente. Aliás, suas contribuições nesse campo são quase todas anteriores ao vínculo que manteve com o Colégio, e nenhuma delas se destinava propriamente à comunidade escolar, embora, com exceção de um ensaio teórico datado de 1859 ("Influência da poesia na ordem social"), participem do empenho típico de sua época no sentido de trabalhar pela consolidação da ideia de literatura brasileira. Desse modo, um desses textos tinha por propósito divulgar a produção cultural brasileira na Europa – a sumária notícia de seu projeto de escrever uma história literária do Brasil, seguida de referência ao seu livro de estreia (*Poesias*, de 1832), parte de sua lavra no "Resumo da história da literatura, das ciências e das artes no Brasil", comunicação que assinou juntamente com Torres Homem e Araújo Porto Alegre, lida no Instituto Histórico de Paris no ano de 1834; outros dois – o prólogo ao volume *Suspiros poéticos e saudades* (1836), intitulado "Lede"[4], e o manifesto romântico "Ensaio sobre a história da literatura do Brasil" (1836)[5] – dirigiram-se a leitores mais especificamente interessados em poesia e problemas literários; e um terceiro – o ensaio "Literatura brasileira", publicado em duas partes no *Jornal*

---

resto, registra que, consultado pelo reitor, ele teria recusado a regência da cadeira de desenho, admitindo apenas que, além da sua matéria – Filosofia –, poderia encarregar-se do ensino de História (cf. Dória, 1997 [1937], p. 35).

4. Antonio Carlos Secchin, em pronunciamento durante recente evento acadêmico, chamou a atenção para um fato geralmente ignorado: a obra de Gonçalves de Magalhães publicada em 1836 e tida como marco inaugural do romantismo brasileiro, referida por nossas histórias literárias pelo título *Suspiros poéticos e saudades*, na verdade constitui um volume que reúne duas obras autônomas – "Suspiros poéticos" e "Saudades" –, dado que não só correspondem elas a partes específicas do volume, mas também se acham caracterizadas como tal pela tipologia usada na folha de rosto da primeira edição. Pela organização da edição por nós consultada – a quinta, de 1986 –, fica parecendo que o prólogo mencionado diz respeito a ambas essas obras.

5. Republicado em 1865, em versão um tanto alterada e com o título mudado para *Discurso sobre a história da literatura do Brasil*.

dos Debates Políticos e Literários, no ano de 1837 – visava ao público amplo e diversificado constituído por leitores dos então populares periódicos de variedades.

2

Francisco de **Paula Meneses** (1811-1857) era médico, o que não impediu que o governo imperial o nomeasse, em 1844, lente de retórica do município da corte (a cidade do Rio de Janeiro) e, em 1848, catedrático de retórica e poética do Colégio Pedro II[6]. Seus escritos – estudos de medicina, memórias históricas, alguns poemas – acham-se dispersos em periódicos ou permaneceram inéditos, caso de uma tragédia e de uma comédia de sua lavra. Interessam para os estudos literários sua tradução/adaptação de um manual didático de retórica, ao que parece de autoria do publicista e político francês Jean-Théophlile-Victor Leclerc[7] (1771-1820), bem como duas peças oratórias proferidas *ex-officio*[8] em solenidades acadêmicas: *Discurso recitado na augusta presença de sua majestade o Imperador Pedro II, por ocasião da distribuição dos prêmios e colação do grau de bacharel em Letras, no Imperial Colégio de Pedro II* (1848); *Discurso recitado na augusta presença de suas majestades, por ocasião da distribuição dos prêmios e colação do grau de bacharel em Letras, no Imperial Colégio de Pedro II* (1853). Não obstante o caráter protocolar e cerimonial dessas falas, no primeiro desses discursos Paula Meneses disserta sobre a importância das letras na vida de uma nação, enquanto no segundo faz o elogio do que chama "método histórico", cuja adoção, em detrimento do "método dogmático", ele recomenda para o ensino das literaturas modernas em geral e da nossa em particular, o que lhe fornece ocasião para considerações crítico-historiográficas sobre escritores brasileiros da época colonial, com relevo para Cláudio Manuel da Costa, Basílio da Gama e Santa Rita Durão.

Além desses trabalhos, há notícias de que escreveu uns "Quadros da literatura brasileira", obra que, no entanto, parece ter ficado incompleta e inédita, a proceder informação de Sacramento Blake (1895, v. 3, p. 78) a seu respeito: "Sei que é um trabalho importante e o autor concluía a última parte quando faleceu".

---

6. No Brasil oitocentista, o magistério não era propriamente uma profissão, sendo exercido por diplomados em carreiras que pressupunham formação acadêmica de nível superior, como padres, médicos, advogados e, menos comumente, engenheiros.

7. Na obra, que teve sua única edição em 1856, acha-se abreviada a indicação do autor: J. Vict. Le Clerc. O manual figura como livro adotado para a disciplina de Retórica no programa de ensino do Colégio do ano de 1858, e como livro alternativo no de 1860, "na falta" – diz o documento – do compêndio adotado naquele ano, *Nova retórica brasileira*, de Antônio Marciano da Silva Pontes (1836-c. 1880).

8. Segundo regulamentos do Pedro II, o orador nas cerimônias de formatura deveria ser o catedrático de retórica e poética (cf. Dória, 1997 [1937], p. 55; Silva, 2002 [1859], p. 61).

Incompleta, inédita e – acrescentamos – perdida, ao que tudo indica, pelo resultado negativo das pesquisas que fizemos nos locais onde mais provavelmente poderia ser encontrada[9].

E consta ainda, conforme Joaquim Norberto (Silva, 2002 [1859], p. 61-62), que Paula Meneses tenha desenvolvido, na condição de membro do Instituto Histórico e Geográfico Brasileiro, segundo praxe da época naquela instituição, um tema de pesquisa proposto por D. Pedro II: "O estudo e a imitação dos poetas românticos promove ou impede o desenvolvimento da poesia nacional?" A glosa desse mote imperial teria sido lida em sucessivas sessões do Instituto Histórico do ano de 1850 (cf. Machado, 2001, p. 90), mas, lamenta o mesmo Norberto (p. 90), o texto não chegou a ser publicado, tendo-se perdido, pois, na efemeridade de sua apresentação oral.

3

Justiniano José da Rocha (1812-1862), não obstante suas origens humildes e, numa sociedade escravocrata, sua condição de mestiço, formou-se em Direito e teve uma vida de intensa atuação intelectual e política: exerceu a advocacia, militou no jornalismo, foi deputado, professor, ficcionista, tradutor. No Colégio Pedro II, foi docente de história e geografia, desde quando a instituição começou efetivamente a funcionar, no ano de 1838.

Sua obra consta de livros didáticos de geografia e história, mas também, embora sem conexão com sua atividade no magistério, inclui um dos textos pioneiros na trajetória que levou à constituição de uma historiografia da literatura do Brasil. Trata-se de "Ensaio crítico sobre a coleção de poesias do Sr. D.J.G. de Magalhães", publicado em 1833, no qual, além de considerações críticas sobre o livro de estreia de Gonçalves de Magalhães (*Poesias*, 1832), então recém-lançado, esboça um panorama da poesia brasileira a partir da segunda metade do século XVIII, ao mesmo tempo que propõe um programa para seu desenvolvimento, com vistas à apuração crescente do que chama "princípio nacional".

4

Antônio Francisco **Dutra e Melo** (1823-1846), também de origem humilde, foi admitido como professor de Inglês no Colégio Pedro II quando contava apenas dezessete anos, em 1840, portanto. Sua produção poética, salvo umas

---

9. Biblioteca Nacional (Setor de Manuscritos), Instituto Histórico e Geográfico Brasileiro, Arquivo Nacional, Núcleo de Documentação e Memória do Colégio Pedro II.

poucas inserções em antologias, permanece inédita em livro, achando-se dispersa em periódicos do seu tempo, particularmente na revista *Minerva Brasiliense*. É autor de um livro didático da matéria que lecionava, e consta que também deixou inéditas algumas páginas em prosa. Como crítico, apesar de mínima sua contribuição nesse campo – dois ensaios, um dos quais perdido –, teve seus méritos exaltados por Sílvio Romero (1954 [1888], p. 946-947). Desses textos, aquele que nos chegou – o estudo analítico "*A moreninha*, por Joaquim Manuel de Macedo", datado de 1844 – constitui seu vínculo com a nascente historiografia literária brasileira, pois nele o autor, depois de rapidamente caracterizar o romance como gênero literário novo e promissor, destacando alguns dos seus cultores europeus, saúda o livro de Macedo, publicado naquele mesmo ano, como representante inaugural daquela espécie de prosa narrativa em terras brasileiras.

5

Antônio **Gonçalves Dias** (1823-1864) tornou-se professor de Latim e História no Pedro II em 1849, nomeado certamente pelo prestígio intelectual que adquirira principalmente com a publicação dos seus *Primeiros cantos* (1846). No entanto, levando uma vida de viagens e comissões de estudo, pela Europa e pelo norte do Brasil, seus dados biográficos revelam que terá sido breve o período durante o qual efetivamente exerceu o magistério.

Sua produção como crítico é mínima e sem maior importância: uns poucos artigos publicados em jornais do Rio de Janeiro nos anos de 1848 e 1849, aos quais se podem acrescentar os prólogos que escreveu respectivamente para seu livro de estreia (*Primeiros cantos*) e para o drama *Leonor de Mendonça* (1847). Um documento circunstancial – uma carta a seu amigo Pedro Nunes Leal (1823-1901), datada de 1857 –, contudo, no qual ele trata do problema da língua literária que deveria ser adotada por nossos escritores, acabou configurando sua contribuição aos debates então candentes sobre a constituição de uma literatura genuinamente brasileira.

6

Santiago Nunes Ribeiro (*c.* 1820-1847), de biografia obscura, teria nascido no Chile e, órfão, teria sido trazido para o Brasil ainda menino por um tio sacerdote, foragido por questões políticas com as quais se envolvera no seu país. O certo é que, apesar de um início de vida que deve ter sido de muito sacrifício (seu tio morreu logo depois de chegar ao Brasil), e sobre o qual pouco se sabe, em

1843 já o encontramos professor no prestigioso Colégio Pedro II. Pois nesse ano, por sua condição de catedrático de Retórica – o primeiro da instituição, aliás[10] –, vemo-lo proferindo o discurso de abertura da cerimônia de colação de grau da primeira turma formada no estabelecimento, na presença de sua majestade, o imperador D. Pedro II, em praxe que se estabeleceria desde então (cf. Dória, 1997 [1937], p. 55). Jovem Brasil aquele, por sinal: o estado nacional contava vinte e um anos; o catedrático orador, pouco mais de vinte; e o imperador, dezoito[11].

De sua obra crítica destaca-se um longo ensaio diretamente ocupado com a questão que aqui nos interessa – "Da nacionalidade da literatura brasileira" –, publicado em duas partes em dois números sucessivos da revista *Minerva Brasiliense*, no fim do ano de 1843. Sem importância como poeta, o valor de sua produção como crítico, apesar da pouca extensão, é destacado tanto por Afrânio Coutinho como por Antônio Cândido. Coutinho assinala que poucos compreenderam tão bem quanto ele a questão do caráter nacional da literatura brasileira, que seria verificável não como mera evidência exterior – a representação da paisagem, por exemplo –, mas, segundo as próprias expressões do autor, como certo "sentido oculto" ou "intimidade", reflexão de resto coincidente com a ideia machadiana exposta no ensaio "Notícia da atual literatura brasileira: instinto de nacionalidade", formulada, porém, apenas em 1873 (cf. Coutinho, 1968 [1956], p. 307; 1968, p. 43 e 187; 1980, p. 42), e – acrescentamos nós – num contexto já pós-romântico e por assim dizer também pós-nacionalista. E Cândido, lamentando-lhe a morte prematura, "[...] quando apenas começava a escrever e a ordenar

---

10. Segundo Escragnolle Dória (cf. 1997 [1937], p. 32), no entanto, o primeiro professor da disciplina no Colégio, integrante do grupo de mestres que, no início do ano letivo de 1838, assumiu a primeira turma de alunos admitidos no estabelecimento, teria sido Joaquim Caetano da Silva (1810-1873), o qual, segundo a mesma fonte, foi "[...] interinamente encarregado de lecionar Gramática Portuguesa e Grego" (p. 32). Parece, contudo, que essa interinidade se estendia também à outra matéria ensinada por ele nesses primeiros tempos do Pedro II – Retórica –, pois seu magistério deve posteriormente ter-se limitado ao grego, dado que, em outro ponto de seu livro (p. 73), Dória o dá como docente exclusivamente desta disciplina. Além disso, nomeado reitor já em 1839 – o segundo a ocupar o cargo, que exerceria até 1851 –, dificilmente poderia ter acumulado, além da função administrativa, o magistério de duas disciplinas. Se procede a hipótese, Nunes Ribeiro é que teria sido mesmo o primeiro professor efetivo de Retórica no Colégio.

11. Quanto à idade que então teria Nunes Ribeiro, juntando algumas pontas talvez seja possível deduzir. Vejamos: ele foi o primeiro professor de retórica do Colégio, e, portanto, é plausível que tenha sido admitido nos primeiros anos de funcionamento efetivo da instituição; isto é, 1838 ou 1839. Como vimos, a admissão de professores muito jovens não devia ser tão excepcional, haja vista o antes citado caso de Dutra e Melo, professor da casa aos 19 anos. Ora, Nunes Ribeiro, morto em 1847 – "na quadra dos vinte anos", no dizer de Antônio Cândido (1971 [1959], p. 337) –, se tivesse, digamos, vinte e sete anos – para lidarmos com um número redondo – quando de seu falecimento, teria nascido em 1820, e, assim, teria dezoito ou dezenove anos quando se tornou professor no Pedro II, e vinte e três quando discursou naquela primeira formatura de alunos.

as ideias" (1971 [1959], p. 337), chega a afirmar que Nunes Ribeiro "[...] morreu cedo demais para confirmar o que sugerem seus poucos escritos; isto é, que seria talvez o melhor crítico de sua geração" (p. 334)[12].

7

Joaquim Caetano **Fernandes Pinheiro** (1825-1876) era padre e doutor em teologia. Foi admitido como catedrático de retórica e poética no Colégio Pedro II no ano de 1857, sucedendo na cadeira a Paula Meneses, por sua vez sucessor de Nunes Ribeiro. Autor de obra múltipla – poesia, livros didáticos e religiosos, memórias históricas, uma antologia de poesia, estudos literários –, há muito só é lembrado como um dos pioneiros da historiografia literária nacional. Nesse setor de sua produção, destacam-se os livros que escreveu diretamente em função de seu magistério: *Curso elementar de literatura nacional* (1862), *Postilas de retórica e poética* (1872), *Resumo de história literária* (1873)[13]. O primeiro desses livros, aliás, de certa forma pode ser considerado, salvo pela circunstância de ocupar--se também com a história da literatura portuguesa (apesar do adjetivo *nacional* constante no título), a primeira apresentação historiográfica sistemática da literatura brasileira[14].

---

12. Um ex-aluno de Nunes Ribeiro – e de Gonçalves de Magalhães –, bacharel da turma formada pelo Colégio em 1847, também inscreveria seu nome entre os pioneiros da historiografia literária nacional: Manuel Antônio Álvares de Azevedo (1831-1852), com o seu extenso ensaio "Literatura e civilização em Portugal", escrito provavelmente no início de 1850 e publicado postumamente em 1855. Como os bons professores costumam gostar dos discípulos que deles discordam, Álvares de Azevedo deve ter sido aluno dileto de seu mestre Nunes Ribeiro, pois dele divergiu quanto à tese segundo a qual duas literaturas nacionais distintas podem compartilhar a mesma língua – caso das literaturas portuguesa e brasileira –, afirmando, ao contrário, a impossibilidade de distinguir-se entre as letras do Brasil e as de Portugal, convicto de que "[...] sem língua à parte não há literatura à parte" (Azevedo. *In*: Souza, v. 1, p. 386).

13. O vínculo dessas obras com a vida escolar do Pedro II acha-se bem documentado nos programas de ensino que se conservaram, hoje parte do acervo do seu Núcleo de Documentação e Memória (Nudom): o *Curso* foi adotado nos anos letivos de 1862, 1863 e 1870; o *Resumo*, nos anos de 1892 e 1898; e as *Postilas*, embora, na documentação disponível, não conste como livro adotado, têm como subtítulo de suas três edições (1872, 1877 e 1885): "ditadas aos alunos do Imperial Colégio de Pedro II, pelo respectivo professor, Cônego Dr. J.C. Fernandes Pinheiro". Se esse "ditadas aos alunos [...] pelo [...] professor" deve interpretar-se literalmente, podemos imaginar a monotonia das aulas de então. No entanto, conforme o principal memorialista do Pedro II (Dória, 1997 [1937], p. 93), esse mestre que talvez ditava as suas aulas não deixava de ser estimado pelos estudantes: "Nas colações de grau, como de estilo, discursava o professor de Retórica, lendo peças cheias de considerações históricas ou literárias de conselhos e advertências aos bacharelandos. Em 1858, orou o lente de retórica, Cônego Fernandes Pinheiro, desfavorecido de voz, mas muito querido de alunos".

14. Podem disputar-lhe a precedência, contudo, a incompleta *História da literatura brasileira* de Joaquim Norberto (1820-1891), cujas partes que chegaram a ser escritas foram publicadas na *Revista Popular*, de 1859 a 1862, e *O Le Brésil littéraire: histoire de la littérature brésiliene*, de Ferdinand Wolf (1796-1866), datado de 1863 e dedicado exclusivamente à literatura brasileira.

8

Antônio Henriques Leal (1828-1885) era médico e militou na política, elegendo-se vereador e deputado. Foi diretor do internato do Imperial Colégio de Pedro II, mas não sabemos se, além desse cargo administrativo, terá efetivamente exercido o magistério na instituição. Sua obra inclui estudos de medicina, história, biografias, traduções e ensaios. No seu livro *Lucubrações* (1870), que contém estudos sobre ciências e letras distribuídos em duas partes respectivamente assim intituladas, reuniu, na seção relativa às letras, os artigos que escreveu criticando a língua de José de Alencar, nela figurando ainda o ensaio "A literatura brasileira contemporânea", trabalho que o inscreve no grupo de docentes do Pedro II de que estamos tratando, pois nele o autor empreende uma síntese historiográfica da literatura brasileira – que, aliás, acaba incorporando as realizações nos campos da ciência, da música e das artes plásticas –, visando a ressaltar o seu caráter nacional e a demonstrar a tese de sua diferenciação relativamente à literatura portuguesa.

9

Francisco Inácio Marcondes **Homem de Melo** (1837-1918), bacharel em Direito e político (foi presidente das províncias de São Paulo, Ceará, Rio Grande do Sul e Bahia), destacou-se como historiador e geógrafo, tendo exercido o magistério de História no Pedro II. Sua contribuição para o nascente conceito de literatura brasileira e sua historiografia, que na verdade constitui um desvio em relação aos temas sobre os quais escreveu, restringe-se ao pequeno ensaio "As letras no Brasil", publicado em 1860, na *Revista Popular*, periódico que se constituiu num dos principais órgãos divulgadores das ideias românticas entre nós. Peça de feitio flagrantemente retórico, o texto revela claramente a vocação de seu autor para a oratória política.

10

Manuel da **Costa Honorato** (1838-1891), também bacharel em Direito, bem como padre, foi admitido no Colégio Pedro II como professor substituto da cadeira de retórica, poética e literatura nacional no ano de 1879, muito provavelmente na vaga de Fernandes Pinheiro, que falecera em 1876. Publicou várias obras sobre temas de religião, direito, história, geografia, na verdade irrelevantes mesmo na sua época, além de um livro de leitura para o ensino primário e uma súmula didática de gramática do inglês. Na área dos estudos literários, além da modestíssima tese que apresentara no concurso para o magistério – *O poema épi-*

co: "Colombo" e "Os Timbiras"; poesias líricas: Bernardo Guimarães e Fagundes Varela –, escreveu um manual escolar de sua disciplina que teve sucessivas edições, alteradas no conteúdo e no título, até uma versão que se pode considerar a mais completa e definitiva: *Sinopse de poética nacional* (1859); *Sinopse de eloquência e poética nacional* (1861); *Sinopses de eloquência e poética nacional acompanhadas de algumas noções de crítica extraídas de vários autores e adaptadas ao ensino da mocidade brasileira* (1870); *Compêndio de retórica e poética* (1879).

Na edição de 1879, certamente não por acaso publicada justo no ano do início de seu magistério no Pedro II, a matéria se apresenta organizada de acordo com os programas de ensino então vigentes na instituição. Assim, conforme esquemas historicistas colegiais típicos do século XIX, em cada "ponto" (designação de extração escolar para os capítulos da obra) se apresenta um sumário histórico do gênero em apreço, que começa pela Antiguidade, passa pelas principais literaturas modernas e se encerra com a brasileira. O *Compêndio*, desse modo, documenta claramente o contraponto, tão marcante no Oitocentos, entre o universalismo da retórica-poética e o nacionalismo da história literária: baseia sua organização nos conceitos retórico-poéticos de gêneros, mas faz concessões ao historicismo, ao narrar a evolução de cada gênero no quadro das diversas literaturas nacionais (sem excluir as "literaturas" bíblica e antigas), embora, no caso da obra em questão, as assim chamadas "noções de desenvolvimento histórico" não passem de simplórias listas de autores, provavelmente para desespero de alunos obrigados a decorá-las.

11

Benjamin Franklin **Ramiz Galvão** (1846-1938) foi médico e professor catedrático de Medicina. Seu vínculo com o Pedro II é duplo: aluno do Colégio, posteriormente, em 1869, se tornou seu professor, primeiro de Grego, e depois de Retórica, Poética e Literatura Nacional. Publicou trabalhos de medicina e ciência, filologia, tradução, história literária, além de relatórios e catálogos bibliográficos elaborados durante o período em que ocupou o cargo de bibliotecário (diretor) da Biblioteca Nacional.

Sua contribuição no campo da nossa nascente historiografia literária, contrariando concepção largamente acatada na época, desenvolve o argumento de que a literatura produzida no Brasil só se torna *brasileira* após a independência, mais precisamente a partir da então chamada "reforma do Sr. Magalhães", de 1836; antes, portanto, durante todo o período colonial, e até alguns anos após a independência, a produção letrada do Brasil se inscrevia na literatura de Portugal[15]. Esse ponto de vista é defendido no estudo intitulado "Literatura", publicado na *Revista Mensal da Sociedade Ensaios Literários*, no ano de 1863, quando o autor, por conseguinte, contava dezessete anos, provavelmente ainda aluno do Pedro II, ou então bacharel recém-formado na instituição em que mais tarde seria professor.

12

Sílvio Vasconcelos da Silveira Ramos **Romero** (1851-1914) entra para o quadro de professores do Colégio Pedro II em 1880, como docente de Filosofia. De suas numerosas publicações, que se espraiam por diversas áreas – filosofia, política, direito, história, etnografia, folclore, literatura, sem falar de suas tentativas malsucedidas no domínio da poesia –, cabe destacar aqui a *História da literatura brasileira*. Datada de 1888, trata-se de obra que, beneficiária de uma longa série de trabalhos pioneiros, que vinham sendo produzidos desde a década da independência[16], como que realiza o projeto de definir plenamente os conceitos correlativos de literatura brasileira e sua sistematização historiográfica. Sua *História*, por mais datada que seja, constitui a única do gênero que não só sobreviveu ao século XIX[17], como também se tornou o protótipo – se não o único, certamente o principal – dos vários projetos de história literária brasileira realizados no século XX[18].

---

15. Fernandes Pinheiro, no antes referido *Curso Elementar de Literatura Nacional*, sustenta essa mesma opinião.

16. Pode-se considerar como ponto de partida do processo aqui referido uma carta de José Bonifácio (1763-1838) datada de 1825, na qual, salvo novas descobertas, emprega-se pela primeira vez a expressão "história literária do Brasil" (cf. Souza, 2014, v. 1, p. 19), ou então o início da publicação da antologia *Parnaso brasileiro*, organizada por Januário da Cunha Barbosa (1780-1846), que saiu em fascículos de 1829 a 1832.

17. Além da edição de 1888, a obra teve quatro edições no século XX e uma no XXI, datadas respectivamente de 1902-1903, 1943, 1949, 1954 e 2001.

18. A obra, por suas dimensões, bem como por seu caráter digressivo e sua inclinação para a defesa partidária de teses polêmicas, não foi concebida para servir de livro-texto escolar. No entanto, a partir de 1892, é adotada no Pedro II, substituindo o livro de apoio ao ensino de literatura brasileira que vinha sendo utilizado desde 1879: *Le Brésil littéraire: histoire de la littérature brésiliene* (1863), do historiador austríaco Ferdinand Wolf (1796-1866). Assinale-se que a adoção do livro de Wolf – escrito em alemão por um austríaco, traduzido para o francês e publicado em Berlim, e, não obstante tudo isso, usado por mais de uma década como manual escolar no principal colégio do país – é sinal claro da escassez de materiais de apoio para o ensino sistemático de literatura brasileira disponíveis no século XIX. Preterido, enfim, pela disponibilidade de obras nacionais, o livro de Wolf só viria a ser traduzido para o português em edição de 1955, não mais, naturalmente, por interessar como obra didática, mas por sua condição de contribuição pioneira para a historiografia da literatura brasileira devida a um autor estrangeiro.

13

João **Capistrano de Abreu** (1853-1927) dedicou-se inicialmente aos estudos literários, mas, a partir de meados da década de 1870, reorienta seus interesses intelectuais para o campo da história. Assim, no início dos anos de 1880, é aprovado em concurso para o cargo de professor catedrático de Corografia (Geografia) e História do Colégio Pedro II. É autor do extenso ensaio "A literatura brasileira contemporânea" (1870), no qual, com preocupações teóricas e metodológicas ainda pouco comuns em sua época, e que ele utiliza para o estudo do caso brasileiro, retoma a ideia romântica de natureza, interpretando-a, porém, como meio físico--geográfico capaz de determinar a fisionomia de uma sociedade nacional e, pois, do caráter particular da literatura que constitui sua expressão.

14

José Veríssimo Dias de Matos (1857-1916), como Ramiz Galvão, antes de ser professor de História e Português do Pedro II, foi aluno do Colégio, e depois seu reitor. Como aluno, frequentou a instituição na década de 1870, retornando na condição de docente no início dos anos de 1890. Autor de obra vasta, constante de alguma ficção e sobretudo de trabalhos nas áreas de etnografia, educação, filosofia e literatura, firmou sua reputação principalmente no âmbito dos estudos literários. Sua *História da literatura brasileira*, publicada em 1916, constitui o ponto culminante de sua importante contribuição no processo de definição da disciplina. Nesse livro, em que se afasta do ponto de vista sociológico adotado por Sílvio Romero em sua obra homônima de 1888, ao situar em perspectiva estética o estudo da cultura literária brasileira, parece discretamente sintetizar as divergências que manteve por longos anos com aquele seu colega e contemporâneo, divergências que, como se sabe, se expressaram algumas vezes de modo tão áspero que entraram para o folclore da vida literária nacional de fins do século XIX e início do XX.

Referências

BLAKE, A.V.A.S. *Dicionário Bibliográfico Brasileiro*. 7 vol. Rio de Janeiro: Imprensa Nacional, 1883-1902.

CÂNDIDO, A. *Formação da literatura brasileira: momentos decisivos (1836-1880)*. Vol. 2. 4. ed. São Paulo: Martins, 1971 [1959].

COUTINHO, A. *A tradição afortunada: o espírito de nacionalidade na crítica brasileira*. Rio de Janeiro: José Olympio, 1968.

COUTINHO, A. (dir.). *A literatura no Brasil*. Vol. 2. 2. ed. Rio de Janeiro: Sul Americana, 1969 [1956].

COUTINHO, A. (org.). *Caminhos do pensamento crítico*. Vol. 1. Rio de Janeiro/Brasília: Pallas/Instituto Nacional do Livro, 1980.

DORIA, E. *Memória histórica do Colégio de Pedro II: 1837-1937*. 2. ed. Brasília: Instituto Nacional de Estudos e Pesquisas Pedagógicas, 1997 [1937].

DURAN, M.R.C. *Ecos do púlpito: oratória sagrada no tempo de D. João VI*. São Paulo: Unesp, 2010.

MACHADO, U. *A vida literária no Brasil durante o romantismo*. Rio de Janeiro: Eduerj, 2001.

ROMERO, S. *História da literatura brasileira*. Org. e pref. de N. Ribeiro. Vol. 3. 5. ed. Rio de Janeiro: José Olympio, 1954 [1888].

SILVA, J.N.S. *História da literatura brasileira: e outros ensaios*. Org., apres. e notas de R.A. Souza. Rio de Janeiro: Zé Mário/Fundação Biblioteca Nacional, 2002 [1843-1862].

SOUZA, R.A. *O império da eloquência: retórica e poética no Brasil oitocentista*. Rio de Janeiro/Niterói: Eduerj/Eduff, 1999.

SOUZA, R.A. (org.). *Historiografia da literatura brasileira: textos fundadores (1825-1888)*. 2 vol. Rio de Janeiro: Caetés, 2014.

O conceito de epopeia na historiografia literária brasileira oitocentista

1

Em matéria de reflexão sobre conceitos, a historiografia literária é parcimoniosa ou simplesmente omissa, e isso não por uma deficiência sanável, mas por sua própria natureza enquanto modalidade específica dos estudos literários. Factualista e narrativa nas suas realizações paradigmáticas, mas também muitas vezes assumindo forma dissertativa desinibidamente partidária e pródiga na emissão de juízos de valor, quer, no primeiro caso, como exposição sistemática e neutra, quer, no segundo, como casuísmo crítico, em ambos os casos a historiografia literária como que pressupõe não lhe caber problematizar o próprio discurso, nem considerar em abstrato a trama de conceitos em que se move. E essa rejeição da teoria, de resto, constitui atributo universal da disciplina, e não um traço restrito a uma ou outra de suas realizações, no espaço dessa ou daquela cultura linguístico-literária nacional, tampouco a certos itens da terminologia especializada da área. Por conseguinte, a historiografia produzida no Oitocentos sobre as letras do Brasil, e, no interior dela, o tratamento concedido aos termos *epopeia* e *épico,* ora objeto da nossa atenção, não destoam desse quadro geral. Ponhamos porém à prova essa pressuposição, e vamos rastrear o que encontramos sobre os conceitos de epopeia e épico nas obras dedicadas à história da literatura brasileira elaboradas no século XIX.

Preliminarmente, contudo, é necessário especificarmos o material a ser analisado com esse propósito. Trata-se, como já dissemos, de obras de história literária, ramificação dos estudos literários que, como sabemos, tem suas manifestações mais típicas nas grandes narrativas sobre o processo de constituição de uma cultura literária nacional particular, dos escritos incipientes que a inauguram às obras que assinalam sua maturidade e a consumação do seu pressuposto destino. Mas,

47

além dessas narrativas, que se apresentam sob a forma de tratados, manuais ou compêndios, compõem o acervo da história literária modalidades de textos tão diversas que é impossível reduzi-las a uma listagem exaustiva. Contentemo-nos, pois, com indicar as modalidades que encontramos no caso particular da historiografia literária oitocentista relativa ao Brasil.

Nesse campo específico, no período em que ela se constitui, que vai do documento que a inaugura em 1805 – um livro de Friedrich Bouterwek dedicado à história da literatura portuguesa então publicado, no qual são mencionados autores nascidos no Brasil – até a publicação de uma obra que lhe confere contornos sólidos e bem definidos – a *História da literatura brasileira*, de Sílvio Romero, datada de 1888 –, encontramos contribuições das seguintes espécies: tratados, manuais e compêndios especializados em história literária brasileira; passagens com elementos de história literária brasileira contidos em obras de história literária portuguesa, história geral, relatos de viagens e cartas; trechos dedicados à história literária nacional inseridos em manuais de retórica e poética; sínteses da história literária do Brasil, sob a forma de prólogos a antologias ou ensaios publicados em periódicos; ensaios com feição de manifestos, propondo um projeto de literatura brasileira e envolvendo um balanço do seu passado e uma projeção do seu futuro; ensaios críticos sobre autores ou obras específicas, baseados numa concepção de literatura brasilcira de fundamento historicista; ensaios de autocrítica de ficcionistas e poetas.

É esse material heterogêneo que pretendemos falar a propósito das ideias de épico e epopeia. Para efeito de organizar nossa exposição, vamos explorá-lo em três blocos: no primeiro, trataremos de contribuições devidas a autores estrangeiros; no segundo, cuidaremos de estudos da lavra de portugueses, que, por razões cuja explicação nos parece ociosa, colocam-se numa perspectiva que não se confunde com a dos autores estrangeiros; e, no terceiro e último, analisaremos a parte produzida por brasileiros na composição desse conjunto.

2

Comecemos então pelos estudos elaborados por autores estrangeiros.

Fiedrich Bouterwek (1765-1828) e Simonde de Sismondi (1773-1842), nas ligeiras notícias que dão sobre as letras do Brasil em seus livros respectivamente de 1805 (*Geschichte der portugiesischen Poesie und Beredsamkeit* [História da poesia e da eloquência portuguesa]) e 1813 (*De la littérature du midi de l'Europe* [Sobre a literatura do sul da Europa]), nada registram quanto ao gênero épico. Dão destaque a Cláudio Manuel da Costa, mas exclusivamente à sua lírica, pois

48

não chegaram a conhecer o seu poema épico, *Vila Rica*, datado de 1773, mas só publicado postumamente, em 1839.

Do mesmo modo, também Ferdinand Denis (1798-1890) não faz menção a esse poema, visto que data de 1826 o seu *Résumé de l'histoire littéraire du Portugal, suivi du Résumé de l'histoire littéraire du Brésil*. Já cita, porém, Bento Teixeira, então pouco conhecido pelos estudiosos, referindo sua *Prosopopeia*, que caracteriza vagamente como "uma espécie de poema" (Denis. *In*: Souza, 2017, p. 266), sem vinculá-la, pois, ao épico. Além disso, desenterra epopeias perdidas ou inéditas, vagamente citadas nas fontes de que se serviu – *Cesareia*, de João de Brito Lima, e *Brasília, ou A descoberta do Brasil*, de Gonçalo Soares França –, contentando-se com meramente relacioná-las, deixando nisso transparecer o antiquário que nele existe (como em tantos historiadores, aliás), e exercendo o gosto por inventários, que não deixa de ser comum em certas práticas historiográficas. Tratamento propriamente analítico só concede ao *Caramuru* e a'*O Uraguay*, limitando-se, porém, a transcrições de trechos dessas obras e a paráfrases dos seus enredos, entremeadas de juízos críticos, restritivos em relação a ambos os poemas, mas convergentes em apontá-los, segundo seu critério de valor e nos termos recorrentes em seus escritos, como *nacionais* e legítimos representantes da *poesia americana*. Passa ao largo, portanto, de qualquer consideração sobre a ideia de épico.

O mesmo se diga da contribuição de Carl Schlichthorst[1], em livro publicado no ano de 1829: *Rio de Janeiro wie es ist* [O Rio de Janeiro como é]. No capítulo X da obra, ele compõe um panorama da nossa cultura literária, no qual, depois de passar ligeiro por Bento Teixeira, João de Brito Lima e Gonçalo Soares França, empreende análises dos referidos poemas de Santa Rita Durão e de Basílio da Gama, em chave análoga à adotada por Denis.

José Marmol (1817-1871), por sua vez, num longo ensaio publicado em números sucessivos do *Ostensor Brasileiro*, em 1845-1846, intitulado "Juventude progressista do Rio de Janeiro", faz um balanço crítico da cultura literária brasileira do seu tempo, mencionando o drama, o romance, o periodismo, a lírica. Nada comenta, porém, sobre epopeias, e, no plano conceitual, a exemplo de Denis e Schlichthorst, assinala, como critério para a valoração das obras, seu "colorido local, o sentimento nacional, a ideia e a expressão brasileiras" (Marmol. *In*: Souza, 2017, p. 347). Com base nesse parâmetro, deprecia Gonçalves de Magalhães e exalta Araújo Porto Alegre, autores que, como sabemos, no futuro publicariam respectivamente as epopeias *A confederação dos Tamoios* (1856) e *Colombo* (1866).

---

1. Engenheiro militar prussiano de cuja vida quase nada se sabe, exceto que viveu algum tempo no Brasil, como integrante do corpo estrangeiro das forças armadas imperiais brasileiras, então em formação, poucos anos após a independência.

Já Juan Valera (1824-1905) constitui relativa exceção no panorama que vamos aqui apreciando, pois, ainda que brevemente, dignou-se tratar do épico em termos conceituais. Assim, no seu ensaio "De la poesia brasileña", estampado na *Revista Española de Ambos Mundos*, de Madri, em 1855, e no mesmo ano parcialmente traduzido e publicado no periódico fluminense *O Guanabara*, desenvolve algumas considerações conceituais sobre a epopeia, antes de ocupar-se com obras brasileiras representantes do gênero. Começa sustentando que haveria na nossa literatura uma propensão especial para o épico, que ele explica como herança portuguesa: "[...] onde brilhou a verdadeira originalidade da poesia brasileira foi na epopeia, à qual o gênio dos portugueses era mais inclinado e disposto que a nenhum outro gênero de poesia, como demonstram Camões, Sá e Meneses, Mousinho Quevedo e outros mil" (Valera. *In*: Souza, 2017, p. 371). Na sequência, assinala o que distinguiria as realizações modernas no gênero em questão:

> [...] a epopeia nos tempos modernos já não pode ser religiosa – isto é, ela não pode mais dar forma às fábulas e representações da divindade – pois a divindade, seja pela revelação, seja pela ciência, tem na mente humana uma forma de ser já determinada. A epopeia vem, assim, quase a se aniquilar e a se reduzir a um conto em verso ou a uma lenda mais ou menos maravilhosa, mas sem autoridade alguma, ainda que às vezes, pela grandeza e maravilha do evento, inspire interesse maior e se eleve a poema nacional (p. 372).

"Poema nacional", e aí temos a senha para deslizar desse conciso excurso teórico de volta para o curso normal da história literária, sobretudo como praticada no século XIX e nos países americanos, assinalada pelo "instinto da nacionalidade", como disse Machado de Assis num ensaio famoso de 1873[2]. E prossegue Valera, apontando o que julga obstáculo intransponível para a realização plena da épica na Modernidade e na América:

> Algo de mitologia americana pode [...] servir de apoio para os modernos poemas escritos sobre coisas da América; mas, como o poeta não pode prestar fé a esta mitologia, seu uso deve limitar-se de modo bastante prosaico. Os próprios acontecimentos da descoberta e da conquista, conhecidos pela história até os pormenores mais miúdos, não se ajustam bem à ficção épica, nem chegam a tomar-lhe as proporções gigantescas. Se Homero tivesse vivido nos tempos de Tucídides, ele não teria escrito a *Ilíada*. A Guerra de Troia lhe teria parecido uma expedição desorganizada de pobres piratas desalmados, e apesar dos esforços de sua imaginação soberana,

---

2. Referimo-nos, claro, a "Instinto de nacionalidade: notícia da atual literatura brasileira".

nunca teria formulado ideia mais alta daquela empresa. Isto não quer dizer que Colombo, Cortés, Pizarro e Balboa não valham, cada um por si, mais do que Aquiles, Ulisses e Ajax, todos juntos; e sim que o conhecimento exato que temos de suas pessoas, índoles e condições, os impede de ser heroicos e extraordinários personagens da história. Por outro lado, neste século pesquisador e descrente, as tradições poéticas do Novo Mundo melhor se prestam a fundamentar sistemas, judiciosos ou disparatados, sobre as emigrações e a história primitiva daqueles povos, que a compor poemas que deem mais vida a essas tradições (p. 372).

E especificamente quanto ao Brasil, conclui:

> [Os] brasileiros [...] escolheram a forma épica para cantar as façanhas e casos americanos, que, assim contados, mais que poemas parecem crônicas ou novelas rimadas. Com isso não se nega que contenham muita poesia, [...] ainda que sua poesia esteja antes na beleza das descrições e novidade dos objetos descritos, que nos caracteres que traçam ou nos acontecimentos que narram (p. 372-374).

Com essa lente, passa à leitura analítica d'*O Uraguay* e do *Caramuru*, referindo de passagem, no final do ensaio, um terceiro poema épico, *Colombo*. Coerente com sua articulação das ideias de épica, modernidade e literatura do Novo Mundo, os valoriza não como epopeias consumadas – falta-lhes *ficção*; isto é, matéria histórica remota o suficiente para ser transfigurada e engrandecida pela imaginação –, mas como composições representativas da poesia nacional brasileira. Reconhece o mérito da brasilidade em Basílio da Gama e em Santa Rita Durão, mas vê defeitos em suas obras. Considera *O Uraguay* "o mais correto e limado" dos poemas brasileiros, mas julga que "o fato histórico que [lhe] serve de assunto [...] parece mais um libelo contra os jesuítas e não tem grande interesse" (p. 374). *O Caramuru*, por sua vez, no cotejo com *O Uraguay*, embora disponha de "argumento mais variado e mais interessante [...], nem de longe [é] tão correto e castiço na forma", e "carece na execução de artifício bem-ordenado" (p. 381). Mas é a Araújo Porto Alegre que reserva os maiores louvores, ainda que não incondicionais:

> Este poeta é tão novo e tão extraordinário, tanto nas belezas quanto nos defeitos, que acreditamos que até agora não haja nascido no Brasil poeta maior que ele [...]. [...] é o poeta americano por excelência e o que com mais verdade e entusiasmo nos pinta e exalta as grandezas e formosuras d[o] Novo Mundo (p. 388).

Esse juízo refere-se ao conjunto da produção de Araújo Porto Alegre, e, pois, aplica-se também ao *Colombo*, aliás a única obra específica do autor citada por Valera, apesar de ele só ter podido conhecê-la pelos fragmentos até então publicados n'*O Guanabara*, a partir de 1850, pois essa extensa epopeia – quarenta cantos, dois volumes – só ganharia edição integral e definitiva em 1866.

Ferdinand Wolf (1796-1866), por seu turno, no manual *Le Brésil littéraire: histoire de la littérature brésilienne*, que publicou em 1863, repisa a tese de Valera (cujo pioneiro "De la poesia brasileña" tudo indica que terá lido) segundo a qual a presença destacada da epopeia nas letras do Brasil se deveria à influência portuguesa: "Os brasileiros herdaram de Portugal uma predileção marcada pela epopeia e procuram, como eles, exprimir os seus sentimentos sob a forma épica, através dos cantos heroicos" (Wolf, 1955, p. 219). E às vezes, como Denis, o autor reduz a história literária a inventário de antiqualhas, limitando-se a exumar e mencionar epopeias mortas, inéditas ou perdidas, se não existentes só em especulações. Refere assim, além dos títulos citados por Denis e Schlichthorst – *Prosopopeia, Cesareia* e *Brasília* –, *Eustáquidos*, de Frei Manuel de Santa Maria Itaparica, e ainda um poema em latim, de José Francisco Cardoso, cujo título – *De rebus a lusitanis Tripolim* – curiosamente ele não informa (sinal de que não terá tido acesso ao texto, e muito menos o lido). Quanto ao *Vila Rica*, como estuda Cláudio Manuel da Costa no capítulo VII, dedicado aos "poetas líricos da escola mineira" (p. 102), em vez de ter em conta a feição épica do poema, exceção em obra dominada pelo lirismo, prefere, mostrando adesão ao critério hegemônico na crítica literária do seu tempo, tomá-lo como exceção sim, porém de outra ordem. Desse modo, aproximando-o da "Fábula do Ribeirão do Carmo", sentencia: "[...] são quase as únicas produções de Cláudio Manuel em que se revela poeta brasileiro, enquanto que nas outras o elemento português e o italiano sufocaram por completo o nacional" (p. 105). No mais, analisa o *Caramuru* e *O Uraguay* (mencionando ainda, de passagem, *Quitúbia*, do autor deste), sem novidades em relação às leituras anteriores dessas composições; dedica muitas páginas a minuciosas considerações sobre *A confederação dos Tamoios*, basicamente parafrásticas e no geral elogiosas; não deixa de mencionar *Os Timbiras*, reconhecendo os méritos do poema, mas abstendo-se de formular juízo definitivo sobre a obra, visto que dela só tinham sido publicados, até o momento em que ele escreve, quatro dos dez cantos planejados pelo autor[3], faz reparos à classificação como épicas, pelo próprio autor, de certas composições de Joaquim Norberto; comenta dois épicos oitocentistas hoje

---

3. Sabemos que o poema ficou mesmo naqueles quatro cantos publicados na edição de 1857, ou porque os demais não chegaram a ser escritos, ou porque seus originais se perderam no naufrágio em que viria a morrer o poeta, no ano de 1864.

relegados à periferia do cânone – ou simplesmente dele banidos –, *A assunção: poema composto em honra da Santa Virgem*, de Frei Francisco de São Carlos, e *Paraguaçu*, de Ladislau dos Santos Titara. Nessas análises e comentários é que encontramos alguma problematização da ideia de épico. Vejamos:

Quanto ao volume de poemas intitulado *Cantos épicos*, de Joaquim Norberto, lançado em 1861, apresenta a seguinte objeção:

> Já falamos destes poemas e já lhes demos o nome de épicos, porque o próprio autor os designou assim. Fizemo-lo além disso, porque a escolha dos assuntos e da forma (hendecassílabos[4] brancos) garante-lhes de início um lugar neste gênero literário. No entanto, não lhes renderíamos justiça julgando-os como tal. Faltam-lhes as primeiras condições da epopeia: não têm nem a calma, nem a simplicidade, nem a objetividade, nem a ordem da narração que a caracterizam (Wolf, 1955, p. 296).

Aqui, o empenho do autor é extremar a epopeia de modalidades poéticas que lhe seriam próximas, mas dela distintas: o que chama "gênero épico-lírico" (p. 293), e também "baladas ou romances" (p. 294). O comentário alinha os traços definidores da epopeia enquanto espécie literária – calma, simplicidade, objetividade, ordem da narração –, mas convenhamos que se trata de propriedades muito pouco esclarecedoras, de tão genéricas. Em outros passos de sua exposição, contudo, Wolf logra especificar melhor as determinações que vai apontando. Prossigamos.

Da restrição que faz ao *Caramuru* depreende-se com facilidade um traço que julga próprio do épico – nos seus termos, "a base histórica grandiosa" –, elemento necessário para a sua plena realização em qualquer tempo e lugar:

> Este assunto [a história fabulosa da descoberta e da colonização da Bahia de Todos os Santos] só pode ser épico no sentido mais largo do vocábulo; conviria melhor a uma sequência de cantos semelhantes aos romances espanhóis ou antes a um romance. Para uma epopeia propriamente dita, seja popular, seja erudita, falta-lhe base histórica grandiosa, como as lutas de

---

4. O autor observa praxe ainda comum no seu tempo, de incluir na contagem das sílabas métricas as sílabas átonas posteriores à última tônica dos versos, e assim acha onze sílabas nos versos em questão. Tais versos, no entanto, consideramos hoje como decassílabos, de acordo com o sistema de contagem das sílabas métricas adotado na língua portuguesa ao longo do século XIX a partir da chamada reforma de Castilho, consubstanciada no Tratado de metrificação portuguesa, obra do poeta português Antônio Feliciano de Castilho, publicada em 1851. Esse sistema, como sabemos, preconiza não incluir na contagem as sílabas átonas posteriores à última tônica, de modo que um verso terminado em palavra paroxítona, embora apresente onze sílabas pelo critério da tradição anterior à mencionada reforma, passa a contar dez, com a adoção do sistema instituído por Castilho.

um povo civilizador, as experiências de um herói célebre, alguma descoberta de alcance imenso (Wolf, 1955, p. 98).

Mas a esse componente universal do épico deve somar-se, segundo Wolf, um outro, da ordem do particular, que é a cor local, o que se deduz de observação que faz na sequência da análise: "O talento de Durão não reside na composição, mas nos detalhes, nas descrições [...]. Estes traços da vida e dos costumes índios, que enchem a maior parte do poema, tornam-no interessante e original" (p. 100). Do mesmo modo, a seu juízo, *A assunção* teria fracassado em atribuir grandeza épica à sua matéria, mas se salva pelo que tem de cor local:

> [...] o poeta não conseguiu emprestar interesse e vida épica a um assunto de misticismo tão transcendente, tanto que, deste ponto de vista, a composição é monótona, rebuscada, artificial e privada de ação [...].
> Se, não obstante estes defeitos, a obra [...] goza de grande celebridade entre seus compatriotas, isto deriva unicamente das belezas de detalhes que encerra. As partes líricas e as descrições são o domínio do poeta. [...] É por lá que ele é original e popular [...] (p. 143-144).

Por fim, do seguinte reparo crítico a *Paraguaçu* é possível inferir uma terceira propriedade do épico: "[...] o autor tinha se metido numa empresa infeliz, fazendo um poema épico de acontecimento tão moderno e tão local [as lutas pela independência na Bahia]. [...] entendeu de se ater estritamente aos fatos, de que foi testemunha ocular [...]" (p. 183). Ora, seria preciso, ao contrário, versar sobre eventos de tal modo distantes no tempo que favorecessem um exercício mais arrojado da imaginação, e aqui reencontramos aquele fator tido como imprescindível para a plena realização do épico que, como vimos, Valera denominou *ficção*, e que, como logo se percebe, resulta na necessária magnificação do assunto.

Assinale-se, ainda, que pode ter algum interesse conceitual a distinção que Wolf estabelece (1955, p. 98) – sem explicá-la, no entanto – entre epopeia popular e epopeia erudita. Das obras que analisa mais detidamente, considera erudita a de Santa Rita Durão (cf. p. 100), e popular a de São Carlos (cf. p. 144), se é que, ao assim qualificar *A assunção*, de fato empregou a palavra *popular* na acepção conceitual que assume na dicotomia epopeia popular/epopeia erudita por ele proposta.

Finalmente, de um ligeiro senão que encontra n'*A confederação dos Tamoios* podemos depreender mais um elemento de sua concepção de epopeia. Afirma Wolf (p. 222-223) em relação à epopeia de Gonçalves de Magalhães: "Quanto ao tom que reina em todo o poema, aproxima-se de tal modo da antiga epopeia que cai algumas vezes no prosaico". Quer isto dizer que, a seu juízo, o épico antigo comportava elementos da prosa, ao passo que o moderno seria puramente poético? Contentemo-nos com a pergunta, que fica no ar, pois o autor aí se detém, sem desenvolver nem sequer minimamente essa ideia.

Examinemos agora mais dois desses estrangeiros aos quais devemos contribuições pioneiras para nossa historiografia literária. Como no caso de Schlichthorst, suas observações sobre a cultura literária brasileira encontram-se nos livros em que relataram impressões gerais sobre o país, decorrentes do tempo que viveram entre nós. No que nos interessa, porém, pouco encontramos nesses autores. Não obstante, vamos a eles.

Richard Burton (1821-1890), no seu *Explorations of the highlands of Brazil* [Explorações das terras altas do Brasil], publicado em 1869, motivado pelo período em que permaneceu em Minas Gerais, dedica algumas páginas aos poetas da chamada "escola mineira", mas concentra-se muito mais nas circunstâncias históricas que envolveram suas vidas do que em comentários de suas obras. D'*O Uraguay* diz tratar-se de "celebrado poema épico, ou melhor, romance metrificado", e considera Basílio da Gama "o maior dos poetas brasileiros" (Burton. *In*: Souza, 2017, p. 427); elogia o *Caramuru*, que caracteriza como "um épico em hendecassílabos[5], contando os 10 cantos de rigor" (p. 428); e, quanto a Cláudio Manuel da Costa, nada comenta de sua poesia – e, pois, sobre o *Vila Rica* –, prendendo-se aos episódios dramáticos resultantes do envolvimento do poeta com a Inconfidência.

Adèle Toussaint-Samson (1826-1911), por sua vez, nas breves observações que faz sobre literatura no seu *Une parisienne au Brésil*, de 1883, nada diz que tenha a ver com a ideia de épico, salvo se considerarmos como tal uma alusão sumaríssima ao autor d'*A confederação dos Tamoios*, que ela refere simplesmente como "Magalhães", e que considera um dos dois melhores poetas do Brasil, Gonçalves Dias sendo o outro que a autora coloca nessa dupla seleta (cf. Toussaint-Samson. *In*: Souza, 2017, p. 445).

Quanto a Eduardo Perié[6], por seu turno, nas suas considerações envolvendo o épico constantes do volume *A literatura brasileira nos tempos coloniais do século XVI ao começo do XIX*, que publicou em 1885, nada encontramos que possa apresentar algum interesse no plano dos conceitos: ele menciona as mesmas epopeias defuntas[7] relacionadas pelos autores antes aqui examinados – *Cesareia*,

---

5. Hoje consideramos decassílabos os versos do *Caramuru*, bem como os d'*O Uraguay*. Cf., a propósito, a nota anterior.

6. Quase não há informações sobre esse autor. Sabe-se apenas que era estrangeiro, possivelmente argentino, pois seu livro, embora escrito em português, foi publicado por uma editora de Buenos Aires.

7. Várias dessas epopeias por assim dizer mortas – perdidas, inéditas ou esquecidas – são citadas de passagem no *corpus* historiográfico-crítico ora em análise. Sílvio Romero (2001, v. 1, p. 225) exorta a se jogar fora todas elas: "A independência do Brasil, a Confederação dos Tamoios, o Colombo, os Timbiras, os Filhos de Tupã, a Assunção da Virgem, o Vila Rica e outros são produtos mortos, inúteis". E em outra

Brasília, Eustáquidos, De rebus a lusitanis Tripolim, A assunção[8] –, às quais acrescenta *Niterói*, de Januário da Cunha Barbosa, que classifica como "canto épico" (Perié, 1885, p. 201); refere-se de passagem ao *Vila Rica* e a *A Confederação dos Tamoios*; e demora-se mais n'*O Uraguay* e no *Caramuru*, poemas que analisa, sem qualquer novidade em relação a estudos que o precederam; e, a título de elogio, ressalta o "patriotismo" de quase todas essas obras, por se revestirem de cor local. Assim, retificando um pouco o que antes afirmamos – a esterilidade conceitual da obra do autor, no que concerne à noção de épico –, vamos admitir que, quanto ao tópico que aqui nos interessa, se possa depreender o seguinte: indispensável que as epopeias, *sub specie Brasiliae*, denotem "entusiasmo patriótico" (p. 166), para sua plena realização.

3

Dos estudos portugueses que figuram entre os primeiros constitutivos da historiografia da literatura brasileira alguns não cogitam de epopeias, casos de um ensaio de Alexandre Herculano (1810-1877) dedicado aos *Primeiros cantos*, de Gonçalves Dias – "Futuro literário de Portugal e do Brasil", de 1848 –, de dois outros de Lopes de Mendonça (1826-1865) – "A. Gonçalves Dias" e "Manuel Antônio Álvares de Azevedo", ambos de 1855 – e de um de Pinheiro Chagas (1842-1895) – "Gonçalves Dias", de 1866. Em outros trabalhos integrantes desse conjunto – uma pequena série de artigos circunstanciais de Gama e Castro (1795-1873) publicados no *Jornal do Commercio* do Rio de Janeiro, de dezembro de 1841 a janeiro de 1842; o livro *Primeiro ensaio sobre a história literária de Portugal*, de Francisco Freire de Carvalho (1799-1854), datado de 1845 –, nada encontramos senão menção a alguns autores de peças épicas: Cláudio Manuel da Costa, Frei Francisco de São Carlos, Basílio da Gama, Santa Rita Durão. Num terceiro subconjunto desse *corpus*, constituído por contribuições de Almeida Garrett (1799-

---

passagem, numa daquelas tiradas sarcásticas tão suas, decretou o seguinte acerca do autor do épico em latim *De rebus a lusitanis Tripolim*: "De José Francisco Cardoso nada tenho a dizer. É o mais esquecido dos escritores brasileiros, e este esquecimento é justo" (p. 235). Como, no entanto, para o historiador-crítico não há em princípio material irrelevante, mereceriam esses poemas pelo menos um estudo panorâmico atualizado. Quanto aos incompletos *Os Timbiras* e *Os filhos de Tupã*, temos um estudo recente, de Regina Zilberman: "Dois projetos inacabados de poesia americana", publicado na *Revista Brasileira de Literatura Comparada* (v. 22, n. 40, p. 40-55, 2020) e posteriormente no livro *Épica e Modernidade* (org. por R. Frieldlein, R. Zilberman e M.M. Nunes. Rio de Janeiro: Makunaima, 2022, p. 71-97), disponível na página da editora.

8. Nessa relação apressada, num claro indício de que o autor não leu as obras que menciona – o que, aliás, é comum em manuais e tratados de história literária –, ele erra ao afirmar que o poema "Descrição da Ilha de Itaparica" faz parte do *Eustáquidos*, quando se trata de uma composição à parte dessa epopeia, apenas impressa com ela no mesmo volume.

1854) – "Bosquejo da história da poesia e língua portuguesa" (1826) –, Pinheiro Chagas (1842-1895) – "Literatura brasileira: José d'Alencar" (1867) –, Camilo Castelo Branco (1825-1890) – *Curso de literatura portuguesa* (1876) –, bem como por trechos de obras de Teófilo Braga (1843-1924) dedicados à historiografia das letras de Portugal – *Manual da história da literatura portuguesa* (1875) e *Teoria da história da literatura portuguesa* (1881) –, encontram-se tão somente referências a'*O Uraguay*, ao *Caramuru*, a *A confederação dos Tamoios* e a'*Os Timbiras*, a propósito da presença maior ou menor de cor local nesses poemas, como índice de mérito literário.

Particularmente no caso da contribuição de Garrett, no entanto, convém assinalar a importância que ele atribui às descrições da natureza da América como marca de nacionalização das letras do Brasil: "O *Uruguai* de José Basílio da Gama é o moderno poema que mais mérito tem na minha opinião. Cenas naturais mui bem pintadas, de grande e bela execução descritiva [...]" (Garrett. *In*: Souza, 2017, p. 24). Assim, ele toca num conceito destinado a se transformar num dos tópicos mais frequentes no campo que estamos examinando, cremos que formulado inicialmente por Ferdinand Denis, nas suas *Scènes de la nature sous les tropiques et de leur influence sur la poésie* (1824) e no seu "Résumé de la histoire littéraire du Brésil" (1826), e que, no plano teórico, mereceria um capítulo da inacabada *História da literatura brasileira* de Joaquim Norberto – "Inspiração que oferece a natureza do Novo Mundo a seus poetas, e particularmente o Brasil" (1862) –, bem como teria, no plano crítico-analítico, recorrentes aplicações.

Mas, no âmbito desses materiais, apenas em um dos dez volumes do *Ensaio biográfico-crítico sobre os melhores poetas portugueses* – o volume 6, que data de 1853 –, de Da Costa e Silva (1788-1854), é que encontramos, nos capítulos I e II, consagrados a Frei José de Santa Rita Durão, algo de menos ralo sobre a questão que aqui nos interessa. Vejamos:

Da Costa e Silva (*In*: Souza, 2017, p. 74) começa com um afago a Durão, que reputa "[...] o fundador da poesia brasílica [...], o primeiro que teve o bom-senso de descartar-se das preocupações[9] europeias, [...] para compor uma epopeia brasileira pela ação, pelos costumes, pelos sentimentos e ideias, e pelo colorido local". Até aí, o assopro, coincidente com o lugar-comum do pensamento crítico da época, mas logo, numa inversão da ordem natural do dito popular *morder e assoprar*, vem a mordida: "a mania de descrever tudo quanto é brasileiro o obriga às vezes a apresentar aos leitores objetos sórdidos imundos, nauseantes, indignos da majestade da epopeia" (p. 75) – reparo a uma passagem em que o

---

9. Na época, a palavra significa "prevenção, preconceito".

poeta menciona uma bebida indígena, cujo fabrico consiste em mastigar e cuspir o ingrediente de que é feita. No entanto, não obstante esses eventuais excessos de cor local, "a inverossimilhança de fazer que os índios falem como teólogos" (p. 75) e "a minuciosa enumeração de coisas insignificantes" (p. 76), o saldo é positivo para Durão: "[...] não nos ocupemos só com os defeitos do primeiro épico brasileiro: ele tem no seu poema belezas que compensam com usura a sua sonolência momentânea [...]" (p. 77).

Não é, contudo, nesse movimento crítico de uma no cravo e outra na ferradura – que, afinal, do ponto de vista conceitual, se cinge a dois preceitos habitualmente exigidos para a consumação do épico, a saber, elevação do assunto e, no caso de composições brasileiras, cor local – que reside o que julgamos o traço mais original da noção de epopeia depreensível da reflexão de Da Costa e Silva. Eis, quanto a isso, a passagem-chave:

> Se atendermos à prática dos antigos, às regras de Aristóteles confirmadas por Horácio [...] e pelas prolixas exposições dos seus comentadores, as guerras e as proezas dos heróis e conquistadores, as ruínas dos reinos, a destruição e a tomada das cidades são os únicos assuntos dignos do poema épico.
>
> Se excetuarmos Milton no seu *Paraíso*, Klopstock na sua *Messíadu*, Bodmer na sua *Nouchiada* [...], veremos que os poetas modernos seguiram quase todos a mesma opinião; resultou daí às epopeias certa espécie de monotonia e uniformidade, que quase as faz parecer meras cópias umas das outras, o que não deixa de ser um defeito muito sensível.
>
> Adotado este princípio, fácil é de perceber que os poetas épicos empenhariam grande parte do cabedal do gênio na descrição de batalhas navais e terrestres, das armaduras dos guerreiros, dos conselhos e dos discursos dos generais, dos combates das massas de infantaria e cavalaria, dos combates particulares, assaltos de praças, variedade de golpes e mortes; é necessário confessar que muito se distinguiram alguns deles pela força e energia com que coloriam estes bárbaros, ainda que grandiosos, espetáculos (p. 79).

Ora, isso implica, como regra, a condenação de todo um gênero, tanto nas suas realizações antigas quanto nas modernas, pois poemas épicos bem-sucedidos seriam exceções, casos das obras de Milton, Klopstock e Bodmer, bem como das composições dos poetas que "se distinguiram pela força e energia com que coloriam estes bárbaros [...] espetáculos". Entre estes, o nosso Durão:

> Também não faltam na epopeia americana de Frei José de Santa Rita Durão estes espetáculos feros e sanguinários. A diferença está em que, no *Cara-*

muru, apresentam um aspecto original, e tão novo como o país em que se passam. Em lugar de ali presenciarmos a marcha e as evoluções de numerosos exércitos, vestidos de lustrosas armas, cobrindo o ar com o fumo de suas frequentes descargas, a terra que estremece com o galope dos corcéis ou com o estrépito dos canhões que rodam em suas carretas vomitando a morte, vemos turmas pouco numerosas de selvagens nus, tatuados, ornados de penas de diferentes cores, armados de arcos, maças nodosas, espadas de pau-ferro, combatendo-se e exterminando-se com maior fúria que a dos tigres e leões, saltando, correndo, urrando, resvalando no sangue e juncando os campos de cadáveres (p. 79).

E daqui se pode depreender outro traço indispensável à realização plena da ideia do épico, conforme o autor: as epopeias não devem ser "cópias umas das outras", mas, ao contrário, devem apresentar "um aspecto original". Em outros termos, Da Costa e Silva rejeita o princípio clássico da imitação, em favor da exigência romântica de originalidade. Entenda-se, por fim: se, no caso do exemplo, a originalidade consiste na aplicação da cor local brasílico-americana, trata-se, na verdade, de um atributo mais abstrato, que resta sem definição – ou que se define em termos muito vagos: "força e energia" capazes de "colori[r] [...] bárbaros [...] espetáculos", supostamente especificáveis em cada obra que se venha a apreciar.

4

Venhamos agora ao subconjunto mais extenso – por razões de compreensão imediata – dos três em que dividimos o *corpus* que nos propusemos examinar. Ele é composto por contribuições de cerca de quarenta autores, nas diversas modalidades que relacionamos acima na primeira parte deste estudo. Assim, para não nos enredarmos num cipoal de dados, vamos tentar apresentar do modo mais econômico possível o que se dispõe sobre o épico nesses materiais.

Muitos desses autores se limitam a citar poetas épicos e suas obras[10], às vezes em momentos fugazes de comparativismo administrado em pílulas, em geral

---

10. A lista é extensa. Entre os antigos e os estrangeiros, Homero, Virgílio, Lucano, Tasso, Ariosto, Milton, Klopstock, Bodmer, Voltaire, Alonso de Ercilla; entre os portugueses, Camões, José Agostinho de Macedo, Sá de Meneses, Vasco Mousinho de Quevedo, Jerônimo Corte-Real, Gabriel Pereira de Castro; entre os nacionais, Bento Teixeira, Cláudio Manuel da Costa, Santa Rita Durão, Basílio da Gama, Manuel de Santa Maria Itaparica, José Francisco Cardoso, João de Brito Lima, Gonçalo Soares França, Henrique José Wilkens, Francisco de São Carlos, Januário da Cunha Barbosa, Joaquim Norberto, Santos Titara, Teixeira e Sousa, Araújo Porto Alegre, Gonçalves de Magalhães, Gonçalves Dias. E não faltam mesmo menções de epopeias não autorais ou de autoria incerta: *Nibelungen, Ramaiana, Maabarata, Popol Vuh, Shah Nameh*.

com o propósito de encontrar genealogias ilustres para epopeias brasileiras. Vejam-se exemplos desse procedimento.

A propósito de um episódio d'*Os Timbiras*, afirma Sotero dos Reis (1800-1871): "Quem tem lição de Homero, julga, ao percorrer com atenção esta passagem, estar assistindo, *mutatis mutandis*, a uma das cenas dos heróis da *Ilíada*" (Reis, 2014, p. 228). Fernandes Pinheiro (1825-1876) não faz por menos, nos seus comentários respectivamente do *Caramuru* e d'*O Uraguay*:

> O que mais encanta-nos neste poema é o quadro dos usos e costumes dos selvagens brasílicos, [...], principalmente a magnífica pintura das tribos guerreiras [...], que traz-nos à lembrança a admirável descrição dos povos gregos marchando contra Troia, tal como no-la figura Homero no livro II da *Ilíada* (Pinheiro, 2007, p. 335).

> Tão justamente célebre como os de Francisca de Rimini na *Divina comédia*, de Olinda e Sofrônio na *Jerusalém libertada*, e de Inês nos *Lusíadas*, é o episódio de Lindoia no *Uraguai* (p. 133).

E Paula Meneses (1811-1857) incorre na mesma falta de senso de proporção: "[...] forramo-nos ao trabalho de apontar esses dois astros de coruscante luz que pelos fins deste século despontaram no céu de nossa pátria: o Padre Sousa Caldas, o Davi brasileiro, e Frei Francisco de São Carlos, o Massilon da nossa igreja, o Milton da nossa poesia!" (Meneses. *In*: Souza, 2017, p. 296-297).

Os que de fato tocam no assunto, por sua vez, o fazem em níveis diversos de desenvolvimento, e elegendo centros de interesse distintos.

Vejamos, primeiramente, aqueles que, além das referidas menções ligeiras de obras épicas e seus autores, detêm-se em análises de composições específicas, mas apenas reduplicando lugares-comuns críticos, e que, por conseguinte, nada produzem que apresente grande interesse conceitual. Estão nesse caso Sotero dos Reis e Fernandes Pinheiro.

Sotero dos Reis, no seu *Curso de literatura portuguesa e brasileira* (1866-1873), analisa o *Caramuru*, *O Uraguay* e *Os Timbiras*, segundo as praxes do seu tempo: citação de longos trechos, paráfrases, louvor das "belezas" e censura dos "defeitos", e o indefectível elogio das "descrições das cenas naturais do Novo Mundo" (Reis, 2014, p. 82), responsáveis pela cor local conferida aos poemas.

Fernandes Pinheiro[11], por sua vez, nas análises que empreende d'*O Uraguay*, do *Caramuru* e d'*A assunção*, segue o mesmo roteiro. Assim, atento a detalhes de

---

11. Seus trabalhos dedicados à historiografia da literatura brasileira encontram-se em dois livros – *Curso elementar de literatura nacional* (1862) e *Resumo de história literária* (1873) – e em três ensaios: "Discurso

gramática, métrica e estilo desses poemas, procede ao "invente[ário] [de suas] belezas e defeitos" (Pinheiro, 2007, p. 143), valorizando-os pelos "assuntos brasileiros" (p. 141). Curiosamente, embora sua contribuição seja bastante rala – se não nula – em termos de reflexão sobre a ideia de épico, em duas passagens do seu *Resumo de história literária* (1873, p. 334, 339) ele cita nada mais, nada menos que a "teoria de Hegel", citação que, assim sumariamente pendurada no texto, não funciona senão como um enfeite a dar-lhe fumos de erudição filosófica[12].

Integra ainda esse grupo Francisco Adolfo de Varnhagen (1816-1878), cuja contribuição para a história da literatura encontramos no "Ensaio histórico sobre as letras do Brasil", que serve de prólogo ao seu *Florilégio da poesia brasileira* (1850-1853), bem como nas passagens em que trata de matéria literária na sua *História geral do Brasil* (1854-1857). Nesses textos, não chega a empreender análises à maneira de Sotero dos Reis e Fernandes Pinheiro, mas, em meio aos dados objetivos que vai alinhando – nomes de obras, de autores, datas –, formula juízos críticos sintéticos, afinados com os critérios de avaliação literária vigentes em sua época. Um detalhe a singularizar sua contribuição é o fato de ser o único desses historiadores e críticos que faz referência à epopeia intitulada *Muhraida*[13] (cf. Varnhagen. *In*: Souza, 2014, v. 1, p. 346).

---

sobre a poesia religiosa em geral e em particular no Brasil" (1852), "Rápido estudo sobre a poesia brasileira" (1859) e "Formação da literatura brasileira" (1862).

12. Muito improvável, tendo em vista o que conhecemos de sua formação, que Fernandes Pinheiro lesse em alemão; se houve tradução da estética hegeliana para o francês, o italiano ou o espanhol em circulação no seu tempo – não temos essa informação –, no máximo terá lido uma dessas traduções. Em português, que seja do nosso conhecimento, o Curso de Estética, de Hegel, só teve sua primeira tradução iniciada no ano de 1953.

13. Praticamente ignorada no século XIX, a obra permaneceria assim nos séculos XX e XXI, não sendo nem sequer citada em nenhuma das principais histórias da literatura brasileira novecentistas (José Veríssimo, 1916; Ronald de Carvalho, 1919; Nélson Werneck Sodré, 1937; Antônio Soares Amora, 1954; Antônio Cândido, 1959; Alfredo Bosi, 1970; José Guilherme Merquior, 1977; Massaud Moisés, 1983-1989; José Aderaldo Castello, 1999), tampouco nas obras coletivas A literatura no Brasil (Afrânio Coutinho, 1955-1971) e nos volumes dedicados à literatura brasileira da série Roteiro das Grandes Literaturas, da Editora Cultrix, publicados de 1960 a 1965. Também não a registra Wilson Martins, nos inventários exaustivos da sua História da inteligência brasileira (1976-1979). Que sejam do nosso conhecimento constituem exceção a essa regra estudos de Márcio Souza (1978) e Alcmeno Bastos (2011). Eis o que diz Márcio Souza (1978, p. 64) sobre esse esquecido poema épico: "A Muhraida, ou A conversão do gentio-Muhra, de Henrique João Wilkens, além de ser a primeira tentativa poética da região [amazônica], representa um documento histórico inestimável. Publicada em Lisboa, pela Imprensa Régia, no ano de 1819, quase trinta anos depois de sua confecção, é o trabalho de um homem que se envolveu diretamente no contato com os Muhra, habitantes do Rio Japurá. [...] Canto de glória e certeza, nele já se podem observar todos os prenúncios da decadência interna da epopeia. Não apenas por se tratar de obra medíocre, [...] o certo é que a obra carrega esta corrupção estilística". Já o poema épico O Guesa (1868-1888), de Joaquim de Sousândrade, foi criticamente mais bem-afortunado: embora, como a Muhraida, tenha sido inteiramente ignorado pela historiografia literária oitocentista, no século XX passou por um processo de revisão, tendo sido recuperado e valorizado pela crítica, sobretudo a partir dos anos de 1960.

Detenhamo-nos agora, para concluir, naqueles autores cujas contribuições gravitam em torno de dois problemas: a propensão maior ou menor da literatura brasileira para o épico; a viabilidade ou não da epopeia na Modernidade.

Sílvio Romero (1851-1914), na sua *História da literatura brasileira* (1888), sustenta que "nossos poetas são por essência liristas; não têm, não podem ter voos para a epopeia" (Romero, 2001, v. 1, p. 225). E assim fundamenta essa tese: "[...] o Brasil é uma nação de ontem; não tem um passado mítico ou sequer um passado heroico; é uma nação de formação recente e burguesa; não tem elementos para a epopeia" (p. 225).

Macedo Soares (1838-1905), porém, no âmbito do que chama "esboço comparativo entre as literaturas norte-americana e brasileira acerca do sentimento da natureza" (Soares. *In*: Souza, 2014, v. 2, p. 68) que desenvolveu num ensaio crítico de 1859 – "João Alexandre Teixeira: *Sombras e sonhos*" –, situa-se em polo oposto a esse pensamento, assinalando a propensão da nossa literatura para o gênero épico. Diferentemente, no entanto, de autores que enxergaram nessa tendência um fator positivo (casos, como vimos na primeira parte deste estudo, de Juan Valera e Ferdinand Wolf), ele identifica nisso uma deficiência das nossas letras, no cotejo com a dos Estados Unidos:

> Nos Estados Unidos, a autonomia do pensamento individual deve necessariamente prestar mais força e vigor à forma lírica do ideal poético; no Brasil, há um certo panteísmo: tanto recebemos a vida da ação do poder que não nos resta a autonomia da individualidade; aqui, a epopeia deve ser a forma estética do espírito nacional: tudo quanto for a saga, o *epos*, a narração onde se assimilam os autores aos atores, subordinados ambos à fatalidade dos sucessos, há de condizer com os nossos hábitos sociais (Soares. *In*: Souza, 2014, v. 2, p. 68).

E esse raciocínio o conduz à seguinte conclusão: "[...] há na poesia do Norte mais sobriedade de imagens, mais sábia economia no emprego delas, de modo que o pouco que há de descritivo é asselado da elevação de ideias [...]; o contrário é justamente o defeito capital dos nossos poetas" (p. 68).

Quanto ao segundo núcleo conceitual que identificamos nesse terceiro subconjunto do nosso *corpus* – a viabilidade ou não da epopeia na Modernidade –, será preciso reconhecer diferenças entre os autores nas suas análises.

Alguns nem se colocam a questão, professando a concepção tradicional do caráter atemporal dos gêneros literários, e assim concebem a epopeia como forma a-histórica, dotada desde sempre de traços fixos identificados pela poética antiga. É o que encontramos, por exemplo, em Duarte de Azevedo (1831-1907), que, no seu ensaio "Literatura pátria" (1852-1853), defende o caráter épico d'*O Uraguay*, contra o parecer de Pereira da Silva, que classificara o poema como "romance em verso". Ele se apega, segundo seus termos, à "letra da lei" (Azevedo. *In*: Souza, 2014, v. 1, p. 401), para demonstrar que a obra de Basílio da Grama preenche todos os requisitos indispensáveis à epopeia, pois não lhe faltariam unidade de ação, grandeza, desenvolvimento do assunto, elemento maravilhoso, beleza de estilo, imaginação fértil, figuras novas (*passim*, p. 400-401). A "letra da lei" a que se refere – logo se vê – outra coisa não é senão a preceptística retórico-poética clássica, que, no século XIX, circulava sob a forma de manuais escolares, principal fonte para a educação literária das sucessivas gerações da época. Assim, veja-se como são convergentes a definição de epopeia por ele proposta e a que encontramos numa dessas obras didáticas:

> A epopeia [...] é a mais elevada das composições poéticas. Eco sublime dos grandes feitos, leva nas suas vozes à posteridade tudo quanto há de ilustre no povo, e, se algum dia se perderem os anais de alguma história, aí fica ela para contar todos os dias as cousas do passado. Estímulo dos homens da época, faz-lhes transluzir na mente as gerações que se já sumiram, bater-lhes no peito o coração de herói e compreender-lhes o destino que Deus lhes há marcado (Azevedo. *In*: Souza, 2014, p. 397).

> *Poema épico* ou *epopeia* é a narração poética dum feito ilustre.
> Este feito pode ser fornecido pela história ou pela legenda, devendo no primeiro caso escolher-se uma época remota a fim de que a imaginação do autor não se veja limitada pela observância escrupulosa da verdade. A ação que faz o assunto da epopeia deverá ser *uma*, *grande*, e *interessante* (Pinheiro, 1872, p. 131).

Outros autores, implicitamente reconhecendo a historicidade dos gêneros literários, negam que a epopeia tenha permanecido praticável nos tempos modernos.

É o caso de Couto de Magalhães (1837-1898), que afirma de modo peremptório:

> [...] o dinheiro é o que rege hoje a terra, porque a terra é materialista.
> De sorte que o poeta não pode ter para esta sociedade senão fel e ironia, sarcasmo e descrença. [...]
> Para mim é esta [...] a razão pela qual a poesia é hoje tão sarcástica e descrente, traço este o mais profundo que a distingue da antiga.
> E é por essa razão que a epopeia, tal qual a compreenderam os gregos e romanos, é quase irrealizável em nosso tempo (Magalhães. *In*: Souza, 2014, v. 2, p. 78).

Sílvio Romero (2001, v. 1, p. 225) não é menos categórico a respeito, embora não explicite suas razões: "O poema épico é hoje uma forma condenada. Na evolução das letras e das artes há fenômenos destes; há formas que desaparecem; há outras novas que surgem". Mas, pródigo em contradições, linhas adiante, procurando demonstrar que no Brasil em particular a epopeia é ainda mais impossível, pois não temos "passado mítico" e "somos uma nação de formação recente e burguesa", admite que constituem exceção a essa regra "apenas o *Uraguai* e o *Caramuru*" (p. 225).

Quanto a isso, a posição de Alencar (1829-1877) nos parece mais rica e matizada. Por um lado, nas "Cartas sobre *A confederação dos Tamoios*" (1856), ele subscreve a noção de epopeia como gênero trans-histórico. Com base nos traços que definiriam a essência do gênero, demonstra então o caráter épico do poema de Magalhães, contrapondo-se assim àqueles que lhe negavam essa condição, como meio de livrá-lo da acusação que vinha sofrendo, de defeitos próprios exclusivamente das epopeias. Mas o fato é que ele ironiza o argumento de autoridade de que se serve – a "letra da lei", que vimos invocada a sério por Duarte de Azevedo:

> Se as regras da arte e os preceitos dos mestres não são uma burla, e não se acham derrogados pela sabedoria de algum novo Aristóteles, é impossível que um estudante de retórica, que tiver a mais ligeira tintura de poesia, não classifique *A confederação dos Tamoios* no gênero das epopeias.
>
> [...]
>
> Não há pois a menor dúvida que o Sr. Magalhães fez uma epopeia; e, se ligou-se inteiramente à história, se foi pouco inventivo, se o seu maravilhoso é malcabido ou mal-executado, são defeitos estes que já censuramos; mas que não podem servir de argumento para tirar-se ao poema a qualidade que seu autor lhe deu.
>
> Tornei-me estudante de retórica, meu amigo, e desci a noções rudimentais da poesia, porque a isto me obrigaram aqueles que, ou por cegueira da amizade ou por um mal-entendido despeito, assentaram de cumprir à risca o preceito da escritura: *oculos habent et non videbunt* (Alencar. *In*: Souza, 2014, v. 1, p. 485-486).

A estratégia argumentativa nos parece clara: trata-se de enfrentar o adversário no seu próprio campo, e segundo as regras do jogo por ele estabelecidas, embora com a consciência de que dominar e levar a sério essas regras seja coisa sem importância, própria de aprendizes, estudantes de retórica. Assim, a forma clássica da epopeia, na verdade, teria passado, pois não era atemporal, mas contingente, histórica. Tanto que, na declaração de intenções que faz o autor ao término da segunda carta da série, se lê o seguinte:

Escreveríamos um poema, mas não um poema épico; um verdadeiro poema nacional, onde tudo fosse novo, desde o pensamento até a forma, desde a imagem até o verso.

A forma com que Homero cantou os gregos não serve para cantar os índios; o verso que disse as desgraças de Troia e os combates mitológicos não pode exprimir as tristes endechas do Guanabara e as tradições selvagens da América.

Porventura não haverá no caos incriado do pensamento humano uma nova forma de poesia, um novo metro de verso? (p. 440).

Há muito sabemos que, diferentemente do que afirma nessa mesma segunda carta – "não sou poeta, [...] exerço livremente meu direito de crítica" (p. 439) –, o crítico era sim poeta, no sentido amplo do termo, dado que, poucos meses depois dessa afirmação, começaria a dar a público um poema, não uma epopeia, por certo, mas um romance: *O guarani*[14]. Alencar, por conseguinte, percebeu que a epopeia já não tinha lugar na Modernidade, mas, diferentemente de Duarte de Azevedo e de Sílvio Romero, não a julgou simplesmente irrealizável ou extinta; viu que, na Modernidade, o romance é que passaria a fazer as vezes do épico.

Não será exagero – acreditamos – identificar aí um *insight* poderoso, pois, se não nos falha a estimativa, na década de 1850 não era nada usual considerar-se o romance como o sucessor moderno da epopeia. Que nos conste, o primeiro a levantar essa hipótese foi Hegel, ao qualificar o romance como "moderna epopeia burguesa" (2004, p. 137), nas suas conferências sobre estética, proferidas em 1820 e publicadas em livro em 1835:

Se procurarmos na época recente por exposições verdadeiramente épicas, temos de nos dirigir para um outro círculo do que o da epopeia propriamente dita. [...]

Por isso, a poesia épica fugiu dos grandes eventos populares para a limitação de estados domésticos privados no campo e em pequenas cidades, a fim de encontrar aqui as matérias que pudessem se adaptar a uma exposição épica. [...]

Para os outros círculos da atual vida nacional e social, por fim, abriu-se no campo da poesia épica um espaço ilimitado para o *romance*, o *conto* e a *novela*, cuja ampla história de desenvolvimento, desde a sua origem entrando

---

14. A última da série das "Cartas sobre *A confederação dos Tamoios*" foi publicada no *Diário do Rio de Janeiro* a 15 de agosto de 1856, e o primeiro capítulo de *O guarani* a 1º de janeiro de 1857. Isso para não falar no minirromance *Cinco minutos*, cuja publicação iniciou-se a 22 de dezembro de 1856, no mesmo periódico.

no nosso presente, eu aqui, contudo, não sou capaz de continuar acompanhando em seus contornos os mais gerais (p. 154-155).

Verdade que Alencar, embora se propusesse buscar "no caos incriado do pensamento humano uma nova forma de poesia" – *nova*; isto é, moderna –, tinha em vista certamente mais um espaço – o Novo Mundo – do que uma época – a Modernidade. Seja lá como for, o fato é que sua reflexão e sua posterior prática de romancista tangenciam a "teoria de Hegel", que seu contemporâneo Fernandes Pinheiro fez questão de alardear que conhecia.

5

Tentemos agora uma síntese, depois de um percurso analítico um tanto extenso.

Comprovamos a hipótese de que partimos: a inapetência da historiografia literária pela teoria, compensada por investimento maior na exposição de dados factuais e na formulação de juízos críticos. Nem por isso, contudo, deixa de haver no discurso historiográfico atenção a conceitos, que, no entanto, nele permanecem difusos, e só são por assim dizer desentranháveis mediante o *close reading* da análise. No caso particular do nosso foco neste estudo a ideia de epopeia rastreável no *corpus* examinado –, foi possível identificar alguma elaboração teórica do tópico.

Em um nível primário – o mais encontradiço nas obras examinadas –, essa elaboração resulta numa definição de epopeia nos termos de uma tradição clássica difundida por manuais e compêndios escolares prestigiosos na época, sem encerrar qualquer problematização do conceito: epopeia como poema narrativo elevado e grandioso, praticável em todos os tempos históricos. Resulta ainda, em nível medianamente reflexivo, na postulação de que a epopeia seria uma forma literária perempta, por incompatível com a Modernidade, ou então, em versão amenizada dessa reflexão, no reconhecimento das alterações do modelo épico decorrentes de sua adaptação aos tempos modernos.

No que tange particularmente ao Brasil, essa teorização rarefeita rendeu uma controvérsia potencial – porque não chegou a ser desenvolvida – sobre a receptividade da literatura brasileira ao épico. Segundo uma opinião – majoritária –, a literatura brasileira apresentaria propensão para o épico, o que foi em geral interpretado positivamente, salvo uma única voz que viu nessa suposta propensão um sintoma de descaminho e debilidade. Outra opinião, contudo, sustentou tese oposta: com vocação para o lirismo, as letras nacionais seriam particularmente infensas às epopeias.

Por fim, a elaboração conceitual do tópico se manifesta em duas posições isoladas: uma sumária, referida muito de passagem, propõe a distinção entre epopeia erudita e epopeia popular; a outra, arrojada para o contexto da época, mas também insuficientemente desenvolvida, concebe o romance como sucessor histórico da epopeia, tendo em vista especialmente o contexto brasileiro.

6

Mas existe ainda um sexto resultado da especulação sobre a épica rastreável na historiografia literária oitocentista produzida sobre as letras do Brasil, muitíssimo recorrente nos materiais analisados, e que por isso vamos referir à parte.

Trata-se da concepção de epopeia como poema nacional, e quanto a isso há uma evidente unanimidade: o critério para aferir o grau de nacionalidade das composições épicas é verificar nelas a presença menos ou mais intensa do que então se chamou *cor local*. E por *cor local* se entendia, no caso do Brasil, a natureza dos trópicos – aí compreendido o indígena –, que por isso deveria ser abundantemente figurada nos poemas. Ora, como a representação literária da natureza se dá mediante o recurso às descrições, estas foram tomadas como marcas estilísticas próprias das epopeias bem realizadas enquanto poemas nacionais, mesmo que isso constituísse uma interpolação lírica infratora das normas do épico. Vejam-se alguns exemplos desse verdadeiro lugar-comum no conjunto de fontes que analisamos:

> [Santa Rita Durão] sabe, quando lhe apraz ou quando o assunto o favorece, desenhar e colorir como os grandes mestres, e pode dizer afoutamente[15], como Corregio: 'Son pittore anch'io'[16]" (Silva, 2017, p. 214).

> Com a intuição só dada ao gênio pressentiu Basílio da Gama que um dos principais títulos pelos quais no futuro seria apreciado o seu poema consistia na parte descritiva: e ei-lo que de formosos quadros da natureza adereça a sua epopeia (Pinheiro, 2007, p. 129).

> Essa bela pintura [referência a uma passagem do *Caramuru*] de uma terra virgem de clima doce, de campo ameno e imenso arvoredo entressachado de fértil erva em sua viçosa extensão, bem como de uma nação incógnita, que se exprime por acenos, encanta por sua amenidade, ao mesmo tempo

---

15. Na época, a palavra significa "ousadamente, com autoconfiança".

16. Também eu sou pintor.

que surpreende por sua novidade, e faz palpitar o coração de todo brasileiro, que nela reconhece a pintura da terra pátria (Reis, 2014, p. 95).

> [...] em nosso país, todos os poetas épicos, pastoris e a maior parte dos dramáticos têm sabido manejar com a maior habilidade o delicado pincel da descrição, tornando tão notáveis, belos e atraidores os seus quadros, que a todos deleitam, e aos pintores oferecem variados assuntos para traduzirem-nos sobre a tela (Honorato. *In*: Souza, 2014, p. 434).

Curiosamente, essa valorização romântica da natureza como fonte para a literatura encontrou nos manuais e compêndios de retórica da época, todos de extração clássica, uma espécie de respaldo normativo, sob a forma da caracterização de uma "pintura oratória" – isto é, uma figura de linguagem –, dita *enargueia*[17], e assim definida:

> [...] é a pintura feita com tal viveza, que parece estar-se vendo o objeto representado por ela. À semelhança da pintura feita com tintas, que fielmente nos representam o objeto contido em seu quadro, a enargueia desperta em nossa fantasia objetos físicos de tal maneira, que parece-nos estar realmente vendo o quadro mental que se nos representa (Honorato, 1878, p. 63).

Verdade que esse termo técnico só o encontramos uma única vez no *corpus* em questão – na passagem em que Fernandes Pinheiro (2007, p. 207), professor de Retórica, assim exclama a respeito de um episódio d'*O Uraguay*: "Que vivas enargueias se encontram na descrição do incêndio que consumiu o templo fastoso que a Companhia de Jesus fizera erguer nas solidões da América Meridional!" –, mas o fato é que são inúmeras as ocorrências da palavra *descrição* para destacar os trechos mais felizes dos poemas épicos brasileiros, exaltando-se assim seus méritos e sua condição verdadeiramente nacional[18].

---

17. Assim encontramos grafada a palavra em textos do século XIX; nos dois dicionários novecentistas consultados – Aurélio e Houaiss –, porém, ela se acha registrada sob a forma *enargia*. Segundo o complexo sistema de conceitos retóricos exposto por Heinrich Lausberg (1966, p. 137-217, *passim*), o termo nomeia uma figura do ornato *in verbis coniunctis* – do tipo figura de sentença, subtipo figura *per adiectionem*, da modalidade acumulação pormenorizante –, chamada *evidência*, *enarguia* ou *hipotipose*.

18. Alguns, porém, destoaram desse coro dos contentes com enargueias e descrições: o lembradíssimo Machado de Assis (*In*: Souza, 2014, v. 2, p. 51) – "O espetáculo da natureza [...] ocupa notável lugar no romance, e dá páginas animadas e pitorescas [...]. Há boas páginas [...], e creio até que um grande amor a este recurso da descrição, excelente, sem dúvida, mas [...] de mediano efeito, se não avultam no escritor outras qualidades essenciais" –, mas também o deslembrado Macedo Soares, que censurou *Os Timbiras* pela "demasiada profusão de cores" (p. 68), e viu no excesso de "quadros da natureza" uma debilidade da literatura brasileira. Sem falar de Abreu e Lima (1794-1869), que, no seu *Bosquejo histórico, político e literário do Brasil* (1835), figura as "cenas da natureza sob os trópicos" na contramão das imagens idílicas propostas por Ferdinand Denis onze anos antes: "[...] nos enchemos de um presunçoso orgulho encaran-

Aliás, é notória a centralidade das descrições nas obras literárias do século XIX, processo tanto incentivado pelos críticos como largamente explorado pelos escritores, sempre pródigos em brindar seus leitores com longas passagens descritivas – os "formosos quadros da natureza" (Pinheiro, 2007, p. 129). E o processo, como sabemos, não se cingiu à epopeia, mas esteve muito presente no romance, primeiro no formato das idealizações românticas, e depois conformado pelo verismo realista, bastando lembrarmo-nos, entre inumeráveis exemplos, dos capítulos de abertura d'*O guarani* (1857), de *Inocência* (1872), d'*A escrava Isaura* (1875), d'*O mulato* (1881). Esse gosto, no entanto, foi refluindo progressivamente no século XX, até que as longas e minuciosas descrições, encerrados seus anos de glória, passaram a ser tachadas de enfadonhas e desnecessárias, sendo enfim praticamente banidas da poesia e da prosa de ficção novecentistas. Talvez o fato se explique porque modos de representação icônica – a fotografia e o cinema – foram ficando tão corriqueiros com os sucessivos aperfeiçoamentos de suas técnicas que acabaram por tornar ociosos os modos de representação verbal. Pois quem precisa *ver* a Serra dos Órgãos através das enargueias de Alencar, já que por elas apenas "*parece* estar-se vendo o objeto representado", quando *efetivamente se vê* aquele cenário mediante uma foto ou uma tomada cinematográfica? Bem, mas essa é outra história, que pode ser interessante, mas seria impertinente tentar apurá-la e contá-la aqui.

Referências

BASTOS, A. *O índio antes do romantismo*. Rio de Janeiro: 7Letras/Faperj, 2011.

HEGEL, G.W.F. *Cursos de estética*. Trad. de M.A. Werle e O. Tolle. Consultoria de V. Knoll. São Paulo: Edusp, 2004. V. 4.

---

do a magnificência dos nossos bosques, e os prados selváticos que servem de pasto à imensa criação do reino animal; e buscando um equivalente na Europa, nos julgamos superiores aos homens que a habitam, porque eles não têm um Chimborazo, um Amazonas, ou uma eterna primavera; sem acordar-nos de que as suas matas flutuam sobre os mares convertidas em baixéis, seus rios são todos navegados pela indústria comercial e suas montanhas todas acessíveis. Que importa ao gênero humano esses bosques portentosos que, atestando os séculos, não servem senão para provar o nosso estado ainda inculto? O que valem nossos rios sem navegação e nossos campos sem messes? [...] não temos pudor para dizer 'terra privilegiada, clima delicioso, natureza fecunda, em cujo seio se vê obrando a cada passo o dedo do Criador', e outras parvoíces semelhantes; sem lembrarmo-nos que, contemplando os nossos bosques, somos envenenados por uma serpente ou devorados por um tigre; que à beira de nossos lagos e rios estamos expostos a ser presa de um monstro aquático; que a febre periódica é um dom gratuito do nosso ardente clima; que nas costas e rios somos vítimas de milhões de insetos que nos aniquilam, nos consomem e nos devoram; que o mosquito, o bicho de pé, o cupim e a formiga são outros tantos elementos destrutivos de que abunda igualmente o nosso solo" (Lima. *In*: Souza, 2014, v. 1, p. 71-72).

HONORATO, M.C. *Sinopses de eloquência e poética nacional: acompanhadas de algumas noções de crítica literária extraídas de vários autores e adaptadas ao ensino da mocidade brasileira*. Rio de Janeiro: Tipografia Americana, 1870.

LAUSBERG, H. *Elementos de retórica literária*. Trad., pref. e aditamentos de R.M.R. Fernandes. Lisboa: Fundação Calouste Gulbenkian, 1966 [1963].

PERIÉ, E. *A literatura brasileira nos tempos coloniais do século XVI ao começo do XIX: esboço histórico seguido de uma bibliografia e trechos de poetas e prosadores daquele período que fundaram no Brasil a cultura da língua portuguesa*. Buenos Aires: Eduardo Perié, 1885.

PINHEIRO, J.F. *Postilas de retórica e poética*; ditadas aos alunos do Imperial Colégio de Pedro II. Rio de Janeiro: B.L. Garnier, [1872].

PINHEIRO, J.F. *Historiografia da literatura brasileira: textos inaugurais*. Org., apr. e notas de R.A. Souza. Rio de Janeiro: Eduerj/Faperj, 2007.

REIS, F.S. *Curso de literatura portuguesa e brasileira: fundamentos teóricos e parte brasileira*. Org. de R.A. Souza. Rio de Janeiro: Caetés/Faperj, 2014.

ROMERO, S. *História da literatura brasileira*. Org. de L.A. Barreto. Vol. 2. Rio de Janeiro/ Aracaju: Imago/Universidade Federal de Sergipe, 2001.

SILVA, J.N.S. *História da literatura brasileira: e outros ensaios*. Org., apr. e notas de R.A. Souza. Rio de Janeiro: Zé Mário/Fundação Biblioteca Nacional, 2002.

SOUZA, M. *A expressão amazonense: do colonialismo ao neocolonialismo*. São Paulo: Alfa-Ômega, 1978.

SOUZA, R.A. (org.). *Historiografia da literatura brasileira: textos fundadores (1825-1888)*. 2 vol. Rio de Janeiro: Caetés/Faperj, 2014.

SOUZA, R.A. (org.). *Na aurora da literatura brasileira: olhares portugueses e estrangeiros sobre o cânone literário nacional em formação (1805-1885)*. Rio de Janeiro: Caetés/ Faperj, 2017.

WOLF, F. *O Brasil literário: história da literatura brasileira*. Trad., pref. e notas de J.A. Haddad. São Paulo: Companhia Ed. Nacional, 1955.

Termos e conceitos básicos nos estudos literários: reflexões a partir das etimologias

> *La exactitud de un nombre [...] consiste en su capacidad de hacer ver la naturaleza de una cosa[1].*
>
> Platão

> *Que há num simples nome?*
> *O que chamamos rosa, sob uma outra*
> *designação teria igual perfume[2].*
>
> Shakespeare

1

Comecemos pela etimologia de *etimologia*: a palavra provém do grego *etymologia*, e tem por base o adjetivo *etymon* ("verdadeiro, certo"), que, substantivado, veio a significar "verdadeira origem das palavras". A passagem ao português se deu, como é frequente, com a intermediação do latim, que incorporou ao seu léxico esses vocábulos gregos. Étimo, portanto, significa, "origem de uma palavra", e *etimologia*, "estudo sistemático da origem das palavras".

Platão ocupou-se com esse tipo de investigação, discutindo, no *Crátilo*, o problema de última instância que se coloca para as escavações sobre a origem das

---

1. CRATILO. De la exactitud las palabras. Trad. del griego, preámbulo y notas por Francisco de P. Samaranch. In: PLATÓN. *Obras completas*. 2. ed. Trad. del griego, preámbulo e notas por Maria Araujo *et al.* Introducción a Platón por José Antonio Miguez. Madri: Aguilar, 1981 [1966], p. 543.

2. *Romeu e Julieta: seguido de "Tito Andrônico"*. Trad. e texto sobre o autor e a obra de Carlos Alberto Nunes. Rio de Janeiro/São Paulo: Ediouro/Publifolha, 1998, p. 38 (ato II, cena 2).

palavras: saber se elas designam as coisas por simples convenção ou se mantêm com seus referentes um vínculo necessário e natural. Desenvolveu a indagação no âmbito da sua especialidade – a filosofia, claro –, e, tendo em vista as etimologias forçadas que propõe (não se sabe, porém – diga-se a seu favor –, se a sério ou por ironia), é com ele que se inicia a tradição de explicações etimológicas destituídas de base razoável.

Mais tarde, no entanto, a etimologia passou a ser considerada parte do comentário de textos, como dispõe a *Arte gramatical* de Dionísio Trácio (séculos II-I a.C.). Nesse modelo, a indicação do étimo das palavras constituía a quarta etapa do processo, precedida de leitura oral do texto segundo a prosódia, explicação das figuras retóricas empregadas e elucidação do vocabulário utilizado, e seguida de verificação das regras de gramática nele atualizadas e de juízo crítico sobre seus méritos linguísticos e literários.

Com Isidoro de Sevilha (séculos VI-VII d.C.), mantendo essa posição, foi elevada à condição de princípio organizador do conhecimento, na obra *Originum sive Etymologiarum libri viginti* ("Vinte livros das etimologias ou das origens"), vasta compilação enciclopédica do saber produzido na Antiguidade e nos primeiros séculos do cristianismo, conhecida usualmente pelos títulos abreviados de *Etimologias* ou *Origines*.

No século XIX, contudo, arguida de arbitrária e não científica, sofre reformulação profunda e passa a pautar-se por princípios da linguística histórica, tornando-se parte da lexicografia. Desde então, os bons dicionários gerais das línguas costumam registrar em seus verbetes a etimologia das palavras, tendo surgido também os chamados dicionários etimológicos.

Na Antiguidade e na Idade Média, eruditos, poetas e oradores frequentemente interpretavam palavras conforme suas supostas origens, propondo para certos vocábulos, especialmente nomes próprios, étimos ora plausíveis, ora meramente imaginosos, às vezes visando à obtenção de efeitos poéticos. Vejamos uns poucos exemplos.

Segundo Ésquilo (1991, p. 42, 84), Helena seria predestinada pelo próprio nome, que significaria "destruidora de naus": "Quem terá dado nome tão correto / a Helena bela, essa esposa de espadas, / envolta em desavenças, dor e ruínas, / nascida para destruir armadas / e perdição de homens e cidades?" (cf. Curtius, 1955 [1949], p. 531). E o vocábulo *Bretanha*, nome de região habitada por populações que os romanos consideravam bárbaras, viria de *bruti mores* ("costumes brutos"), enquanto *Paris*, de *Isie quasi par*, no pressuposto de que a vila desse nome se pareceria com a cidade grega de Ísia, sendo, pois, "quase par" desta (p. 534).

Os clássicos modernos dão sequência a essa tradição. Bento Teixeira (1977 [1601], p. 44), por exemplo, consagra uma estrofe da sua "Prosopopeia" para explicar a origem da palavra *Pernambuco*:

> Em o meio dessa obra alpestre e dura,
> Uma boca rompeu o mar inchado,
> Que, na língua dos bárbaros escura,
> Paranambuco de todos é chamado.
> De para'na, que é mar, puca, rotura,
> Feita com fúria desse mar salgado,
> Que, sem no derivar cometer míngua,
> Cova do mar se chama em nossa língua.

Vieira também se serviu do processo. No "Sermão de Santo Antônio", a pretexto de pregar para os peixes, inventa uma etimologia para o nome *Maria*: "O mar está tão perto que bem me ouvirão. Os demais podem deixar o Sermão, pois não é para eles. Maria quer dizer *Domina maris*: Senhora do Mar [...]" (Vieira, 1971 [1654], p. 57). E no "Sermão da Sexagésima", glosando a parábola bíblica do semeador, a fim de expor sua concepção de oratória sacra, explora a etimologia do verbo latino *cadere*, alinhando diversos substantivos portugueses dele derivados:

> Assi há de ser o pregar. Hão de cair as cousas, e hão de nascer [...]. [...] para o Sermão vir nascendo, há de ter três modos de cair. Há de cair com *queda*, há de cair com *cadência*, há de cair com *caso*. A queda é para as cousas, a cadência para as palavras, o caso para a disposição. A queda é para as cousas, porque hão de vir bem trazidas, e em seu lugar: hão de ter queda; a cadência é para as palavras, porque não hão de ser [...] dissonantes: hão de ter cadência; o caso é para a disposição, porque há de ser tão natural, e tão desafetada, que pareça caso, e não estudo. *Cecidit, cecidit, cecidit* (Vieira, 2014 [1655], p. 248; grifos nossos).

Mesmo escritores modernos procuraram servir-se de especulações etimológicas, com vistas a instrumentalizá-las para fins literários. Consideremos tão somente dois exemplos, de autores muito diferentes entre si.

José de Alencar usou e abusou da elucidação de termos de procedência indígena, com o propósito de atribuir feição poética à sua prosa, alegando étimos às vezes fantasiosos ou discutíveis, especialmente em *Iracema*. Pontilha assim a narrativa de palavras supostamente de origem ameríndia, cujos significados esclarece, ora mediante aposições que as "traduzem" ao pé da letra para o português, ora por meio de explicações mais analíticas no próprio texto, sempre com o reforço de notas do autor: "Iracema, a virgem dos lábios de mel [...]" (Alencar, 1979 [1865], p. 12); "Os guerreiros pitiguaras [...] chamavam essa lagoa Porangaba, ou lagoa da beleza, porque nela se banhava Iracema, a mais bela filha da raça de Tupã" (p. 56); "Os mesmos guerreiros que a tinham visto alegre nas águas da Porangaba, agora, encontrando-a triste e só, como a garça viúva, na margem do rio, chamavam aquele sítio de Mecejana, que significa a abandonada" (p. 63).

Já Proust, bem à sua maneira, desenvolve um trajeto narrativo longo e sinuoso, que vai do encanto pelos nomes das pequenas localidades provincianas da região onde decorrem as ações do romance, até sua desmitificação etimológica posterior. O assunto se introduz no primeiro volume – *No caminho de Swan* – de *Em busca do tempo perdido*, figurando no segmento II da primeira parte, intitulada "Combray":

> O cura (excelente homem com quem lamento não ter conversado mais seguidamente, pois, se nada entendia de arte, conhecia muitas etimologias), habituado a dar explicações sobre a igreja aos visitantes de importância (tinha até a intenção de escrever um livro sobre a Paróquia de Combray), fatigava [...] com explicações infinitas [...] (Proust, 1993 [1913], p. 104).

No quarto volume – *Sodoma e Gomorra* –, o tema é retomado, introduzido por um diálogo entre o narrador e um personagem, situado no segmento II da segunda parte:

> – Já fui apresentado à Sra. de Cambremer – respondi. – Ah! mas então vai achar-se em terreno conhecido. E tanto mais satisfação terei de vê-la, visto que ela me prometeu uma obra do antigo cura de Combray sobre os nomes dos lugares dessa região e vou poder lembrar-lhe a sua promessa. – Interesso-me por esse padre e também pelas etimologias. – Não se fie muito nas que ele indica – respondeu-me Brichot. – A obra, de que há um exemplar na Raspelière e que me diverti em folhear, nada me diz de aproveitável: está formigando de erros (Proust, 1994 [1922], p. 275-276).

A partir daí, segue-se um longo trecho (quarenta e três páginas), no qual Brichot promove uma demolição crítica do livro do padre. Depois, no segmento III, o narrador, voltando de uma viagem de trem com sua companheira Albertine, registra o seguinte pensamento:

> [...] em cada estação havia conhecidos que embarcavam conosco ou nos cumprimentavam da plataforma; sobre os prazeres furtivos da imaginação predominavam esses outros, contínuos, da sociabilidade, que são tão sedativos, tão embaladores. Já, antes das próprias estações, os seus nomes (que

tanto me haviam feito sonhar desde que os ouvira na primeira noite em que tinha viajado com minha avó) tinham-se humanizado, perdido a sua singularidade desde a noite em que Brichot, a pedido de Albertine, nos havia mais completamente explicado as suas etimologias (p. 468-469).

E conclui o narrador, um pouco adiante, encerrando as extensas divagações etimológicas desenvolvidas no curso do romance, o que ao mesmo tempo marca uma reorientação de seus interesses na vida, objeto dos subsequentes três volumes de sua vasta reflexão ficcional sobre a experiência do tempo: "[...] não eram apenas os nomes dos lugares dessa região que haviam perdido o seu mistério inicial, mas os próprios lugares. Os nomes, já meio esvaziados de um mistério que a etimologia substituíra pelo raciocínio, tinham baixado mais um grau" (p. 478).

Mas acabamos nos demorando mais do que o planejado na caracterização das explorações poético-literárias de etimologias. Assim, concentremo-nos agora na questão específica que nos interessa, que é verificar as origens de termos básicos integrantes do vocabulário dos estudos literários. Tratando-se de palavras técnicas que, em sua maioria, dispõem de étimos bem-estabelecidos, não corremos o risco de cair em explicações arbitrárias. Desse modo, mesmo se ocioso, o exercício não tem contraindicações, e talvez até possa fazer jus a certo entusiasmo por elucidações etimológicas:

> A etimologia dá a cada palavra [...] uma energia espantosa, pois a torna viva pintura da coisa que designa. Não é senão a ignorância em que estamos, da origem de uma palavra, que faz com que não percebamos relação alguma entre ela e o objeto, e ela nos pareça, por consequência, fria, indiferente, exercendo só a nossa memória. Levando-nos à origem das palavras e colocando-nos no estado primitivo em que se achavam os criadores delas, a etimologia torna-se uma descrição viva das coisas designadas por estas palavras. Vê-se que umas foram feitas para outras e que melhor não se poderia escolher. Nosso espírito apanha estas correlações, a razão as aprova e sem dificuldades retemos palavras que eram um peso acabrunhador quando nos ocupávamos maquinalmente com elas (Court de Gébelin, *apud* Nascentes, 1954, p. XII).

Vamos, então, às etimologias.

2

No princípio, histórias sobre uma guerra mítica, destinada a tornar-se conhecida como a Guerra de Troia, foram ajeitadas em períodos rítmicos, processo que viabilizava a memorização, único meio de preservá-las, dado que compostas numa língua ágrafa. Os inventores desse processo foram chamados *poetas*; isto é, "aqueles que fazem", "fazedores". De fato, tratava-se de artesãos do verbo, cuja perícia consistia em organizar as narrativas em sequências de palavras cadenciadas. Reproduzi-las oralmente, depois, era questão de proferir o primeiro período e deixar-se levar por sua cadência, que traria os demais à memória, pois que feitos na mesma batida. *Rapsodos* – isto é, "costuradores de cantos" – chamaram-se aqueles que se dedicavam a declamar em público compilações de fragmentos desses relatos metrificados. Pouco se distinguiam os rapsodos dos *aedos* – ou seja, "cantores" –, salvo, talvez, pela circunstância de que estes incluíam em seu repertório também composições religiosas e líricas. Ambos, porém, como indicam as palavras com as quais eram designados, em cuja composição entra o elemento *odós* ("canto"), além de interpretarem discursos já em si mesmos fortemente ritmados, ainda o recitavam dedilhando um instrumento musical de cordas, de modo que o conto se resolvia num canto.

O termo *poeta*, procedente do grego, embora se tenha distanciado muito de sua acepção originária – talvez porque a poesia passasse a ser considerada antes atividade intelectual do que produto de um fazer artesanal –, firmou-se no vocabulário, mas não sem sofrer a concorrência de certas palavras que historicamente lhe são posteriores.

É o caso do vocábulo *vate*, que, ao seu significado primitivo em latim – "adivinho, profeta" – acrescentou o sentido de "poeta", uma vez que as profecias – ou *vaticínios* – se expressavam sob a forma de sentenças rítmicas, além de lapidares e um tanto cifradas, à maneira, portanto, da linguagem poética. Nas línguas modernas, pois, é termo equivalente a *poeta*, mas com uma conotação particular: designa não o cultor de lirismo intimista ou terno, porém o poeta vidente, dado a fazer de sua poesia campo de projeções históricas, por meio de um verbo arrebatado e altissonante.

É o caso também do vocábulo *bardo*, que provém da língua celta, e que designava, entre os gauleses e os bretões antigos, indivíduos andarilhos que compunham e declamavam narrativas dedicadas a celebrar senhores de guerra e suas linhagens, ou a fazer encantamentos metrificados, com vistas ao extermínio mágico de inimigos e animais daninhos. Nas suas sociedades, por conseguinte, desempenhavam um papel semelhante ao exercido no mundo helênico por poetas, rapsodos e aedos. A palavra foi incorporada ao latim, e daí passou às línguas modernas com a mesma acepção.

O termo *trovador*, por sua vez, é criação neolatina. Vem do provençal *trobador*, substantivo derivado do verbo *trobar*, que, em provençal, significa tanto "achar" e "inventar" como "fazer versos". A palavra sugere, pois, que a prática da poesia envolve uma habilidade técnica – "fazer versos", o que se coaduna, aliás, com a ideia originária contida na palavra *poeta* –, mas também a faculdade de – digamos – procurar com imaginação, pois os versos veiculam ficções – isto é, histórias ou situações inventadas – numa embalagem verbal bem trabalhada, constituindo-se assim em *achados* poéticos. Segundo explicação alternativa, porém, *trobar* proviria de um verbo latino hipotético (quer dizer, de existência suposta, mas não atestada em textos), *tropare*, formado em latim com base no grego *tropos* ("volta", "desvio", "mudança", "translação"), termo da retórica – *tropo*, em português – que designa a modalidade de ornamento verbal que consiste no emprego de palavras desviadas de seu sentido próprio, em sentido figurado, portanto. Assim, *trovador* nomeia "aquele que acha ou inventa versos", ou então "aquele que compõe tropos", e os apresenta em público, sob a forma de canção.

A *trovador* se associam outras palavras de origem neolatina e da mesma área do vocabulário, pois todas significam basicamente "poeta", porém cada qual com um matiz semântico específico, de caracterização, contudo, problemática: *troveiro, jogral, segrel, menestrel.*

Troveiro deriva do francês *trouvère*, termo com o qual se nomeavam os autores que, no norte da França, compunham, no idioma românico local, que daria origem à língua francesa, narrativas sobre assuntos guerreiros, conhecidas como canções de gesta.

Jogral provém do provençal *joglar*, por sua vez oriundo do latim *joculatore*, "indivíduo gracejador, galhofeiro". A palavra designava artistas populares itinerantes e de habilidades várias, como acrobacia, malabarismo, representações de *sketches* cômicos, e ainda apresentação oral de poemas, próprios ou alheios, com acompanhamento musical.

Já *segrel* é de origem obscura. José Pedro Machado (1990 [1952]) sustenta que viria do latim *saeculare*, por via do provençal. O étimo latino por ele apontado parece correto, mas a passagem pelo provençal não procede, pois a palavra não existe naquele idioma, ou pelo menos não consta dos dicionários provençais que consultamos. Tampouco a encontramos registrada nos dicionários consultados de outras línguas românicas – francês, italiano, espanhol –, o que faz crer que se trata de vocábulo exclusivo do léxico da língua portuguesa. Sua fonte remota tudo indica ser mesmo o latim *saeculare*, derivado de *saeculu*, no sentido de "vida mundana ou profana" (por oposição a vida religiosa). *Saeculare*, assim, teria originado duas palavras portuguesas: um vocábulo culto – *secular* – que, como tal, praticamente conserva intacta a forma latina, e outro corrente na língua popular – *segrel* –, que, como de regra, afasta-se mais do étimo latino, por um processo de transformações

77

fonéticas regulares, que, no caso, teria sido o seguinte, admitindo-se formas hipotéticas de transição: saeculare > seculare > segulare > seglare > segrare > segrale > segral > segrel. Claro, com exceção do primeiro e do último elo dessa cadeia, todos os demais são formas hipotéticas, e algumas das supostas alterações fonéticas apontadas terão sido não sucessivas, mas simultâneas. Isso, porém, ainda não é tudo, restando mostrar como um adjetivo – *saeculare* – deu origem a um substantivo – *segrel*. Ora, a substantivação de um adjetivo é acidente comum na língua, e costuma ocorrer pela redução de um sintagma construído com palavras pertencentes a cada uma dessas classes. Assim, deve ter sido corrente, na fase medieval do idioma, uma expressão como *trobador segrel* (*trovador secular*, se diria, modernizando-a), para designar um trovador que não pertencia ao clero ou não tinha formação clerical, sendo, pois, leigo, um indivíduo secular, e não um religioso. A significação do sintagma, então, com a elipse do termo determinado, se teria concentrado no determinante, e *trobador segrel*, em que *segrel* é um adjetivo, resultou em *segrel*, um adjetivo substantivado, segundo o mesmo paradigma que se observa, por exemplo, na redução a *vestibular* do giro sintático completo *exame vestibular* (quer dizer, o exame que se faz à entrada da universidade; isto é, no vestíbulo da instituição).

Quanto a *menestrel*, deriva do francês *ménestrel*, que, por sua vez, teria origem no provençal *menestairal* ou sua variante *menestral*, que significam "artesão, obreiro". O vocábulo provençal, por seu turno, é oriundo do latim *ministru* (por meio das formas intermediárias hipotéticas *ministerelu* ou *ministrellu*), palavra derivada de *ministeriu*, que quer dizer "ofício ou função servil". Assim, o latim *ministru* e o provençal *menestairal* ou *menestral* significavam genericamente "servente doméstico"; isto é, qualquer indivíduo que prestava serviços numa casa aristocrática, do cavalariço a serviçais de maior graduação, como pintores, músicos e poetas, ou músico-poetas. Parece que em francês a palavra acabou limitando sua aplicação a essa última categoria, e com esse sentido passou ao português.

Como se vê, essas palavras neolatinas apresentam um traço semântico comum, formando um subconjunto no campo nocional de *poeta*: designam autores ou intérpretes (ou intérpretes-autores) de canções – isto é, obras lítero-musicais – constituídas, pois, pela integração entre um componente verbal e outro musical. Ao mesmo tempo, no entanto, apontam para os diferentes *status* socioculturais que poderiam ter esses operadores da poesia.

Assim, no nível mais baixo da escala, ficavam os jograis, gente do povo, de poucas letras, ou, muito provavelmente, iletrada. Já os segréis, mesmo não pertencendo ao círculo dos letrados por excelência – os membros do clero –, dispunham de cultura letrada, e geralmente se admite que faziam parte da pequena nobreza.

Os menestréis, por sua vez, embora sem títulos nobiliárquicos, privavam nas cortes com a aristocracia, na condição de, como se diria hoje, "servidores qualificados", graças aos seus atributos intelectuais. Os trovadores, por fim, figuravam no topo dessa escala sociocultural: pertenciam à nobreza e tinham estudos formais, instruídos que eram nas chamadas artes liberais, principalmente em gramática, retórica, poética e música. Quanto à distinção entre trovadores e troveiros, não se baseia na posição social desses tipos, mas no fato de que os primeiros se expressavam na língua românica do sul da França – a *langue d'oc*, origem do provençal –, dedicando-se à poesia lírica, ao passo que os segundos, na do norte – a *langue d'oïl*, origem do francês –, e cultivavam, como vimos, as canções de gesta, modalidade épica típica da Idade Média.

Por outro lado, ao passo que *poeta, rapsodo, aedo, vate* e *bardo* apontam para representações antigas de operadores da poesia, *trovador, troveiro, jogral, segrel* e *menestrel* correspondem a representações medievais. Pesquisa mais minuciosa – fora, porém, dos nossos planos – pode rastrear a sucessão ou a coexistência histórica desses tipos. Para nós, basta observar que a palavra *poeta* é que historicamente se impôs nessa área do vocabulário. Das demais pode-se dizer que nomeiam tipos de um passado remoto – *rapsodo, aedo, segrel, menestrel* –, ou se aplicam a poetas específicos que se queira criticamente individualizar, em geral na condição de epítetos – *vate, bardo*. Quanto aos vocábulos *jogral, trovador* e *troveiro*, ao mesmo tempo que guardam seus respectivos sentidos históricos primeiros, assumiram significados mais recentes: *jogral* designa "grupo que declama textos literários em coro, alternando canto e recitativo"; e *trovador* e *troveiro*, com a variante *trovista*, nomeiam o poeta menor, dado ao cultivo de gêneros poéticos populares e convencionais, particularmente as chamadas trovas ou quadrinhas.

3

Os poetas, como vimos, compunham discursos em períodos cadenciados, que vieram a ser denominados, em latim, pelo substantivo *carmine*, o qual primitivamente significava "fórmula ritmada, de cunho mágico ou solene, proferida em situações religiosas ou jurídicas", e daí, por extensão, "canto, poema, poesia". A palavra – origem do vocábulo erudito português *carme* – provém do verbo *canere*, "cantar", de onde se tira também *incantare*, "encantar", e, pois, *incantatione*, "encantamento ou encanto", daí chegando-se às noções de "sedução, fascinação". Tem base, portanto, na memória remota da língua, a ideia segundo a qual a poesia dispõe de charme (do francês *charme*, por sua vez proveniente do latim *carmine*) – isto é, de uma força mágica que seduz e fascina – por sortilégios ou meios extrarracionais.

Mas os gramáticos adotaram um nome racional para designar a unidade básica das composições poéticas, suas sentenças rítmicas; chamaram-na *versu* – ou seja, "volta, ação de voltar" –, substantivo derivado do verbo *vertere*, "voltar". O latim *versu* e o português *verso*, assim, caracterizam, pela etimologia, o movimento de retorno para o início da linha métrica subsequente, depois que a linha anterior se completou. O discurso que não executa esse movimento, que, por conseguinte, não retorna, segue sempre adiante, chamou-se *oratio prosa*, ou, por elipse do termo determinado desse sintagma, simplesmente *prosa*, adjetivo substantivado em cuja composição o prefixo latino *pro* significa "movimento para frente". Assim se estabeleceu a oposição entre prosa e verso, que responde pela classificação dicotômica dos gêneros literários.

Tornou-se também usual uma classificação tricotômica dos gêneros, traduzida nos termos *lírico*, *épico* e *dramático*. Os dois primeiros derivam de elementos que remetem a traços primitivos da poesia – associação com a música e oralidade –, que só desapareceram no início dos tempos modernos, com a invenção da imprensa: respectivamente, *lyra* ("lira") e *epos* ("discurso, palavra, verso"), os quais provêm do grego, passando ao português por via do latim. *Dramático*, por sua vez, origina-se do grego *drama*, que significa "ação", e que igualmente passou à língua portuguesa através do latim.

<h3 style="text-align:center">4</h3>

Dos escritores em geral – e muito especialmente dos poetas –, segundo um pensamento que vigorou no Ocidente por mais de dois milênios, se exigiam dois atributos conjugados: um dom – isto é, uma aptidão ou propensão natural, que não se ensina nem se aprende –, ou seja, que nasce com a pessoa; e o domínio de uma técnica específica, passível de aquisição mediante aprendizagem e exercícios. Ao primeiro atributo se chamou *engenho*, palavra proveniente do latim *ingeniu*, que significa "caráter inato, disposição natural de uma pessoa", e daí, "talento". Ao segundo se deu o nome de *arte*, termo derivado do latim *arte*, tradução do grego *tékhne*, que quer dizer "técnica, perícia ou habilidade especializada". Camões mencionou tais atributos na célebre proposição d'*Os Lusíadas*: "As armas e os barões assinalados / [...] / Cantando espalharei por toda a parte, / Se a tanto me ajudar o *engenho* e a *arte*" (I, 1, 1; I, 2, 7-8; grifos nossos).

Gradualmente, porém, o vocábulo *engenho* passa a designar, por extensão, não só capacidade inata – subjetiva, pois, e um tanto misteriosa, acrescentemos – de conceber, elaborar, descobrir, mas também o resultado prático ou o produto dessa capacidade, algo, por conseguinte, objetivo, que se dá sob a forma de invenções, aparelhos ou, numa palavra, *engenhos*, no sentido de "máquinas". Por volta do século XVIII, esse significado mais recente se impõe, e assim a acepção antiga – de "talento", particularmente para a poesia – torna-se obsoleta, e o termo *engenho* passa a associar-se semanticamente a derivados como *engenheiro* ou *engenharia*, que, como é óbvio, nada têm a ver com poesia. A lacuna lexical resultante do processo, no entanto, seria logo preenchida pelo termo *gênio*, oriundo do latim *geniu*, do qual, como logo se vê, deriva *ingeniu*, pela anteposição do prefixo *in* ("em", "dentro"), para reforço da ideia de interioridade. Desse modo, em latim, *ingeniu* e *geniu*, além de cognatos, são quase sinônimos, pois convergem num significado que lhes é comum: "dom ou capacidade intelectual inata, particularmente para atividades criativas". Em português, aliás, as palavras *engenho* e *gênio*, empregadas com os mesmos sentidos dos étimos latinos de que procedem, coexistiram por algum tempo, mais ou menos de fins do século XVIII à década de 1840, como se vê no exemplo abaixo, um texto de 1829 em que ocorrem ambas as palavras, perfeitamente permutáveis, por coincidentes no significado:

> Empreendi esta coleção das melhores poesias dos nossos poetas com o fim de tornar ainda mais conhecido no mundo literário o *gênio* daqueles brasileiros que ou podem servir de modelos ou de estímulo à briosa mocidade, que já começa a trilhar a estrada das belas-letras [...] (Barbosa, 2014 [1929], p. 35; grifo nosso).

> Agora, [...] que o Brasil, felizmente desassombrado da opressão antiga e tão duradoura; agora que, ocupando um lugar distinto na categoria dos povos livres, lhe é já permitido [...] o dar-se um desafogo à altura de todo gênero de úteis aplicações, fora sem dúvida um descuido imperdoável o não fazer ressurgir a sua esmorecida literatura, apresentando [...] as excelentes composições poéticas dos seus mais ilustres *engenhos* (p. 37; grifo nosso).

Quanto à palavra *arte*, seu significado, pela mesma época, também sofre uma alteração importante. Até então, como vimos, o termo se empregava para designar certa habilidade ou perícia especializada, adquirida por meio de aprendizagem e exercícios, constituindo, portanto, um sinônimo para *ofício* ("profissão", "ocupação"). Assim, atividades bastante heterogêneas, como, por exemplo, a carpintaria, a alvenaria, o cálculo matemático, a composição musical, poética ou oratória, constituíam artes, pois apresentavam em comum o fato de que se exerciam com base em regras objetivas de procedimento, cujo domínio facultava ao indivíduo uma competência específica. Desse modo, até o século XVIII, era usual se dividirem as artes em duas grandes categorias: as manuais ou mecânicas – carpintaria, alvenaria, olaria etc. –, exercidas por pessoas de condição servil, e as chamadas sete artes *liberais* – aritmética, geometria, música, astronomia, gramática, retórica e lógica –, assim chamadas por serem privativas de homens *livres*; isto é, de elevada condição social. Nessa altura, porém, desponta uma nova categoria de artes, que se define não como prática objetiva – manual ou intelectual – sujeita a regras operacionais, mas como criação subjetiva e original, inteiramente alheia a constrangimentos normativos, consistindo, assim, em pura manifestação da sensibilidade e dos sentimentos. Esse novo conceito se traduz na expressão *belas-artes*, que compreende pintura, escultura, arquitetura, música e poesia. Por outro lado, nessa mesma época, completa-se a reconfiguração desse campo semântico, com a locução *belas-letras*. A expressão tem ocorrências atestadas já no século XVII, mas só no Setecentos firma-se no uso, acolhendo em seu âmbito, além da poesia, algumas modalidades de prosa.

Curiosas essas alterações datadas do século XVIII. Se até então por *engenho* se entendia um atributo subjetivo, uma predisposição inata sem a qual não se podia ser escritor, e por *arte* um conjunto objetivo de regras de procedimento – noções de gramática e de métrica poética, por exemplo – sem as quais não era possível compor um poema ou uma peça oratória, a partir daí *engenho* se interpreta como associável a *engenheiro* e *engenharia*, ao passo que *arte* passa a definir-se como expressão subjetiva de sensibilidades especiais, exclusivas de indivíduos dotados de *gênio*.

Assim, essa revolução conceitual operada no século XVIII se dá a ver numa mudança do vocabulário: *engenho*, no sentido de "dom para a poesia", torna-se termo obsoleto, sendo substituído por *gênio*; *arte*, por sua vez, deixa de significar "conjunto de normas", para assumir o sentido de "produto da livre-criatividade do gênio". Em síntese, ao equilíbrio antigo e clássico entre subjetividade e objetividade, expresso nos conceitos correlativos de *engenho* e *arte* (no sentido de "técnica"), sucede a absolutização moderna e romântica do elemento subjetivo, configurada nos conceitos interimplicantes de *gênio* e *arte* (no sentido de "manifestação estética").

5

As artes verbais, não obstante suas manifestações orais, encontraram na escrita seu veículo por excelência, e, pois, não é à toa que seu conjunto recebeu a designação de *letras*. A palavra vem do latim *litteras*, plural de *littera*; isto é, "letra", "caráter da escrita". Trata-se de um plural de sentido coletivo, de modo que *letras* nomeia o conjunto dos textos manuscritos e impressos. A heterogeneidade desses materiais produziu naturalmente esforços para classificá-los em tipos específicos, segundo critérios determinados, dando origem a expressões que se cristalizaram historicamente.

Assim, registram-se as locuções *letras humanas* e *letras divinas*, segundo o tema tratado nos textos, se constituído por questões profanas ou se de natureza religiosa. *Boas letras*, por sua vez, designava os escritos conformes à moral ou considerados edificantes, como epopeias, memórias históricas e algumas modalidades líricas e dramáticas. Opunham-se, por conseguinte, as composições tidas por deletérias do ponto de vista moral, como comédias e sátiras (por causa da baixeza tanto das situações e dos personagens figurados como da linguagem empregada), tragédias (pelo descontrole emocional que poderiam suscitar no público, dados os sofrimentos dos personagens e a violência anímica das paixões representadas) e poemas eróticos (por apresentarem cenas mais ou menos explícitas consideradas atentatórias ao pudor). Esses termos praticamente caíram em desuso a partir do século XVIII, mas, na mesma época, se consolidou a expressão *belas-letras*, empregada inicialmente para nomear manifestações literárias de natureza estética, capazes de encantar pelo brilho retórico ou estilístico, por oposição a obras utilitárias e vazadas em linguagem despida de ornamentos (tratados especializados ou obras didáticas, p. ex.). Hoje, contudo, emprega-se essa locução com intenções depreciativas, como – digamos – um desqualificativo, em relação a obras tidas por frívolas ou meramente convencionais.

Uma vez neutralizados conceitualmente os critérios que fundamentavam as distinções apontadas – o teológico, para oposição letras humanas/letras divinas; o ético-moral, para a noção de boas letras; o retórico-estético, para a ideia de belas-letras –, desde a passagem do século XVIII para o XIX um novo termo se impôs para rotular o conjunto das artes verbais: *literatura*. Sua trajetória, porém, não é tão simples, e precisa ser detalhada.

A palavra provém de *litteratura* (um derivado de *littera*, como logo se vê), vocábulo cunhado em latim para, alternando-se com *grammatica*, traduzir o grego *grammatiké*, por sua vez derivado de *gramma* ("letra", "caráter da escrita", correspondente, pois, ao latim *littera*). O grego *grammatiké* quer dizer "técnica das letras" – isto é, "habilidade de ler e escrever" – tendo sido em latim adaptado para *grammatica*, ou traduzido por *litteratura*. Na língua latina, portanto, *grammatica* e *litteratura* são sinônimos, compartilhando o significado de "habilidade de ler e escrever". A palavra *litteratura*, por derivação de sentido, passou a significar também "cultura adquirida mediante o domínio dessa habilidade" – isto é, "erudição" –, e foi com esses significados que passou à língua portuguesa. Assim, o latim *litteratura*, com as alterações fonéticas regulares, deu origem a quatro palavras portuguesas historicamente registradas, configurando o que os especialistas chamam formas divergentes: *letradura*, *leteradura*, *literadura* e *literatura*. Todas se tornaram arcaicas, tendo sido empregadas no máximo até o século XVII.

A forma, por conseguinte, que se firmaria no nosso idioma a partir de fins do século XVIII – *literatura* – constituiu um empréstimo direto tomado ao latim, um neologismo de cunho erudito, pois sem alterações fonéticas em relação ao étimo latino. Do ponto de vista semântico, porém, esse neologismo setecentista gradualmente se afastou do antigo significado latino, deixando de indicar um atributo do sujeito – "habilidade de ler e escrever" e "cultura" ou "erudição" –, para assumir o sentido de "conjunto da produção escrita", inicialmente especificável segundo as diferenças nacionais, e depois também por critérios estéticos. Com isso, chegamos a empregos modernos da palavra, em expressões como *literatura brasileira*, *literatura francesa* etc. etc., além de, mais recentemente, *literatura mundial*.

6

O vasto acervo de textos constituído pelas letras ou pela literatura foi objeto de dois arranjos historiográficos iniciais sumários, configurados nas distinções entre *antigo* e *moderno*, por um lado, e *clássico* e *romântico*, por outro.

Antigo provém do latim *antiquu*, adjetivo derivado do advérbio *ante* ("antes", "anteriormente", "dantes", "outrora"). Empregado no masculino plural – *antiquos* –, significava "os homens de outras eras", "os antigos escritores". *Moderno* também é de origem latina: vem de *modernu*, adjetivo derivado do advérbio *modo*, entre cujos significados figura o de "agora mesmo", "neste instante", formado segundo o mesmo paradigma pelo qual se tira *hodiernu* de *hodie* ("hoje"). Em princípio, o par se prestou a um emprego descritivo e neutro: *antigo* queria dizer o que fosse anterior à queda de Roma, e *moderno*, o que veio depois. Com o Renascimento – isto é, na passagem do século XV ao XVI –, e sobretudo durante a famosa Querela dos Antigos e Modernos, controvérsia cultural que marcou a passagem do século XVII ao XVIII, essas palavras mantêm o conteúdo descritivo, mas assumem cumulativamente um matiz valorativo: *antigo* significa "atrasado", "primitivo", "bárbaro", e *moderno*, "atual", "progressista", "civilizado". Por fim, na passagem do século XIX ao XX, a palavra *moderno* revitaliza e radicaliza seu conteúdo valorativo, passando a significar não somente "atual", "progressista", mas também "arrojado", "revolucionário", por oposição a "passadista", "conservador". Tomada nessa acepção, o vocábulo deu origem ao termo historiográfico *modernismo*, que passou a designar um período e ao mesmo tempo um movimento no campo da literatura e das artes em geral, típico da primeira metade do século XX. Mais recentemente, entrou em circulação, também para designar um período e um movimento na área da cultura, o derivado *pós-moderno*, ou *pós-modernismo*, consagrados pelo uso, não obstante o contrassenso que encerram. É que, se examinados à luz da etimologia, descrevem algo que, não sendo o futuro, pois que já existe, se situa posteriormente ao "agora", e, ao mesmo tempo, destituem o vocábulo *moderno* de propriedade para qualificar a atualidade, visto que o atual ficou sendo o pós-moderno. Revelam-se, pois, problemáticos os termos historiográficos *moderno*, *modernista* e *pós-moderno*, bem como outro que normalmente lhes é associado – *contemporâneo* –, porque a extensão dos seus significados dependerá sempre do contexto expositivo específico em que são empregados.

Quanto ao par *clássico/romântico*, suscita igualmente uma viagem pela história da terminologia técnica da nossa área. *Clássico* tem origem no latim *classicu*, derivado de *classe*, "cada uma das categorias em que se dividiam os cidadãos romanos suscetíveis de convocação para a guerra". O cidadão clássico, assim, se distinguia do proletário: aquele, como se diria hoje, tinha classe, pertencia às camadas sociais superiores; este não passava de um pobretão, sem eira nem beira e cheio de filhos para criar e alimentar (portanto, de numerosa *prole*, de onde procede *proletário*). *Classicu*, depois, passou a significar "cidadão de primeira classe", e, como adjetivo, se empregava na expressão *scriptore classicu*, "escritor clássico"; isto é, escritor qualificado, de primeira classe. De *clássico*, nesse sentido literário, se tira o derivado *classicismo*, termo historiográfico, como se sabe, de amplo emprego.

A história de *romântico* é mais acidentada e requer explicação mais extensa. Do nome *Roma* se tira *romanicu*; isto é, "próprio de Roma", "românico" ou "romano". Conforme regra gramatical latina, do adjetivo *romanicu* se pode derivar um advérbio de modo, pela supressão da desinência e acréscimo do sufixo *-e*, e com isso se chega a *romanice*, quer dizer, "romanamente", "à maneira dos romanos", "conforme os romanos". Esse advérbio se usava, por exemplo, na expressão *romanice loqui*, que significa "falar como um romano", "falar romanamente". Em ocorrência comum no processo de transformação das línguas, o significado desse sintagma se concentrou na palavra *romanice*, que assim, substantivada, passa a designar um idioma, aplicando-se não propriamente ao latim ("falar latim" se dizia *latine loqui*, expressão que se reduziu a *latine*, "latim"), mas a qualquer dos muitos dialetos de origem latina que se desenvolveram na Europa depois da queda do Império Romano. *Romanice*, então, já um substantivo, redundou no português *romance*, conforme a regularidade das transformações fonéticas. Originariamente, pois, *romance* designa um dialeto popular e regional, falado na Idade Média e oriundo do latim; por derivação, passou a designar o gênero literário constituído por narrativas em verso ou em prosa escritas nesse falar medieval, versando especialmente usos e costumes feudais. Daí derivou o adjetivo *romântico*, empregado desde o século XVII para nomear manifestações literárias distanciadas dos modelos antigos greco-latinos, quer pela língua de que se serviam – não mais

85

o latim –, quer pelos temas que exploravam – relacionados ao cristianismo e à cultura medieval –, quer pelos padrões formais que adotavam – por exemplo, o emprego de rimas e de métrica baseada no acento de intensidade. Em princípio depreciadas por rudes e incultas, dado a reverência renascentista pela Antiguidade, essas manifestações foram aos poucos adquirindo legitimidade à medida que se percebia sua identificação com valores caros à Modernidade que surgia: violação de convenções tradicionais, valorização das fontes populares da cultura, precedência do nacional sobre o universal. Com isso, a palavra *romântico* se credencia a identificar-se com o polo *moderno* da consagrada dicotomia *antigo/moderno*, a qual, na transição do século XVIII para o XIX, se atualiza na oposição *clássico/romântico*. Passa então a aplicar-se para a caracterização de escritores de tendências modernizantes e anticlássicas, cujas obras tipificavam um estilo histórico e configuravam um movimento, que seria conhecido como *romantismo*.

7

As letras e a literatura, num indício do reconhecimento de sua importância cultural, social e política no curso de longa duração da história ocidental, transformaram-se em objeto de diversos saberes especializados ou disciplinas. Podemos dividi-las em dois grupos: o das disciplinas antigas – Retórica, Gramática, Poética e Filologia – e o das modernas – História da Literatura, Teoria da Literatura e Literatura Comparada. Vamos caracterizá-las sumariamente, segundo nosso propósito neste estudo; isto é, pelo ângulo da etimologia dos termos com que se designa cada uma delas.

Retórica, gramática e *poética* são nomes gregos que nos vieram por via do latim. Na origem, são adjetivos substantivados, que resultaram da redução dos sintagmas *tékhne rhetoriké, tékhne grammatiké* e *tékhne poietiké*, correspondentes respectivamente às expressões latinas *ars rhetorica, ars grammatica* e *ars poetica*. Todas, por conseguinte, constituem *artes*, no sentido antigo e clássico do termo; isto é, "técnicas, perícias ou habilidades especiais, passíveis de ensino e aprendizagem".

Assim, ao sistema de normas operacionais que propiciavam a composição de discursos destinados a ser proferidos em público, para persuasão, comoção ou deleite dos auditórios, graças ao emprego de determinados artifícios, chamou-se *retórica* – ou seja, "arte (ou técnica) de discorrer" –, e depois, em definição mais restrita, "arte (ou técnica) de falar bem". *Gramática*, por sua vez, tem o sentido etimológico de "arte (ou técnica) das letras" – ou seja, "conjunto de conhecimentos que habilitam a ler e a escrever". Em princípio, pois, a retórica tinha a ver com a oralidade e a gramática com a escrita. No entanto, como fala e escrita constituíam operações mutuamente reversíveis e solidárias – um texto podia ser escrito para posterior apresentação oral, ou primeiro proferido oralmente e depois assentado por escrito –, retórica e gramática se confundiram pelo objeto – ambas disciplinavam os discursos –, e passaram a distinguir-se pela alçada sobre atributos distintos da elocução: a gramática deveria cuidar da pureza, clareza e correção idiomáticas; a retórica, dos ornamentos. Aquela, portanto, ficou sendo a ciência de falar ou escrever correta, clara e vernaculamente; esta, a ciência de falar ou escrever bonito ou bem. A essas duas artes acrescentou-se uma terceira, dita *poética* – isto é, "arte (ou técnica) da poesia" –, cujo propósito consistiu na descrição e na sistematização das características específicas da linguagem empregada em composições poéticas, bem como numa especulação de cunho filosófico sobre a natureza e as funções da poesia.

Por fim, completa o quadro dessas antigas disciplinas dos discursos o conjunto de noções e técnicas que habilitam a estabelecer, explicar e interpretar textos, especialmente textos antigos, por isso vazados em linguagem de compreensão não imediata e por vezes desfigurados pelo desgaste de seus suportes materiais. Chamou-se *filologia* a essa ciência – isto é, "amizade ou amor à palavra"; ou, talvez em melhor tradução, "devoção à palavra" –, à medida que consiste o trabalho do filólogo em zelar pela conservação e transmissão dos textos às gerações futuras.

Os nomes das disciplinas modernas, por sua vez, não encerram etimologias capazes de contribuir para melhor compreensão dos conceitos que veiculam. Não é o caso, assim, de ir à etimologia da palavra *história* (do grego *história*, "informação", "relato", via latim) para definir o que é história da literatura. E certamente um mergulho na etimologia do vocábulo *teoria* (do grego *theoria*, "ação de ver", via latim) não nos ajudará muito a entender o que é teoria da literatura; seria algo tão supérfluo quanto, substituindo o rigor pelo charme, definir a noção de *método* como "caminho para um fim", mera revelação do belo étimo grego da palavra. Idem com relação à expressão *literatura comparada*; nada se ganha em termos de compreensão do conceito pelo recurso à etimologia.

No entanto, acreditamos que poderá trazer algum proveito considerar a propriedade dessa terminologia técnica de adoção recente – recente, claro, se confrontada com os termos milenares que tivemos a oportunidade de analisar neste estudo.

Literatura comparada é expressão do século XIX. Surgiu para caracterizar uma área de estudos distinta da representada pelas literaturas nacionais, tendo por propósito investigar as relações de uma cultura literária nacional com outra ou outras. Trata-se de locução sintaticamente desajeitada, pois o adjetivo *compa-*

rada é uma palavra transitiva, que, como tal, requer um complemento: comparada com quê? Óbvio, com outra ou outras literaturas; no entanto, postular a existência de um complemento implícito não resolve a lacuna sintática da ausência do complemento. Além disso, o substantivo *literatura*, nessa expressão, deixa de designar um objeto, para nomear o estudo desse objeto (o que, de resto, sempre acontece quando empregamos expressões como, por exemplo, *literatura brasileira*, para nos referirmos não ao conjunto de obras que constituem a literatura brasileira, mas à disciplina acadêmica dedicada ao estudo desse conjunto). Mas e um substituto que evitasse essas anomalias? *Estudo comparativo* (melhor do que *comparado*) *de literaturas*, talvez. Mas essa alternativa, pelo menos que seja do nosso conhecimento, nunca foi proposta, quem sabe por demasiado comprida.

Teoria da literatura, embora com ocorrências isoladas no século XIX, é expressão que só pegou no século XX. Foi cunhada para dar conta de um estudo da literatura não historicista, centrado no texto antes que no contexto, e bastante identificado com as concepções modernistas, segundo as quais uma obra literária consiste essencialmente num artefato verbal autorreferente. Também não é solução terminológica das mais felizes, pois quem diz *teoria* refere-se a algo distinto de uma *prática* que lhe é correlativa, complementar e geralmente posterior. E o que seria a *prática da literatura*? O trabalho dos escritores; isto é, o exercício da composição literária? A análise de obras específicas, em vez da depreensão abstratizante das características gerais das obras literárias? O julgamento do valor das obras; isto é, a crítica? A locução *teoria da literatura* referenda todas essas alternativas, porém a disciplina assim nomeada consiste em pura especulação sobre matéria literária, não se configurando como conjunto de princípios destinados a aplicações práticas.

Mas qual seria então o termo próprio para designar essa disciplina novecentista? Autores russos e alemães, por exemplo, procuraram, com essa finalidade, revitalizar a palavra clássica *poética*, sem êxito, contudo, por tratar-se de termo inevitavelmente associado a *verso* e *poesia* no léxico da língua, e que, assim, passa a impressão de que a disciplina não comportaria o estudo da prosa. *Ciência da literatura*, por sua vez, soa estranho, pois, diferentemente de expressões como *ciências naturais* e *ciências exatas*, compõem-se de palavras que se repelem mutuamente no – digamos – sentimento da língua. Isso porque o vocábulo *ciência* remete necessariamente à ideia de conhecimento objetivo e experimental – coisa muito distinta do conhecimento que se pode construir sobre obras literárias –, não deixando entrever o seu sentido etimológico – do latim *scientia*, derivado do verbo *scire*, "saber" em geral, e não apenas saber exato sobre objetos ideais ou naturais –, o que seria a condição para tornar assimilável a expressão. Por fim, o medonho neologismo *literaturologia* parece vetado pelas regras de bom gosto e bom-senso, pois, embora eventualmente usado em ensaios acadêmicos, os dicionários – pelo menos os que consultamos – resistem a conceder-lhe a unção.

Resta-nos considerar a palavra *crítica*, que nos parece o termo mais problemático desse conjunto, por razões que as considerações a seguir tentam explicar.

Inicialmente, a partir do modelo de gramática proposto pelo antes citado Dionísio Trácio, o vocábulo, proveniente do grego *kritiké* ("juízo", "discernimento"), designa o ponto culminante da análise gramatical de um texto. Assim, depois da leitura oral segundo a prosódia, da interpretação do sentido geral, da explicação das palavras, do estabelecimento das etimologias e da depreensão das regras de gramática, vinha um pronunciamento sobre o mérito do texto; isto é, a operação chamada *kritiké* em grego e *poetarum enaratio* ("comentário dos poetas") em latim.

A crítica, nesse estágio antigo e clássico, dispõe de traços bastante característicos. Consistia na aplicação de uma legislação pública e objetiva, pois cabia ao crítico não emitir uma opinião pessoal sobre a obra em causa, mas, em primeiro lugar, verificar se se tratava de texto autêntico e fidedigno, ou se de uma cópia adulterada; depois, aferir o grau de observância pelo autor das regras de gramática, retórica e poética; enfim, apreciar se as situações e os personagens figurados na composição obedeciam aos preceitos da moralidade. A crítica não era, pois, uma teoria – quer dizer, um conjunto integrado de conceitos relativos a um objeto genérico –, porém uma casuística; isto é, a análise de casos – obras específicas –, à luz do complexo teórico constituído pelas mencionadas disciplinas dos discursos. Por outro lado, reconhecida como um saber de cúpula, acabou se autonomizando em relação à gramática propriamente dita, e por isso alcançou *status* disciplinar próprio.

Manteve-se assim estável pelo menos desde o período helenístico, mas, no curso do século XVIII, reformulou-se profundamente. Com o gradual descrédito do sistema prescritivo clássico, ou, dizendo de outro modo, com a erosão progressiva da autoridade da gramática, da retórica e da poética, decorrência dos novos valores emergentes na modernidade iluminista e romântica, a crítica se desregulamenta. Deixa de processar-se pela aplicação objetiva de normas preestabelecidas, para tornar-se livre-juízo subjetivo, alheio a preconcepções, até porque seus objetos já não são obras no sentido antigo – isto é, produtos do equilíbrio entre engenho e arte –, mas obras artísticas no sentido moderno; ou seja, manifestações criativas do gênio.

No século XIX, enquanto a história da literatura assume a tarefa de abstrair e generalizar, traçando grandes panoramas de sistemas literários nacionais, materializando-se em livros com feição de tratados e se institucionalizando como disciplina colegial e universitária, a crítica permanece uma casuística. Seu espaço

89

é preferencialmente constituído por jornais e revistas, ao mesmo tempo que seu interesse, contrastando com a atenção ao passado típica da história da literatura, se centra no movimento literário seu contemporâneo. Seu exercício, porém, suscitou duas orientações rivais. Uma delas permaneceu prezando a desregulamentação conquistada a partir do século XVIII, e veio a chamar-se *impressionismo crítico* ou *crítica impressionista*, pois defendeu com ênfase o caráter radicalmente subjetivo da atividade, a qual deveria consistir tão somente na manifestação das impressões de leitura do crítico. A outra propôs que se buscasse uma nova regulamentação para o exercício crítico, baseada na psicologia e na sociologia, ciências humanas instituídas no século XIX, razão por que se tornou conhecida como *crítica científica*.

Até aqui, vimos que a crítica, quer na sua forma antiga, quer na sua concepção moderna, caracteriza-se como uma casuística, não como uma teoria. No entanto, pelo menos desde o início do século XVIII, registram-se obras de propósitos teóricos – isto é, ocupadas com objetos abstratos, e, por conseguinte, dedicadas a construir e articular conceitos – e que, no entanto, ostentam em seus títulos a palavra *crítica*. Esse uso explica expressões como *crítica teórica* – ou *teoria crítica* – e *crítica prática*, que procuram desfazer a ambiguidade a que passou a prestar-se o vocábulo – por ora nomear uma teoria, ora uma casuística –, mas com recurso à desastrosa palavra *prática*, inteiramente inadequada para descrever o caráter da crítica como estudo de caso e operação analítica, o que de modo algum deve confundir-se com a ideia de prática, como noção oposta à de teoria. Explica também a expressão *nova crítica*, que, na verdade, melhor se define como uma corrente da teoria da literatura. Explica, por fim, tomar-se a expressão *crítica literária*, ou simplesmente o termo *crítica*, como equivalente a *teoria da literatura*, ou, em uso mais esgarçado ainda, como sinônimo de *estudos literários*, com o que *a crítica* fica sendo tudo, um balaio que contém, sem o menor interesse em distinções, tanto as disciplinas modernas – História da Literatura, Literatura Comparada, Teoria da Literatura – como as antigas – Retórica, Poética –, além é claro, da própria crítica *stricto sensu*.

Não é possível, contudo, expurgar a nomenclatura da nossa especialidade das inconsistências que a impertinência da nossa análise procurou demonstrar. É que, na linguagem, contra usos não há argumentos.

Referências

ALENCAR, J. *Iracema*. Ed. crítica de M.C. Proença [1865]. 2. ed. Rio de Janeiro/São Paulo: Livros Técnicos e Científicos/Edusp, 1979 [1965].

AMENDOLA, J. *Dicionário Italiano-português*. 4. ed. rev., ampl. e atual. Rio de Janeiro/ Belo Horizonte: Garnier, 2000 [1994].

BARBOSA, J.C. Por um parnaso brasileiro [1829]. *In*: SOUZA, R.A. (org.). *Historiografia da literatura brasileira: textos fundadores (1825-1888)*. Vol. 1. Rio de Janeiro: Caetés, 2014, p. 35-37.

CUNHA, A.G. *Dicionário Etimológico Nova Fronteira da Língua Portuguesa*. 2. ed. rev. e acrescida de um suplemento. Rio de Janeiro: Nova Fronteira, 1986 [1982].

CUNHA, A.G. *Vocabulário histórico-cronológico do português medieval*. Ed. rev. 2 vol. Rio de Janeiro: Fundação Casa de Rui Barbosa, 2014 [1984].

CURTIUS, E.R. Etimologia como forma de pensar. *Literatura europeia e Idade Média latina*. Trad. de T. Cabral, com a colab. de P. Rónai. Rev. ort. e estil. de E. Rodrigues. Org. dos trabalhos gráficos de L. Landucci. Rio de Janeiro: Instituto Nacional do Livro, 1957 [1948], p. 531-538.

DAUZAT, A.; DUBOIS, J.; MITTERAND, H. *Nouveau Dictionnaire Étymologique et Historique*. Paris: Larousse, 1971.

DIONÍSIO TRÁCIO. *Gramática – Comentarios antiguos*. Ed. trilingue: grego, latim, espanhol. Introd., trad. e notas de V.B. Botas. Madri: Gredos, 2002.

ÉSQUILO. *Oréstia: Agamêmnon, Coéforas, Eumênides*. Trad. do grego, intr. e notas de A.G. Kury. 2. ed. rev. Rio de Janeiro: Zahar, 1996 [1991].

FARIA, E. *Vocabulário latino-português: significação histórica das palavras, agrupadas por famílias, segundo os programas atuais*. Rio de Janeiro: F. Briguiet, 1943.

HOUAISS, A.; VILLAR, M.S. *Dicionário Houaiss da Língua Portuguesa*. Rio de Janeiro: Objetiva, 2001.

ISIDORO DE SEVILHA. *Etimologías*. Ed. bilingue. Texto latino, versão espanhola e notas por J.O. Reta e M.-A.M. Casquero. Madri: Biblioteca de Autores Cristianos, 1993.

LAUSBERG, H. *Manual de retórica literária: fundamentos de una ciencia de la literatura*. Versão espanhola de J.P. Riesco. 3 vol. Madri: Gredos, 1975 [1960].

LEVY, E. *Petit Dicionnaire Provençal-français*. Heidelberg: Carl Winter's Universitätsbuchhandlung, 1909.

MACHADO, J.P. *Dicionário Etimológico da Língua Portuguesa; com a mais antiga documentação escrita e conhecida de muitos vocábulos estudados*. 5 vol. 6. ed. Lisboa: Livros Horizonte, 1990 [1952].

MARINO, A. *The biography of the idea of literature: from Antiquity to the Baroque*. Trad. de V. Stanciu e C.M. Carlton. Albânia: State University of New York, 1996 [1991].

MOISÉS, M. *Dicionário de Termos Literários*. 2. ed. rev. São Paulo: Cultrix, 1978 [1974].

NASCENTES, A. *Dicionário Etimológico da Língua Portuguesa*. Pref. de W.M. Lübke. Rio de Janeiro/São José: Acadêmica/Francisco Alves/Livros de Portugal, 1955.

PLATÃO. Crátilo, ou Sobre a justeza dos nomes (gênero lógico). *Teeto; Crátilo*. Trad. direta do grego por C.A. Nunes. Coord. de B. Nunes. 3. ed. rev. Belém: UFPA, 2001, p. 143-226.

PROUST, M. *No caminho de Swann* [1913]. Trad. de M. Quintana. 15. ed. rev. por M.L. Machado. São Paulo: Globo, 1993 [1948] [*Em busca do tempo perdido (1913-1927)*. Vol. 1].

PROUST, M. *Sodoma e Gomorra* (1922). Trad. de M. Quintana. 12. ed. rev. por O.C.F. Matos. São Paulo: Globo, 1994 [1954] [*Em busca do tempo perdido (1913-1927)*. Vol. 4].

RAYNOUARD, M. *Lexique roman ou Dictionnaire de la Langue des Troubadours Comparée avec les Autres Langues de L'Europe Latine*. Vol. 4 e 5. Paris: Chez Silvestre, 1844.

SILVA, V.M.A. História semântica do lexema "literatura". *Teoria da literatura*. 8. ed. Coimbra: Almedina, 1991 [1967], p. 1-9.

SOUSA, E. Nota acerca da história da filologia grega na Antiguidade. *In*: ARISTÓTELES. *Poética*. Trad., pref., intr., com. e apêndices de E. Sousa. Porto Alegre: Globo, 1966, p. 188-210.

TEIXEIRA, B. *Prosopopeia*. Com intr., estabelecimento de texto e comentários de C. Cunha e C. Durval. São Paulo/Brasília: Melhoramentos/Instituto Nacional do Livro, 1977 [1601].

TORRINHA, F. *Dicionário Latino-português*. 3. ed. Porto: Marânus, 1945 [1937].

VIEIRA, A. Sermão de S. Antônio [1654]. *In*: CÂNDIDO, A.; CASTELLO, J.A. (orgs.). *Presença da literatura brasileira: história e antologia*. Vol. 1. 4. ed. rev. São Paulo: Difusão Europeia do Livro, 1971 [1964], p. 54-59.

VIEIRA, A. Sermão da Sexagésima [1655]. *In*: SOUZA, R.A. (org.). *Do mito das musas à razão das letras: textos seminais para os estudos literários (século VIII a.C.-século XVIII)*. Chapecó: Argos, 2014, p. 246-260.

WELLEK, R. The attack on literature [1972]. *The attack on literature and other essays*. Chapel Hill, NC: The University of North Carolina Press, 1982, p. 13-18.

Teoria da literatura

Ante-scriptum

Em 1992 escrevi, a convite de José Luís Jobim, um ensaio intitulado "Teoria da literatura", destinado a integrar um volume por ele organizado – *Palavras da crítica: tendências e conceitos nos estudos literários* –, que viria a ser publicado no fim daquele ano. Tempos depois, em 2005, escrevendo um livro que se intitularia *Iniciação aos estudos literários: objetos, disciplinas, instrumentos* (publicado em 2006), no qual evidentemente não poderia faltar um capítulo que tratasse de teoria da literatura, voltei ao ensaio de 1992, na suposição de que poderia aproveitá-lo. Mas percebi que o texto apresentava um desequilíbrio, que eu mesmo constatei e assinalei no seu segmento final, pois, dividido em cinco partes, eu só tratara de teoria da literatura na última delas, tendo reservado as anteriores para discorrer sobre as disciplinas que antecederam a teoria da literatura na história dos estudos literários. Resolvi então aproveitar apenas a parte 5 do texto, que, com acréscimos e alterações, viria a constituir o capítulo do livro de 2006 dedicado à teoria da literatura.

Agora que o *Palavras da crítica* vai completar trinta anos e o organizador prepara uma segunda edição da obra, tendo convidado os colaboradores da primeira a contribuírem ou com uma reflexão sobre o respectivo texto escrito para a primeira edição, ou com a elaboração de um novo, optei pela primeira possibilidade. Assim, o "Teoria da literatura" que segue abaixo é o texto que escrevi para o volume de 2006, pois creio poder caracterizá-lo como uma reflexão sobre seu homônimo de 1992, já que aquele constitui o resultado da avaliação que deste empreendi.

Devo explicar, contudo, que não considero que a versão de 2006 simplesmente supere a de 1992, pois acho que elas compartilham as mesmas concepções básicas – as quais, de resto, continuo sustentando hoje. Trata-se apenas de dois caminhos expositivos, um que se detém mais nos antecedentes disciplinares da teoria da literatura, e outro que se concentra na própria.

93

Convém esclarecer ainda que, quando julguei, em princípio, que corresponderia à ideia desta segunda edição do *Palavras da crítica* republicar o texto de 2006, temendo, no entanto, eventual inatualidade do texto, por tratar-se de ensaio de quinze anos atrás, fui antes relê-lo para ver se confirmava ou não a pertinência de reapresentá-lo.

Pois confirmei, de modo que o texto vai basicamente como se encontra no livro em que figurou pela primeira vez. Limitei-me a atualizar a ortografia, alterar uns poucos detalhes insignificantes e adequar as Referências às normas brasileiras atualmente em vigor. Corrigi, porém, dois erros factuais: um deles encontrei na última frase da nota de número 9 (correspondente à 22 da edição de 2006), frase suprimida nesta versão[1]; o outro, na nota de número 11 (correspondente à 24 da edição de 2006), cujo período final também foi agora suprimido[2].

Por outro lado, fiquei tentado a alterar o conteúdo da nota 10 (correspondente à 23 da edição de 2006), por nela ter considerado as ramificações dos estudos culturais como correntes da teoria da literatura, mas achei melhor não fazê-lo, porque, no final da mesma nota, deixei claro o antagonismo existente entre teoria da literatura e estudos culturais.

Enfim, acrescentaria que não me parece tarefa simples dizer o que é teoria da literatura, pois qualquer exposição que pretenda fazê-lo terá de lidar ao mesmo tempo com as dimensões histórica e conceitual da questão. Isso na prática significa que, por onde quer que se inicie a exposição, sempre haverá necessidade de já se ter iniciado, pois a compreensão do primeiro elo da cadeia expositiva pela qual se opte pressupõe inevitavelmente que elos anteriores já tenham sido apresentados. Será preciso, pois, encontrar um começo inevitavelmente arbitrário, e depois dar um jeito de fazer caber, na linearidade do relato, conceitos que na verdade só se configuram de modo não linear, na rede de relações que contraem uns com outros. Assim, tendo anteriormente tentado duas rotas expositivas (a de 1992 e

---

1. Eis o período eliminado: "Dissemos 'deve' porque temos dúvida quanto ao ano da publicação deste último: a primeira edição (Nova York: Hart, Brace and Company) não explicita a data, mas indica para o *copyright* os anos de 1942, 1947 e 1949, apresentando prefácio de 1948; o prefácio da segunda edição, por sua vez, atribui à primeira a data de 1946, embora o próprio René Wellek, em autocitação, aponte o ano de 1949 como o da primeira edição" (cf. Wellek, s.d. [1963], p. 13). A passagem manifestava minha incerteza quanto ao ano da primeira edição do tratado *Teoria da literatura*, de René Wellek e Austin Warren, detalhe crucial – claro – para saber se o manual homônimo de Antônio Soares Amora, de 1944, lhe era ou não anterior. Apurei depois que a dúvida decorria de omissões de dados na imprenta e de ambiguidades presentes em textos preambulares das edições da obra de Wellek e Warren de que eu então dispunha, a primeira edição norte-americana e a tradução portuguesa de 1962.

2. Eis a frase cortada: "Como o primeiro currículo oficial de letras (no sentido de fixado por legislação federal própria) foi exatamente este mencionado, de 1962, é possível que o legislador tome essas primeiras experiências aqui referidas como configuradoras de 'currículos oficiais' (no sentido de específicos das instituições referidas)". Na verdade, como aprendi com estudos posteriores, existe sim um currículo oficial de letras anterior a 1962, determinado pelo Decreto-lei n. 1.190, de 04/04/1939.

a de 2006) – que continuo achando válidas –, achei desnecessário experimentar agora uma terceira.

Texto de 2006[3]

Muito cedo, na história da civilização ocidental, a linguagem, sob diversos aspectos – oralidade e escrita; utilidade e deleite; comunicação e raciocínio –, se transformou em objeto de disciplinas específicas. Na Idade Média, essas disciplinas se constituíram num sistema dito *trivium* (literalmente, "lugar onde se encontram três caminhos"), formado por gramática, lógica e retórica, contando-se ainda, entre os saberes antigos e medievais sobre a linguagem, a poética e a filologia.

Muito embora a oralidade originariamente tenha despertado grande interesse – a retórica, nos seus primórdios, cingia-se aos discursos orais públicos –, o fato é que a representação gráfica das línguas – as letras –, sua face por assim dizer reificada, tornou-se o centro dos estudos sobre a linguagem[4] – talvez em consonância com a sabedoria cristalizada no conhecido provérbio "*Verba volant, scripta manent*" –, donde a circunstância de até hoje empregarmos a palavra *letras* para designar certa área de especialização universitária. Como quem diz *letras* diz também *literatura*, julgamos conveniente apresentar aqui uma síntese de alguns acidentes de semântica histórica que determinaram a convergência entre essas duas palavras.

Em latim, cada unidade mínima do referido sistema de representação gráfica – o alfabeto – chamava-se *littera* ("letra"), vocábulo cujo plural – *litterae* –, funcionando como um coletivo, assumiu o significado de "carta", "qualquer obra escrita", "conjunto de obras escritas" e "conhecimento adquirido graças ao domínio das habilidades correlativas de ler e escrever". O termo *litteratura*, por sua vez, derivado de *littera*, além da acepção originária de "técnica de escrever e ler",

---

3. In: *Iniciação aos estudos literários*: objetos, disciplinas, instrumentos. São Paulo: Martins Fontes, 2006, p. 47-62.

4. Contribuições mais recentes – a linguística histórica oitocentista e a linguística estrutural novecentista – constituem importantes exceções ao predomínio de interesse pela escrita nos estudos da linguagem. Cf., a propósito, a seguinte passagem de Ferdinand de Saussure (1970 [1916], p. 34), um fundador do estruturalismo com formação na linguística histórica: "Língua e escrita são dois sistemas distintos de signos; a única razão de ser do segundo é representar o primeiro; o objeto linguístico não se define pela combinação da palavra escrita e da palavra falada; esta última, por si só, constitui tal objeto". Na sequência da passagem, contudo, o mestre genebrino assinala o secular reconhecimento do primado da escrita, embora para criticá-lo como "ilusão": "Mas a palavra escrita se mistura tão intimamente com a palavra falada, da qual é a imagem, que acaba por usurpar-lhe o papel principal; terminamos por dar maior importância à representação do signo vocal do que ao próprio signo. É como se acreditássemos que, para conhecer uma pessoa, melhor fosse contemplar-lhe a fotografia do que o rosto. Semelhante ilusão existiu em todas as épocas e as opiniões correntes acerca da língua estão influenciadas por ela" (p. 34).

assumiu ainda cumulativamente os sentidos de 1) "conhecimento obtido mediante familiaridade com as *litterae*", e 2) "conjunto de escritos", com o que se estabeleceu praticamente uma relação de sinonímia entre *litterae* e *litteratura*. Por fim, seus equivalentes nos vernáculos modernos – em português, *letras* e *literatura* –, deixando de significar "habilidade de ler e escrever" e "conhecimento obtido pela leitura" (noções que se tornaram expressas, p. ex., por meio respectivamente das palavras *alfabetização* e *erudição*), mantiveram basicamente a relação de sinonímia apontada. Assim, a palavra *letras*, numa longa tradição que permanece atual, designa certo produto da cultura – e simultaneamente o estudo mais ou menos especializado desse produto – passível de decomposição em dois elementos básicos: a língua, na sua volatilidade (*verba volant*), e a literatura, conjunto de artefatos (as obras escritas) em que a língua como que se autocontém de forma por assim dizer palpável (*scripta manent*).

A tradição, contudo, sempre reconheceu, no grande compartimento disciplinar das letras, uma fronteira relativa, tipificada, para ficarmos com um modelo singelo que por ora favorece nossa exposição, na distinção entre as esferas da gramática e da retórica, a primeira interessada nos critérios de correção linguística, e a segunda num certo *plus* da linguagem, além ou aquém da correção, cuja complexa caracterização vem sendo, ao longo de dois mil e quinhentos anos, o cavalo de batalha da área[5]. Acrescentemos agora que essa partilha do campo das letras tem como correlativo dois alinhamentos paralelos de disciplinas: por um lado, a ala da "correção", em que se perfilam, além das clássicas Gramática e Filologia[6], a disciplina moderna majoritariamente conhecida com o nome de Linguística[7];

---

5. Lembremos que correção é um conceito antigo nos estudos da linguagem, formulado no âmbito da gramática e da retórica. Mas, se na gramática se trata de um critério supremo e absoluto, para a retórica a correção é apenas uma das virtudes da elocução, ao lado de pureza, clareza, boa colocação e ornato. Se em geral a correção se harmoniza com a pureza, a clareza e a boa colocação, o mesmo não se observa quanto ao ornato, cujos conflitos com a correção, ainda que não constituam regra, estão longe de configurar exceção. Assim, em caso de atrito entre correção e ornato numa composição verbal, se para a gramática a correção deve sempre prevalecer, a retórica pode encontrar razões para privilegiar o ornato.

6. Embora a filologia, pelo menos tendo em vista sua imagem mais usual na segunda metade do século XX – estudo da linguagem documentada nos textos, restrito à literalidade e às vicissitudes históricas da língua –, integre o que chamamos "ala da correção", outras representações da disciplina – proposição de hipóteses hermenêuticas, bem como especulação sobre a natureza do texto literário e proposição de fundamentos conceituais para sua investigação – podem justificar seu deslocamento para a "ala do plus".

7. É certo que a linguística, diferentemente da filologia, confere ao seu objeto um *status* que não o confina ao campo da língua escrita, isto é, das letras e da literatura, conforme assinalamos na nota anterior. Na sua formulação estruturalista, contudo, pode-se dizer que permanece sensível à ideia de que verba volant; por isso, sua metodologia, perseguindo a nitidez do objeto, preconiza concentração nas articulações abstratas do sistema e na sua estabilidade, procurando assim neutralizar respectivamente o caráter dispersivo dos atos individuais de locução e as turbulências que afetam a linguagem por ação do tempo histórico (ou, em termos saussureanos, recomenda o primado da língua sobre a fala e da sincronia sobre a diacronia).

por outro lado, a ala do *"plus"*, em que se situam Retórica, Poética, História da Literatura, Crítica Literária e Teoria da Literatura.

Comecemos assim por visualizar a teoria da literatura num panorama histórico composto por continuidades e rupturas relativas, em que disciplinas distintas se definem correlativamente ao discernimento de objetos distintos no mesmo campo de observação. Com isso, afastamo-nos de certo entendimento da teoria da literatura em termos absolutos, distorção frequente que a toma como primeira e última palavra em matéria de estudos literários, favorecendo com isso ecletismos e anacronismos impressentidos.

Admitido que a disciplina em questão se configura como uma das realizações históricas da área dos estudos literários, é necessário situar-lhe as origens. Uma hipótese recua o início de suas formulações a fins do século XVIII e início do XIX:

> Em Schlegel [...], encontramos uma teoria que, pela criticidade, é uma verdadeira teoria da literatura [...] (Lima, 1993, p. 231).

> A primeira teoria moderna da literatura se elaborou apenas ao longo de quatro anos (1797-1800) (p. 236).

> Começando nos dias de Goethe, Macauley, Carlyle, Emerson, desenvolveu-se uma espécie de discurso que não é avaliação dos méritos relativos das produções literárias, história intelectual, filosofia moral, epistemologia ou profecia social, mas tudo isso amalgamado num novo gênero (Rorty, 1991 [1976], p. 66; tradução nossa.).

Esse "novo gênero", no entanto, não encontrou condições favoráveis para firmar-se no século XIX, dada a força então assumida pelo historicismo e por outros fatores seus correlatos – o nacionalismo e o positivismo –, o que determinou, no campo dos estudos literários, um amplo predomínio da história da literatura, bem como da crítica literária entendida como avaliação dos méritos das produções literárias. Por isso, somente no início do século XX, como parte de uma onda de contestação generalizada do historicismo oitocentista e da concepção romântico-realista de literatura – em que sobressaem, no plano científico, a ascensão da linguística estrutural, e, no âmbito das ideias literárias, o desenvolvimento de vanguardas interessadas em experiências radicais com a linguagem –, a teoria da literatura como que retoma uma trajetória cortada. Data dessa época, inclusive, o próprio surgimento da expressão pela qual se tor-

---

Além disso, esclareça-se que incluímos a linguística na "ala da correção" com base num entendimento amplo desse conceito: não apenas conformidade a certo padrão de uso dos segmentos situados no alto da hierarquia social, mas eficácia comunicativa ou congruência com paradigmas constitutivos de determinado sistema linguístico.

nou conhecida a disciplina, ressalvado provavelmente apenas o emprego isolado do termo *teoria da literatura*[8] por Friedrich Schlegel (cf. Lima, 2000, p. 152; Schlegel, 2000 [1804], p. 140 e 142). Assim, a expressão aparece em duas publicações russas – *Notas para uma teoria da literatura* (1905), de Alexander Portebnia, e *Teoria da literatura* (1925), de Boris Tomachevski –, mas a consolidação definitiva do seu emprego se deve ao prestígio acadêmico de obra que a tomou por título, o famoso tratado de René Wellek e Austin Warren publicado em 1949 nos Estados Unidos[9]. Esse compêndio, aliás, constitui marco importante na história da disciplina não só por ter consagrado o nome pelo qual ela se tornaria conhecida, mas também porque, sem ter propriamente lançado suas bases conceituais e estabelecido seu programa de desenvolvimento, sistematizou e harmonizou uma série de contribuições que, sem embargo de suas diferenças, tinha em comum a rejeição tanto de uma história da literatura factualista como da ideia de que as composições literárias, não se prestando a estudo analítico, seriam passíveis apenas de fruição e julgamento explícito e subjetivo.

Dissemos que o manual de Wellek e Warren sistematiza diversas contribuições, o que significa, portanto, que a disciplina que veio a chamar-se Teoria da Literatura não se apresenta como construção conceitual homogênea. Ao contrário, são muitas as suas subdivisões internas, as suas correntes, cujo inventário

---

8. Em certos contextos argumentativos bastante particulares se estabelece distinção conceitual entre teoria da literatura e teoria literária. A título de exemplo, podemos referir dois desses contextos, aliás absolutamente independentes entre si: 1) "[...] se Teoria da Literatura diz nominalmente todo e qualquer conceito que se dirige ou se aplica ao texto poético, Teoria Literária é antes uma modalidade reflexiva que surge ou se instala a partir do literário" (Portella, 1974, p. 151-152); 2) "A teoria da literatura [...] é geralmente considerada um ramo da literatura geral ou comparada: designa a reflexão sobre as condições da literatura, da crítica literária e da história literária; é a crítica da crítica, ou a metacrítica. A teoria literária é mais opositiva e se apresenta mais como uma crítica da ideologia, compreendendo aí a crítica da teoria da literatura [...]" (Compagnon, 1999 [1998], p. 24). Não havendo um mínimo de consenso a respeito da distinção, nem sinais de que venha a tornar-se amplamente aceitável, é preferível ficar com a expressão de uso mais geral – *teoria da literatura* –, considerando *teoria literária* apenas uma variante via de regra desprovida de especificidade conceitual. Acrescente-se que já existe quem advogue que o nome da disciplina seja simplesmente *teoria* (cf. Culler, 1999, p. 11), em concessão assumida a orientações recentes que expandem o objeto de investigação para além dos limites da literatura *stricto sensu*, bem como considerando o fato de que diversos textos conceituais pertinentes para a teoria da literatura procedem de áreas que não se confundem com os estudos literários (como filosofia, psicanálise etc.). Essa solução terminológica, porém, redunda na desajeitada situação de admitir-se a existência de uma teoria sem objeto, ou pelo menos sem objeto minimamente específico.

9. O emprego das expressões *teoria da literatura* e sua variante teoria literária comporta uma questão de precedência que pode ter algum interesse, esperando paciência e meios para ser estabelecida em termos mais confiáveis. A propósito, observe-se que, só no âmbito brasileiro, há pelo menos duas publicações anteriores ao conhecido livro de René Wellek e Austin Warren, ambas de 1935, que utilizam as expressões respectivamente no título e no subtítulo: *Teoria da literatura*, de Estêvão Cruz, e *Princípios elementares de literatura*, subintitulado "teoria literária", de Augusto Magne. Existe ainda outra publicação brasileira – *Teoria da literatura*, de Antônio Soares Amora – anterior ao livro homônimo de Wellek e Warren, pois que datada de 1944.

deve iniciar-se justamente por aquelas que se situam na base do esforço de síntese empreendido pelo livro citado e que se definiram nas três primeiras décadas do século XX: o formalismo russo (ou, para incluir desdobramentos seus, eslavo) e o *new criticism* anglo-norte-americano. Ainda dessa época, deve mencionar-se a estilística (desenvolvida sobretudo na Alemanha e na Espanha), a escola morfológica alemã, a fenomenologia dos estratos (de origem polonesa). E, como a lista de correntes não se esgota nessas referidas, pois diversas outras se foram definindo nas décadas subsequentes – crítica marxista, crítica existencialista, crítica sociológica, estruturalismo, poética gerativa, estética da recepção etc. –, sem falar nas muitas orientações distintas internas de cada corrente, esbarramos aqui num problema de exposição. Não sendo possível, pela amplitude da tarefa, detalhar no espaço deste capítulo sequer uma parcela dessas múltiplas orientações da teoria da literatura, será necessário tentar um esforço de síntese que possa resultar num sumário denominador comum ou ponto de interseção das diversas correntes[10].

De certo modo, já definimos esse núcleo básico da Teoria da Literatura: a disciplina postula uma compreensão do seu objeto distinta das perspectivas do século XIX, consubstanciadas nos recortes do campo literário operados pela história da literatura e pela crítica literária oitocentistas. Assim, sobretudo numa primeira etapa do seu desenvolvimento, a teoria da literatura acentuará a natureza verbal, o caráter linguístico da literatura, concentrando seus esforços na análise

---

10. Enfadonha e talvez estéril seria a tentativa de apresentar em detalhe as diversas correntes em que se diversifica a teoria da literatura. Por isso, contentemo-nos com uma simples e sumária listagem, sucessivamente ordenada segundo dois princípios de classificação, um tanto precários, mas de utilidade relativa, com o intuito de, quando nada, pelo menos apresentar uma terminologia aos interessados. Assim, conforme seus propósitos e métodos, podemos pensar nas seguintes classes de correntes: 1) textualistas: estilística, formalismo eslavo, escola morfológica alemã, *new criticism* anglo-norte-americano, estruturalismo, crítica genética, poética gerativa; 2) fenomenológicas: teoria fenomenológica dos estratos, crítica temática (também conhecida como crítica da consciência ou Escola de Genebra), fenomenologia do sentido, Escola de Zurique ou da interpretação, crítica ontológico-hermenêutica ou leitura poética; 3) sociológicas e ético-políticas: crítica marxista, crítica psicanalítica, crítica existencialista, crítica sociológica, estética da recepção, desconstrucionismo, teoria feminista, novo historicismo ou materialismo cultural, teoria pós--colonial, discurso das minorias, teoria *queer, gay/lesbian studies*. E conforme sua sucessão cronológica podemos pensar esquematicamente em três "gerações" de correntes: 1ª) primeira metade do século XX: estilística, formalismo eslavo, escola morfológica alemã, *new criticism* anglo-norte-americano, teoria fenomenológica dos estratos, crítica temática (ou crítica da consciência, ou Escola de Genebra), Escola de Zurique ou da interpretação, crítica marxista, crítica psicanalítica, crítica existencialista, crítica sociológica; 2ª) décadas de 1950 a 1970: estruturalismo, crítica genética, poética gerativa, fenomenologia do sentido, crítica ontológico-hermenêutica ou leitura poética, estética da recepção; 3ª) década de 1970 em diante: desconstrucionismo, teoria feminista, novo historicismo ou materialismo cultural, teoria pós-colonial, discurso das minorias, teoria *queer, gay/lesbian studies*. Observe-se, por fim, que as correntes dessa "terceira geração", definidas após o período que se pode considerar o apogeu da disciplina – a era estruturalista –, encerram tais questionamentos da própria ideia de teoria da literatura que podemos concebê-las como sua ultrapassagem, considerando-as assim integrantes do projeto acadêmico hoje sintetizado na expressão estudos culturais, que às vezes chega a apresentar-se como vanguarda ideológica polemicamente confrontada com os estudos literários em geral e a teoria da literatura em particular.

imanente dos textos. Desse modo, o texto literário é concebido como arranjo especial de linguagem, cujo processo de construção e artesanato interessa, se não exclusivamente, pelo menos muito mais do que sua transparência em relação a fatores como as experiências vividas pelo autor, os condicionamentos sociais etc.

Integra ainda esse núcleo básico, como componente de resto solidário ao reconhecimento do peso atribuído à linguagem na configuração do seu objeto, a vocação problematizante da teoria da literatura. Quer isso dizer que a disciplina, longe de pressupor um entendimento por assim dizer natural de literatura, segundo o qual esta não é senão uma evidência destinada à compreensão imediata, parte do princípio de que a linguagem literária não tem o sentido primeiro que aparenta, ou que, não obstante significações obscuras que possa apresentar e até a aparente falta de sentido, possui um significado cuja coerência pode ser demonstrada. Em todos esses casos, porém, o sentido da literatura é visto não como um dado simplesmente a ser constatado, mas como construção conceitual a que só se chega pela via da análise. É importante assinalar que esse traço da teoria da literatura foi potenciado pelas experiências literárias da Modernidade, que, contrariando expectativas do senso comum – quer pelo cultivo do hermetismo, quer pela adoção de recursos cuja gritante banalidade os afasta do que se considera convencionalmente como literatura –, acabam por exigir uma espécie de intervencionismo analítico, sem o qual a literatura permanece inacessível à compreensão e não terá lugar reconhecível na trama dos discursos.

Na suposição de termos tocado nos pontos definidores do núcleo básico que buscávamos, abstraindo assim a fragmentação em correntes, tratemos agora, para concluir, de outra questão que nos parece importante. Referimo-nos à institucionalização da Teoria da Literatura como matéria do ensino universitário. Vamos concentrar nossa atenção no caso brasileiro, mas, a julgar por muitas indicações – entre as quais uma série de depoimentos sobre o assunto colhidos de especialistas representativos do mundo acadêmico norte-americano e europeu (cf. *Literary theory in the university: a survey*, 1983) –, o grau de cidadania universitária da Teoria da Literatura entre nós é basicamente semelhante àquele de que ela desfruta em muitos outros países.

No Brasil, a disciplina foi introduzida no currículo oficial por ocasião da reforma do Curso de Letras aprovada em 1962, que substituiu suas antigas modalidades – letras clássicas, letras neolatinas, letras anglo-germânicas – pelo sistema de habilitações simples e duplas (português-literaturas, inglês-literaturas, português--francês, português-espanhol, português-latim etc.). O currículo mínimo então instituído compunha-se de cinco matérias obrigatórias – Língua Portuguesa, Língua Latina, Linguística, Literatura Brasileira, Literatura Portuguesa –, e de mais três a serem escolhidas entre as seguintes, para a constituição do currículo pleno de cada curso superior de Letras: Língua Estrangeira, Literatura Estrangeira, Língua Grega, Literatura Grega, Literatura Latina, Filologia Românica, Cultura Brasileira e teoria da literatura (cf. Brasil, 1962, p. 84-85).

Esse currículo mínimo, no que tem de essencial, permanece até hoje coerente e aceitável, cabendo apenas um reparo: se a área de letras se define pela confluência de línguas e literaturas, por que apenas Linguística, matéria teórica correspondente à primeira subárea – línguas – integrou a lista das disciplinas obrigatórias, ficando a outra subárea – literaturas – com a sua respectiva teoria no rol das matérias facultativas? A resposta nos é dada pelo próprio legislador em seu parecer, que considerou desaconselhável atribuir caráter obrigatório a teoria da literatura, porque "[...] consta [...] pela primeira vez no currículo oficial, de modo que lançá-la [...] desde logo como obrigatória [...] implicaria admitir improvisações que da autenticidade levaria fatalmente ao descrédito"[11] (p. 83).

No entanto, apesar de sua entrada no currículo com a restrição apontada, pelo menos já a partir de fins dos anos de 1960 a teoria da literatura tornou-se presença constante no ensino universitário de todo o país[12], a ponto de não conhecermos nenhum curso de Letras que, entre as disciplinas facultativas integrantes da lista prescrita na referida legislação de 1962, não a tenha escolhido para a sua composição curricular. Além disso, amplamente presente na graduação, durante a década subsequente a disciplina prossegue e consolida sua carreira institucional, com a criação de cursos de mestrado e de doutorado na área. Tão rápida conquista de *status* acadêmico, a despeito do caráter optativo que lhe fora reservado na legislação, poderia ser motivo de contentamento para os especialistas em teoria da

---

11. Na verdade, diferentemente do que dá a entender o texto do Parecer, também linguística não tinha, no início dos anos 60 do século passado, tradição acadêmica no Brasil, uma vez que a disciplina começou a ser ensinada autonomamente de modo bastante localizado e restrito. Até onde pudemos apurar, o primeiro estabelecimento a contar com a matéria no seu currículo foi a antiga Universidade do Distrito Federal (criada em abril de 1935 e extinta em janeiro de 1939), tendo sido pioneiros do seu magistério naquela instituição José Oiticica, que lecionou a matéria de 1935 a 1937, e Joaquim Mattoso Camara Jr., professor responsável por ela no ano de 1938 (cf. Silva, 1984, p. 55). Mattoso Camara Jr. retomaria a experiência em 1948, ano a partir do qual se tornou regente da cadeira na Faculdade Nacional de Filosofia, da antiga Universidade do Brasil, antecessora da atual Universidade Federal do Rio de Janeiro (cf. Uchôa, 1972, p. VIII). Contam-se ainda, entre esses antecedentes mais ou menos isolados do ensino universitário de linguística entre nós, os casos da Universidade Federal do Paraná e da Universidade de Brasília, respectivamente a partir de 1960 e 1962 (cf. Uchôa, 1972, p. VIII).

12. Até onde pudemos apurar, registram-se experiências de ensino de teoria da literatura no Brasil anteriores a 1962, devidas a: Cecília Meireles (1935 a 1937) e Prudente de Morais Neto (1938), na extinta Universidade do Distrito Federal (cf. Silva, 1984, p. 55); Afrânio Coutinho, a partir de 1950, na Universidade do Distrito Federal (não a instituição homônima criada em 1935 e extinta em 1939, mas a antecessora da atual Universidade do Estado do Rio de Janeiro); Augusto Meyer, a partir de 1953, na Universidade do Brasil, antecessora da atual Universidade Federal do Rio de Janeiro; Antonio Candido, no início dos anos de 1960, na Universidade de São Paulo; Hélcio Martins, também no início dos anos de 1960, na Universidade de Brasília (cf. Lima, 2002, p. 9).

literatura, caso não fosse apenas aparente a superação do improviso e do descrédito que temia o legislador na década de 1960. Na verdade, seu ensino permanece, de um modo geral, submetido a concepções que lhe comprometem profundamente a qualidade. Sem querer empreender aqui uma análise abrangente do problema – que não poderia deixar de reportar-se ao lastimável estado da educação no Brasil, à falta de estímulo e de condições mínimas para a profissionalização no magistério, à inadequação do currículo de letras considerado em seu conjunto –, vamo-nos ater a um ponto bem específico: como é usualmente percebido o papel de teoria da literatura num programa de estudos universitários em Letras?

É muito comum se conceber a disciplina como uma espécie de propedêutica, cujo objetivo consistiria em instrumentalizar os alunos para o verdadeiro estudo da literatura, proporcionado por outras disciplinas literárias do currículo, as literaturas nacionais (brasileira, portuguesa, espanhola etc.) e as clássicas (grega e latina). Assim, teoria da literatura não constituiria senão um estágio preparatório – concepção de que é sintoma sua alocação praticamente generalizada no ciclo básico dos cursos; isto é, nos dois semestres iniciais – que só se justifica se habilitar para uma prática afinal sensata de expectativa em relação a uma disciplina que, sendo *teoria*, só pode mesmo orientar-se para uma *prática*. Ora, essa concepção, frequentemente partilhada por professores de literaturas específicas – nacionais e clássicas – e até de teoria da literatura, situa o problema no nível simplório do senso comum, pressupondo assim o caráter anterior e apartado da teoria em relação à prática. Em outros termos, essa concepção confunde um dispositivo de economia curricular – a separação disciplinar entre teoria da literatura e literaturas nacionais e clássicas, bem como a usual precedência daquela em relação a estas, na seriação dos cursos –, dispositivo de resto questionável e apenas circunstancial, com um pseudoprincípio epistemológico, que fundamentaria a expectativa de se estudar uma literatura nacional particular sem a implicação – ou a *implicância*, conforme hão de preferir "medrosos" e "resistentes"[13] – da teoria da literatura.

Ainda que nos seja difícil conceber esse estudo alheio à teoria, façamos um esforço de vislumbrar suas possíveis encarnações. Pode-se imaginar, inicialmente, que se trata de uma investigação de caráter historiográfico, interessada em fatos constatáveis que contextualizem a produção literária, como, circunstâncias da vida do escritor ou da organização social de sua época. Nesse caso, haverá realmente um distanciamento em relação à disciplina chamada Teoria da Literatura, o que não significa, porém, que com isso se adentre o terreno da pura prática; a investigação ainda assim não se livra de teoria, pois, embora não se mova

---

13. Cf. "Quem tem medo da teoria?" (Luiz Costa Lima, 1981 [1975]); "A resistência à teoria" (Paul de Man, 1989 [1982]).

no ambiente conceitual da teoria da literatura, participa de um outro sistema de hipóteses sobre a literatura – vale dizer, de outra teoria –, a história da literatura. Pode-se imaginar também um tipo de tratamento que faça da consideração da literatura não propriamente um estudo, mas simples exibição de impressões pessoais e sentimentos despertados por leituras. Nesse caso, ou se trata de uma atividade a se desconsiderar, por ser absolutamente impertinente num circuito de ensino e aprendizagem, ou se trata de uma atitude programática, que propõe um sistema de compreensão da literatura – uma teoria, portanto –, cuja proposição central assim se pode formular: a produção literária só pode ser objeto de comentários pessoais e julgamentos subjetivos.

Enfim, as observações feitas nos conduzem à conclusão de que, ao se tomar a literatura como objeto de estudo, de um modo ou de outro haverá uma teorização implicada. Assim, é insustentável supor que a teoria da literatura seja uma instância de abstrações destinadas a aplicações práticas; em vez disso, é necessário começar por entender que essa disciplina, compondo-se de ideias-diretrizes, generalizações, conceitos, nem por isso é alienável do concreto, que, nada tendo a ver com prática, se faz presente nos currículos universitários sob o nome das diversas literaturas nacionais e clássicas.

Detalhemos um pouco mais a distinção aqui proposta, entre destinação à prática e interesse pelo concreto. Pode-se admitir a existência de dois tipos básicos de ensaios sobre literatura: alguns se movem no plano abstrato das generalidades (p. ex., um estudo sobre o conceito de romance em geral), enquanto outros se situam no nível concreto de um texto ou obra em particular, pertencente a certa literatura nacional ou clássica (p. ex., o romance de Marcel Proust). O primeiro tipo é evidentemente reconhecido como caso ou exercício de teoria da literatura; quanto ao segundo, pode comportar alguma dúvida, e sempre haverá quem o tome por "prática" na medida em que se limitaria a aplicar instrumentos disponibilizados pela teoria (no caso do nosso exemplo, o conceito de romance). Compreendendo embora tal ponto de vista, ponderemos porém o seguinte: assim como o primeiro ensaio do nosso exemplo, ao tratar do romance em abstrato, não pode prescindir de ilustrar suas generalizações com obras individuais, o segundo é inconcebível sem a incorporação de ideias de ordem geral, pois sequer teria condições de ser planejado caso não assumisse uma trama de conceitos entre os quais figura o de romance. É claro que, no segundo tipo de ensaios sobre literatura, o grau de assunção da teoria é extremamente variável; assim, se numa ponta encontramos estudos que mais não fazem senão referendar nas análises os princípios gerais – via de regra implícitos – em que confiam, contentando-se com uma espécie de analitismo intransitivo de interesse muito restrito, num outro extremo se acham aqueles estudos que explicitam e questionam os fundamentos com que operam, e com isso, mais do que meramente assumir a teoria, dela participam e a ela se integram de modo crítico e ativo. Só quando essa ideia tão simples – a distinção, nos estudos literários, entre destinação à prática e atenção ao concreto – for suficientemente assimilado, será possível dizer que teoria da literatura encontrou o seu lugar nos programas dos estudos universitários de letras.

Referências

ADAMS, H.; SEARLE, L. (ed.). *Critical theory since 1965*. Tallahassee: University Press of Florida, 1986.

AMORA, A.S. *Teoria da literatura*. São Paulo: Clássico-Científica, 1971 [1944].

BARRY, P. (ed.). *Issues in contemporary critical theory*. Londres: MacMillan, 1987.

BESSIÈRE, J. Théorie et critique littéraires contemporaines: cultures nationales et thèses transnationales; paradoxes de la pensée de l'universel et du culturel. *In*: COUTINHO, F.E. (org.). *Fronteiras imaginadas: cultura nacional/teoria internacional*. Rio de Janeiro: Aeroplano, 2001, p. 13-47.

BRASIL/Conselho Federal de Educação. Parecer n. 283/62, aprovado em 19/10/1962. Estabelece o currículo mínimo dos cursos de letras. *Documenta*. Rio de Janeiro: Ministério da Educação e Cultura/Conselho Federal de Educação, n. 10, p. 81-83, dez./1962.

BRASIL/Conselho Federal de Educação. Resolução s./n., aprovada em 19/10/1962. Estabelece o currículo mínimo dos cursos de letras. *Documenta*. Rio de Janeiro: Ministério da Educação e Cultura/Conselho Federal de Educação, n. 10, p. 83-84, dez./1962.

BRUNEL, P. Introdução. *In*: BRUNEL, P. *et al. A crítica literária*. São Paulo: Martins Fontes, 1988 [1977], p. 1-5.

BRUNEL, P. Capítulo V: A crítica em questão. *In*: BRUNEL, P. *et al. A crítica literária*. São Paulo: Martins Fontes, 1988 [1977]. p. 105-118.

COELHO, E.P. *Os universos da crítica: paradigmas nos estudos literários*. Lisboa: Ed. 70, 1982.

COMPAGNON, A. *O demônio da teoria: literatura e senso comum*. Belo Horizonte: UFMG, 1999 [1998].

COUTY, D. Capítulo IV: Compreender. *In*: BRUNEL, P. *et al. A crítica literária*. São Paulo: Martins Fontes, 1988 [1977], p. 79-103.

CRUZ, E. *Teoria da literatura: para uso das escolas, e de acordo com os programas oficiais vigentes*. Porto Alegre: Globo, 1935.

COUTINHO, E.F. Os discursos sobre a literatura e sua contextualização. *In*: COUTINHO, E.F. (org.). *Fronteiras imaginadas: cultura nacional/teoria internacional*. Rio de Janeiro: Aeroplano, 2001, p. 287-298.

CULLER, J. Literary theory in the graduate program. *The pursuit of signs: semiotics, literature, deconstruction.* Ithaca: Cornell University Press, 1981, p. 210-226.

CULLER, J. *Teoria literária: uma introdução.* São Paulo: Beca, 1999.

DANZINGER, M.K.; JOHNSON, W.S. *An introduction to the study of literature.* Lexington/Toronto/Londres: D.C. Heath, 1965 [1961].

DE MAN, P. A resistência à teoria [1982]. *A resistência à teoria.* Lisboa/Rio de Janeiro: Ed. 70, 1989 [1986], p. 23-41.

DE MAN, P. O regresso à filologia [1982]. *A resistência à teoria.* Lisboa/Rio de Janeiro: Ed. 70, 1989 [1986], p. 43-48.

EAGLETON, T. *Literary theory.* Mineápolis: University of Minnesota Press, 1983.

FERRATER MORA, J. *Trivium y quadrivium. Diccionario de Filosofía.* Vol. 2. Buenos Aires: Sudamericana, 1971 [1941], p. 840.

GÖTTNER, H. Metodologia das teorias da literatura. *In*: VARGA, A. Kibédi *et al. Teoria da literatura.* Lisboa: Presença, [1981], p. 17-29.

HOISEL, E. Os discursos sobre a literatura: algumas questões contemporâneas. *In*: COUTINHO, F.E. (org.). *Fronteiras imaginadas: cultura nacional/teoria internacional.* Rio de Janeiro: Aeroplano, 2001, p. 73-82.

IBSCH, E.; FOKKEMA, D.W. A teoria literária no século XX. *In*: VARGA, A.K. *et al. Teoria da literatura.* Lisboa: Presença, s.d. [1981], p. 30-50.

JOBIM, J.L. (org.). *Palavras da crítica: tendências e conceitos no estudo da literatura.* Rio de Janeiro: Imago, 1992.

JOBIM, J.L. A crítica da teoria: uma análise institucional [1994]. *A poética do fundamento.* Niterói: Eduff, 1996, p. 55-66.

KAYSER, W. *Análise e interpretação da obra literária: introdução à ciência da literatura.* 2 vol. Coimbra: Arménio Amado, 1968 [1948].

KOTHE, F.R. *Fundamentos da teoria literária.* Vol. 1. Brasília: UnB, 2002.

LIMA, L.C. Introdução geral – O labirinto e a esfinge. *In*: LIMA, L.C. (Sel., introd. e rev. técnica). *Teoria da literatura em suas fontes.* Rio de Janeiro: Francisco Alves, 1975, p. 9-41.

LIMA, L.C. Introdução: interpretação e poder. *A perversão do trapezista: o romance em Cornélio Penna.* Rio de Janeiro/São Paulo: Imago/Secretaria de Cultura, Ciência e Tecnologia do Estado de São Paulo, 1976, p. 11-27.

LIMA, L.C. Introdução: o leitor demanda (d)a literatura. *In*: LIMA, L.C. (Sel., coord. e trad.). *A literatura e o leitor: textos de estética da recepção.* Rio de Janeiro: Paz e Terra, 1979, p. 9-39.

LIMA, L.C. Quem tem medo da teoria? [1975]. *Dispersa demanda: ensaios sobre literatura e teoria.* Rio de Janeiro: Francisco Alves, 1981, p. 193-198.

LIMA, L.C. Questionamento da crítica literária [1980]. *Dispersa demanda: ensaios sobre literatura e teoria.* Rio de Janeiro: Francisco Alves, 1981, p. 199-207.

LIMA, L.C. Nota introdutória. *In*: LIMA, L.C. (Sel., introd. e rev. técnica). *Teoria da literatura em suas fontes*. Vol. 1. 2. ed. Rio de Janeiro: Francisco Alves, 1983, p. 1-3.

LIMA, L.C. Hermenêutica e abordagem literária. In: LIMA, L.C. (Sel., introd. e rev. técnica). *Teoria da literatura em suas fontes*. Vol. 1. 2. ed. Rio de Janeiro: Francisco Alves, 1983, p. 52-83.

LIMA, L.C. A teoria e o crítico sensível. *Humanidades*, Brasília, n. 22, p. 106-110, 1989.

LIMA, L.C. *Limites da voz: Montaigne, Schlegel.* Rio de Janeiro: Rocco, 1993.

LIMA, L.C. Curto comentário a Einleitung. *Anima: história, teoria e cultura*, Rio de Janeiro, n. 1, ano 1, p. 151-154, 2001.

LIMA, L.C. Nota à 3ª edição. *In*: LIMA, L.C. (Org., sel. e introd.). *Teoria da literatura em suas fontes*. Vol. 1. 3. ed. Rio de Janeiro: Civilização Brasileira, 2002, p. 7-8.

LITERARY theory in the university: a survey. *New literary history*, Charlottesville, v. XIV, n. 2. p. 411-451, 1983.

LOTMAN, I. *La structure du texte artistique.* Paris: Gallimard, 1973 [1970].

MAGNE, A. *Princípios elementares de literatura.* Vol. 1: Teoria literária. São Paulo: Cia. Ed. Nacional, 1935.

MILLER, J.H. The function of literary theory at the present time. *Theory now and then.* Nova York: Harvester Wheatsheaf, 1991, p. 385-393.

PARDAL, P. *Uerj: apontamentos sobre sua origem.* Rio de Janeiro: Uerj, 1990.

PECK, J.; COYLE, M. *Literary terms and criticism: new edition.* Londres: MacMillan, 1993.

PORTELLA, E. *Teoria da comunicação literária.* Rio de Janeiro: Tempo Brasileiro, 1970.

PORTELLA, E. *Fundamento da investigação literária.* Rio de Janeiro: Tempo Brasileiro, 1974 [1970].

PORTELLA, E. Limites ilimitados da teoria literária. *In*: PORTELLA, E. (plan. e coord.). *Teoria literária.* Rio de Janeiro: Tempo Brasileiro, 1979, p. 7-18.

REIS, C. *O conhecimento da literatura: introdução aos estudos literários.* Coimbra: Almedina, 1999 [1995].

RIVKIN, J.; RYAN, M. (eds.). *Literary theory: an anthology.* Malden/Oxford: Blackwell, 2000.

RÓNAI, P. *Não perca o seu latim.* Rio de Janeiro: Nova Fronteira, 1980.

RORTY, R. Professionalized philosophy and transcendentalistic culture [1976]. *Consequences of pragmaticism: essays, 1972-1980.* Mineápolis: University of Minnesota Press, 1991 [1982], p. 60-71.

SAUSSURE, F. *Curso de Linguística Geral.* Org. por C. Bally e A. Sechehaye. São Paulo: Cultrix, 1970 [1916].

SCHLEGEL, F. Introdução à história da literatura europeia [1803]. *Anima: história, teoria e cultura*, Rio de Janeiro, ano 1, n. 1, p. 129-149, 2001.

SELDEN, R. *A reader's guide to contemporary literary theory.* Lexington: The University Press of Kentucky, 1989.

SILVA, M.C. Tempos de magistério superior (1935-1953). *Sousa da Silveira: o homem e a obra – Sua contribuição à crítica textual no Brasil.* Rio de Janeiro/Brasília: Presença/Instituto Nacional do Livro, 1984, p. 52-87.

SILVA, V.M.A. *Teoria da literatura.* Coimbra: Almedina, 1969 [1967].

SOUZA, R.A. *Teoria da literatura.* São Paulo: Ática, 1986.

SOUZA, R.A. *Formação da teoria da literatura: inventário de pendências e protocolo de intenções.* Rio de Janeiro/Niterói: Ao Livro Técnico/Eduff, 1987.

TADIÉ, J.-Y. *A crítica literária no século XX.* Rio de Janeiro: Bertrand do Brasil, 1992 [1987].

TORRINHA, F. *Dicionário Latino-português.* Porto: Maranus, 1945 [1937].

UCHÔA, C.E.F. Os estudos e a carreira de Joaquim Mattoso Camara Jr. *In*: UCHÔA, C.E.F. (Sel. e introd.). *Dispersos de Mattoso Camara Jr.* Rio de Janeiro: Fundação Getúlio Vargas, 1972, p. VII-XX.

VARGA, A.K. Métodos e disciplinas. *In*: VARGA, A.K. *et al. Teoria da literatura.* Lisboa: Presença, 1981, p. 52-63.

WELLEK, R. *Teoria da literatura.* Lisboa: Europa-América, 1962 [1949].

WELLEK, R. Teoria, crítica e história literária. *Conceitos de crítica.* São Paulo: Cultrix, 1963, p. 13-28.

WELLEK, R.; WARREN, A. The study of literature in the graduate school. *Theory of literature.* Nova York: Harcourt, Brace & Company, 1949, p. 285-298.

Post-scriptum

1

Recentemente, tendo tido a satisfação de ler o substancioso *Teoria da literatura e crítica literária: momentos decisivos* (Rio de Janeiro: Eduerj, 2020), de Nabil Araújo, vi que o livro começa com uma introdução em que o autor situa brevemente a questão do lugar da teoria da literatura na atualidade, referindo-se ao tópico do *after theory*, que ele considera – com razão – um "filão [...] prolífico no mercado editorial anglófono" (p. 13). Menciona então diversas obras desse filão, publicadas de 1996 a 2005, além de um título brasileiro (*O lugar da teoria.* Florianópolis/Criciúma: Edufcs/Ediunes, 2016), organizado por André Cechinel, ao qual podemos acrescentar o volume *Repensando a teoria literária contemporânea* (Recife: UFPE, 2015), organizado por João Sedycias.

Pois bem: no ensaio de 1992, e tampouco na sua versão de 2006, ora aqui republicada, não cheguei a tratar do problema do *after theory*; isto é, do declínio da disciplina quanto ao seu prestígio acadêmico. No entanto, na nona edição de um livrinho meu intitulado *Teoria da literatura* (São Paulo: Ática, 1986), datada de 2004, acrescentei um subcapítulo novo, dedicado a esse tema, com o título de "Um fim anunciado", cujo texto, com adaptações, figura no livrinho sucessor daquele de 1986, que tem por título *Teoria da literatura: trajetória, fundamentos, problemas* (São Paulo: É Realizações Ed., 2018). Assim, julgando-me dispensado de escrever de novo sobre o assunto, permito-me apenas transcrever agora a passagem em causa (p. 37-39 do volume referido):

> [Os anos áureos da disciplina] se situariam nas décadas de 1960 e 1970, aos quais se seguiria o declínio do seu prestígio acadêmico, processo acelerado nos anos de 1990.
>
> De fato, suas ideias-diretrizes, enraizadas no projeto da modernidade – confiança nas explicações racionalistas totalizantes – e identificadas com concepções modernistas de arte – precedência da linguagem ou da forma sobre os conteúdos –, se veem desde então gradualmente questionadas por concepções em ascensão ditas *pós-modernas*. A disciplina, assim, tornou--se alvo de crescentes restrições, que lhe contestam tanto os fundamentos metodológicos e conceituais – a sistematicidade e o universalismo de suas proposições, o centramento no texto, o caráter ultraespecializado de seu conjunto de noções e procedimentos analíticos –, quanto as motivações e compromissos políticos ocultos que a orientariam – suas atribuições de valor estético e submissão ao cânone formado pelas grandes obras.
>
> Na condição de agentes de tais questionamentos, ganham espaço acadêmico nos cursos de Letras uma forma revitalizada de literatura comparada, bem como, principalmente, uma atitude que nos últimos tempos começa a se institucionalizar como disciplina universitária, unificada sob a rubrica de *estudos culturais*. Enfim, tudo isso estaria configurando uma ultrapassagem da teoria da literatura à medida que se instalavam novos parâmetros para a investigação da produção literária, entre os quais alguns se destacam: renúncia às sistematizações integralizadoras; entendimento de texto como sintoma de identidades múltiplas, voláteis e fragmentárias – sobretudo identidades de gênero, etnia e orientação sexual; opção por perspectivas de estudo ditas *transdisciplinares*, rompendo-se, por conseguinte, os limites da especialização; drástica relativização da ideia de valor estético, ou até cancelamento dessa ideia; ampliação do âmbito de estudos para além das obras canônicas e da linguagem verbal; e, finalmente, uma espécie de abolição da

substância do mundo, que mais não seria do que um conjunto contingente de signos convencionais.

Bem como uma discussão em profundidade dessa suposta exaustão da teoria da literatura extrapolaria muito do nosso propósito neste livro, deixemos apenas apontado o problema, e arrematemos com duas sumárias observações. Em primeiro lugar, ainda que se deva reconhecer certo abalo na posição de relevo de que desfrutou a teoria da literatura principalmente na segunda metade do século XX, não são nada desprezíveis os sinais de seu vigor acadêmico, no mínimo pelas razões que se seguem: seu caráter autorreflexivo – isto é, sua vocação para constantemente apontar as próprias premissas e colocá-las em questão; sua crescente tendência para a compreensão da natureza histórica tanto do seu objeto, a literatura, quanto das hipóteses que formula para explicá-lo; sua capacidade de resistência conceitual contra a autocontraditória onda contemporânea de tornar absoluta a relativização dos valores estéticos. Em segundo lugar, lembremos que, no campo dos estudos literários, a julgar pelos exemplos fornecidos por sua história, não ocorre propriamente a pura e simples superação de uma disciplina por outra(s), mas reciclagens e novos arranjos das questões a investigar, à proporção que os problemas por um momento priorizados vão perdendo o interesse, por motivos em geral complexos e muito pouco evidentes.

2

No texto de 1992 e no de 2006, a propósito do emprego da expressão *teoria da literatura* (e sua variante *teoria literária*), ao referendar a ideia corrente segundo a qual a introdução nos currículos acadêmicos novecentistas de disciplina com esse nome decorreu da notoriedade e força normativa logo alcançadas pelo livro com esse título publicado por René Wellek e Austin Warren em 1949 (e continuo achando que a hipótese procede), fiz menção, no entanto, a obras anteriores em cujos títulos a expressão também figura. Citei então *Notas para uma teoria da literatura* (1905), de Alexander Portebnia, *Teoria da literatura* (1925), de Boris Tomachevski, *Teoria da literatura* (1935), de Estêvão Cruz, *Princípios elementares de literatura: teoria literária* (1935), de Augusto Magne, e *Teoria da literatura* (1944), de Antônio Soares Amora. E fiz uma ressalva em nota de rodapé: "O emprego das expressões *teoria da literatura* e sua variante *teoria literária* comporta uma questão de precedência que pode ter algum interesse, esperando paciência e meios para ser estabelecida em termos mais confiáveis".

Pois bem: constatei depois que procedia a observação. Primeiro porque, em leitura com outros propósitos, topei um dia com referência a um livro argentino, do início do século XX, com o mesmo título. Anotei, para verificar oportunamente de que se tratava, mas acabei perdendo a anotação e, quando fiz um esforço para recuperá-la, não tive êxito e me desliguei da questão. Agora, tendo José Luís Jobim lido a primeira versão deste texto, fui por ele advertido para a existência de um livro intitulado justamente *Teoria da literatura*, que me surpreendeu muito tanto pela data da publicação – 1907 – como pelo fato de ter sido escrito por um autor japonês – Natsume Soseki (1867-1916) –, e no seu idioma. Claro, a informação determinou que eu recorresse à obra, e que acrescentasse este item 2 no *Post-Scriptum*.

Pude lê-la numa tradução norte-americana: *Theory of literature and other writings*. Edited by Michael K. Bourdaghs, Atsuko Ueda and Joseph A. Murphy. Nova York: Columbia University Press, 2009. A "Part Two" do volume contém ensaios datados de 1907, mas aqui nos interessa sua "Part One", composta por excertos do livro *Theory of literature*, que, embora publicado no ano de 1907, resultou da reunião de conferências do autor proferidas no período que se estende de 1903 a 1905, na Universidade Imperial de Tóquio, instituição na qual ele era então professor de Literatura Inglesa.

Quanto ao título – *Theory of literature* – e à possibilidade de interpretá-lo como intuição precursora da disciplina desse nome, que, no Ocidente, só se instituiria décadas mais tarde, não me parece que seja o caso. Os problemas tratados na obra coincidem com questões que estavam na pauta acadêmica ocidental na época de sua produção, e o provável é que o autor se tenha familiarizado com eles durante os dois anos (1901 e 1902) que estudou em Londres, aperfeiçoando seus conhecimentos de língua e literatura inglesas. A edição, por sua vez, apesar de sua importância, até onde sei permanece muito pouco conhecida: não me lembro de ter visto qualquer menção a ela antes da informação de José Luís Jobim, e parece ter merecido apenas duas resenhas: uma de Angela Yiu (*Monumenta Nipponica*, v. 65, n. 1, Spring 2010, p. 231-234) e outra de Marvin Marcus (*The Journal of Asian Studies*, v. 69, n. 3, August 2010, p. 900-901). Como não cabe nesta sumária notícia considerações mais detalhadas sobre a obra – meu propósito foi apenas acrescentá-la à lista de livros homônimos anteriores ao de Wellek e Warren –, vamos encerrá-la com um juízo a seu respeito proferido por seus próprios editores, não obstante nele notar-se o que talvez seja excesso de entusiasmo da parte de estudiosos da chamada crítica pós-colonial: "Em síntese, *Teoria da literatura* é uma obra de teoria literária admirável e sem precedentes, inequivocamente moderna e ainda também clara e autoconscientemente não ocidental, mesmo enquanto insiste na sua própria aplicabilidade universal"[14].

---

14. No original: "In short, *Theory of literature* is an astonishing and unprecedented work of literary theory, unmistakably modern yet also clearly (and self-consciously) non-Western even as it insists on its own universal applicability" (p. 3).

Teoria da literatura: fragmentação, limites, possibilidades

A Teoria da Literatura, como disciplina acadêmica institucionalizada, apresenta-se originariamente como um projeto de unificação. Assim, considera-se como seu marco inaugural o tratado que lhe conferiu o nome – *Teoria da literatura* –, de René Wellek (1903-1995) e Austin Warren (1889-1986), publicado em 1949, e cujo propósito foi justamente unificar num só corpo conceitual principalmente o formalismo russo e o *new criticism* anglo-norte-americano, correntes de estudos literários que, nas primeiras décadas do século XX, propunham-se renovar os fundamentos e rever os métodos dos estudos literários.

Uma vez estabelecida como nova formação disciplinar, contudo, sua fragmentação em correntes não só persistiu, como até mesmo se tornou uma das suas marcas distintivas. Para uma visão sumária de suas divisões internas, podemos distribuí-las em duas grandes categorias: por um lado, temos correntes textualistas – isto é, centradas na análise dos textos tomados em suas articulações internas, considerados, pois, como artefatos verbais intransitivos –, entre as quais, além dos já referidos formalismo russo e *new criticism*, incluem-se a estilística e o estruturalismo; por outro, correntes contextualistas, interessadas no estudo de fatores extratextuais tidos como instâncias que determinam ou que condicionam a produção literária, e que formam um conjunto bastante heterogêneo, em que sobressai a chamada crítica sociológica, por sua vez repleta de subdivisões internas. Mas podemos dizer que, enquanto as correntes contextualistas mantêm afinidades com a fisionomia geral que os estudos literários assumiram no século XIX – concebendo, por conseguinte, o texto literário como verismo figurativo ou expressão emocionalmente autêntica; isto é, segundo padrões romântico-realistas –, as correntes textualistas correspondem mais plenamente ao projeto da teoria da literatura, que prefere tomar o texto literário como linguagem densa e autorreferente, no que, como logo se conclui, alinha-se com a concepção modernista de literatura.

Assim, definida como a disciplina novecentista dos estudos literários, aos poucos a Teoria da Literatura foi conquistando espaço e prestígio acadêmicos. Por volta dos anos de 1950, já figurava em currículos universitários, ao lado das matérias historicistas criadas no Oitocentos – as literaturas nacionais, as clássicas e a literatura comparada –, embora ainda em posição minoritária. A partir mais ou menos de meados da década de 1960, num lapso de tempo que se estende até por volta de 1985, atinge enfim o auge de sua notoriedade e vigor, tanto institucional como epistemológico, tornando-se, por conseguinte, a principal referência conceitual no campo dos estudos literários.

Desde então, contudo, começa sua trajetória descendente. Nos departamentos de letras, primeiro nas universidades anglófonas e logo em centros universitários mundo afora, surge um ponto de vista novo para estudar a produção literária que logo seria identificado sob a designação de *estudos culturais*. A teoria da literatura, bem como suas antecessoras oitocentistas, são criticadas por limitarem seu interesse às chamadas obras-primas, as quais, embora supostamente selecionadas por critérios estéticos e estritamente literários, no fundo refletiriam interesses e concepções de grupos sociais hegemônicos. Os estudos culturais, assim, apresentam-se com ânimo polêmico, acusando os estudos literários tradicionais de elitismo, configurado na constituição de um cânone de autores e obras excludente e autoritariamente imposto. Passam então a reivindicar a valorização de obras representativas de identidades psicossociais politicamente minoritárias, como as classes trabalhadoras, as mulheres, as etnias não hegemônicas, os homossexuais, os estados nacionais recém-independentes. Ao mesmo tempo, a literatura perde sua posição de relevo, em favor da noção de cultura, que abrange as mais diversas manifestações, aí incluídos o cinema, a música popular, as artes plásticas, e a própria literatura, desde que despojada de qualquer privilégio, e por isso muitas vezes representada por gêneros e espécies não coincidentes com aqueles tradicionalmente reconhecidos. A disciplina Literatura Comparada, em princípio uma forma disciplinar oitocentista, restrita ao estudo das relações mantidas entre culturas literárias nacionais distintas, nessa nova configuração do campo universitário de letras amplia consideravelmente o âmbito de sua aplicação, passando a interessar-se pelas relações entre o discurso literário e as mais diversos linguagens não verbais, como cinema, pintura, música, festas populares, sem falar em variados sincretismos de linguagens, o que ultimamente se vem designando mediante o neologismo *intermidialidades*. Desse modo, a literatura comparada desarraigou-se do campo dos estudos literários, migrando para o dos estudos culturais, ou, talvez mais precisamente, praticamente se confundindo com eles.

112

Chega, pois, a teoria da literatura aos seus limites, contestada tanto nos seus fundamentos conceituais como no campo de seu papel político. Talvez, contudo, ela ainda tenha um potencial a desenvolver.

Inicialmente, seu caráter autorreflexivo constitui um trunfo, pois, exatamente por conceber-se como teoria, ela continuamente põe em questão suas próprias proposições, discutindo sistematicamente seus métodos e fundamentos conceituais. Nisso, distingue-se dos estudos culturais, que se caracterizam muito mais por ativismo político-social do que por reflexão teórica, e parecem inteiramente satisfeitos com sua impugnação do chamado cânone em nome do multiculturalismo identitário, sem maiores preocupações com a crítica de suas próprias bases e premissas.

Por outro lado, ao passo que os estudos culturais, ao absolutizarem a questão da identidade como critério para a avaliação das obras literárias – ou culturais em geral –, praticamente nivelam todas as manifestações da cultura – por exemplo, o *Dom Quixote* não vale mais que um *funk*, pois em ambos esses produtos temos linguagens transparentes a identidades, não sendo a Espanha dos séculos XVI-XVII melhor nem pior que a periferia carioca dos séculos XX-XXI –, tudo cabendo na mesma bitola, a teoria da literatura se apresenta, exatamente em função de sua índole autorreflexiva, como resistência conceitual contra esse tipo de relativismo, que no fundo consiste numa fusão entre absolutismo ético-político e relativismo cultural.

Por fim, a teoria da literatura, se bem que nos seus primórdios inteiramente identificada com o modernismo, desenvolveu uma tendência à compreensão histórica tanto do seu objeto – as manifestações literárias – como das disciplinas que o estudam, desde as clássicas e antigas – Retórica, Gramática, Poética, Filologia – até as modernas – História da Literatura e Literatura Comparada, bem como ela própria e os estudos culturais. Com isso, aparelhou-se para uma compreensão ampla do campo em que atua, habilitando-se a compor, nas suas investigações, o abstrato com o concreto, ou, em outros termos, aprendeu a equilibrar-se entre o universalismo dos conceitos e as particularidades dos casos históricos.

O lugar da crítica nos estudos literários

Aproximai-vos, porque devo pesar o talento dos poetas, como se faz com o queijo no mercado.

Aristófanes, [196-?], p. 89.

Se ela constantemente acusa e examina os outros, para que não deva se acusar e examinar a si própria, a crítica, para que se mantenha o dever absoluto de transformar o outro em transparência, há de ser em si mesma e para si mesma um enigma.

Marquard, 2022 [1976], p. 126.

Não há possibilidade real ou científica de avaliar o tamanho dos poetas.

Andrade, 1980, p. 4.

1

A expressão *crítica literária* – e sua redução, o termo *crítica* –, não obstante seu significado aparentemente óbvio, suscita questões que convém analisar. Como qualquer assunto de que venhamos a tratar com *curiosidade* – isto é, segundo a definição do dicionário, com "desejo de aprender, conhecer, investigar" –, para se compreender de modo mais amplo e mais preciso a ideia de crítica literária é necessário ver problemas onde o senso comum – e mesmo o conhecimento especializado – não vislumbra qualquer dificuldade. Nesse pressuposto, vamos conceder que seja pertinente a pergunta "O que é crítica literária?", e que valha a pena tentar respondê-la.

2

Comecemos por considerar um modelo para o estudo sistemático da produção letrada, disciplina que em grego e depois em latim se chamou *gramática*. Formulou-o Dionísio Trácio, por volta dos séculos II/I a.C., e nós o escolhemos não tanto por ser talvez o mais antigo, mas sobretudo por sua concisão e singeleza:

> A gramática é o conhecimento daquilo que é dito por poetas e prosadores. Suas partes são seis: primeira, acurada leitura conforme a prosódia; segunda, explicação conforme os tropos poéticos; terceira, comentário dos sentidos e questões obscuras; quarta, descoberta da etimologia; quinta, as regras da analogia; sexta, crítica dos poemas, que é a mais bela de todas as partes da gramática (Dionisio Tracio, 2002, p. 35-36. Tradução nossa).

Comentemos a passagem apenas naquilo que ora nos interessa.

Como logo se percebe, a palavra *gramática*, no trecho citado, apresenta um significado um tanto distinto daquele que nos é familiar. Nomeia a disciplina que se dedica ao estudo de textos de poesia e de prosa, à luz de princípios gerais sistematizados numa série de – digamos – subdisciplinas: prosódia, retórica, semântica, etimologia e gramática *stricto sensu* (i. é, a sistematização dos paradigmas das flexões, derivações, conjugações e construções sintáticas, constitutivos de regras de funcionamento da língua deduzidas por analogia, com o expurgo das anomalias para o rol das chamadas exceções). Por fim, fechando a série, o autor situa a crítica, à qual atribui um *status* muito especial. Se, séculos antes, segundo o mito, um pastor se viu na contingência de julgar, dentre três deusas, qual delas era a mais bela, e seu *veredicto*, como se sabe, acabou desencadeando a Guerra de Troia, Dionísio Trácio assumiu tarefa ainda mais delicada. Não ante apenas três beldades, mas em face de seis formosuras do intelecto – prosódia, retórica, semântica, etimologia, gramática e crítica –, não hesitou em apontar a que lhe pareceu sobrepor-se às demais, pelo critério da beleza: a crítica.

Como, no entanto, beleza não põe mesa, tentemos, de certo modo indo além da letra do texto, depreender o que objetivamente justifica o destaque concedido à crítica na sequência de instâncias analíticas referida.

Digamos que duas razões: o ato crítico só se constitui como cúpula de um processo analítico, e as operações que o precedem não produzem senão dados a serem por ele subsumidos; diferentemente dessas operações, que consistem na aplicação mais ou menos mecânica de um conhecimento previamente sistematizado, o ato crítico, embora não arbitrário, pois sempre tem por referência algumas normas ou princípios, não se restringe a aplicar uma legislação codificada, exigindo, pois, atributos intelectuais por assim dizer mais finos e refratários a definições.

Tentemos conferir mais clareza à ideia de crítica literária que vamos aqui depreendendo, mediante o exame de duas passagens, um pouco menos antigas do que a anterior, mas igualmente concisas e singelas. Datam do século I d.C. e figuram nas *Instituições oratórias*, de Quintiliano:

> Esta profissão [de gramático] pode ser sumariamente dividida em duas partes: a ciência de dizer corretamente e o comentário dos poeta (Quintilian, 1920, p. 62. Tradução nossa).

> [...] duas partes oferece a profissão [de gramático], que são as regras do bem dizer e o comentário dos autores, aquela dita *metódica*, e esta, *histórica* (Quintilian, 1920, p. 156. Tradução nossa).

Ora, logo se percebem as coincidências entre os modos respectivos de os autores mencionados conceberem a estruturação da gramática. As cinco instâncias da segmentação estabelecida por Dionísio Trácio – prosódia, retórica, semântica, etimologia e gramática *stricto sensu* – correspondem à "ciência do dizer corretamente" ou "regras do bem dizer" de Quintiliano; à "crítica", o "comentário dos poetas" ou "comentário dos autores".

Para nossos objetivos, porém, mais importante do que essas coincidências é a caracterização proposta por Quintiliano para o "comentário dos autores": este seria de natureza *histórica*, por oposição ao caráter *metódico* da "ciência do bem dizer". Isto é: a crítica não pode ser metódica, no sentido de consistir na mera aplicação de regras previamente disponíveis, pois o crítico, à maneira do historiador, que lida sempre com eventos únicos, particulares, irrepetíveis, enfrenta a singularidade de um texto específico, não podendo, por conseguinte, contar com o recurso fácil de um método seguro e de aplicação geral. Assim, Quintiliano, tanto quanto Dionísio Trácio, reconhece o *status* especial da crítica, tendo em vista o tratamento *histórico – não metódico –* que ela confere a seu objeto.

Séculos mais tarde, na esfera da estética iluminista, a distinção entre *metódico* e *histórico* se atualiza, sendo então equacionada em outros termos e submetida a desenvolvimento menos elíptico. Encontramo-la em Kant, na *Crítica do juízo* (1790), onde o filósofo afirma a impossibilidade de uma "ciência do belo" – isto é, de um corpo sistemático de conceitos habilitado a proferir o que ele chama "juízo de gosto" –, tarefa que caberia exclusivamente à crítica – isto é, a um dispositivo intelectual não metódico, pois como que reinventado caso a caso:

[O] protótipo do gosto não pode ser representado por conceitos, mas somente em exposição singular [...] (Kant, 1974 [1790], p. 325).

Não há uma ciência do belo, mas somente crítica [...]. [...] o juízo sobre beleza, [...] se pertencesse à ciência, não seria um "juízo de gosto" (Kant, 1974 [1790], p. 338).

Acreditamos que, nesse ponto, já podemos enunciar o primeiro dos traços que julgamos fundamental para definir a especificidade da crítica literária, no conjunto dos saberes relativos às artes verbais. Quer por tratar-se da mais bela das partes da gramática, segundo a concepção de Dionísio Trácio, quer por consistir em exposição histórica, conforme a distinção de Quintiliano, a crítica não se estrutura como sistema, não dispõe de um método, sendo antes uma casuística, um estudo caso a caso. Por isso, embora opere com base num corpo de princípios (no que concerne aos modelos citados, as regras das subdisciplinas gramaticais), não se limita à aplicação de normas abstratas, demandando recursos intelectuais mais refinados, capazes de apreender os aspectos específicos de cada texto particular objeto de exame.

3

Um segundo traço que confere à crítica um caráter específico no campo dos estudos literários está implícito na própria palavra *crítica*, que etimologicamente significa "discernimento", "juízo", "ato de avaliar". Mas reforcemos essa evidência etimológica com mais uma passagem, que se lê na abertura dos comentários de Sérvio à *Eneida*, datados dos séculos IV/V d.C.: "Na exposição dos autores, devem ser considerados: a vida do poeta, os títulos das obras, a qualidade dos versos, a intenção da escrita, a quantidade dos livros, a ordem dos livros, a explicação [do texto] (Servius, 1881, p. 1. Tradução nossa).

Conforme a passagem citada, a "exposição dos autores" (i. é, a crítica ou o comentário dos poetas, nos termos respectivamente de Dionísio Trácio e de Quintiliano,) comporta duas dimensões: uma descritiva – a vida do poeta, os títulos das obras, a intenção da escrita, a quantidade e a ordem dos livros, a explicação –, e outra avaliativa, ou crítica *stricto sensu*: a aferição da "qualidade dos versos". Pressupõe-se, naturalmente, que a dimensão descritiva é de importância secundária, só se justificando na medida em que contribui para a consumação do ato propriamente crítico, que é a emissão de um juízo de valor sobre o texto em questão.

118

4

Em síntese, podemos concluir, à vista dos elementos examinados, que duas determinações compõem o conceito de crítica: seu caráter casuístico e sua proposição judicativa. Isso a distingue de outros compartimentos dos estudos literários, de feição sistemática e descritiva, tanto antigos – gramática, retórica e poética – como modernos – história da literatura, literatura comparada e teoria da literatura.

O que não impede, contudo, usos terminológicos que contrariam o equacionamento aqui proposto. Assim, efetivamente a palavra *crítica*, nos seus empregos tanto antigos e clássicos como modernos, nomeia às vezes o conhecimento sistemático da matéria literária. Basta lembrar um título como *An essay on criticism* (1711), de Alexander Pope, que é um tratado em versos sobre questões literárias gerais; ou a apropriação oitocentista da expressão *crítica científica* para nomear uma ciência da literatura sistemática, descritiva, causalista e alheia a avaliações de mérito[1]; ou as expressões *new criticism* e *nouvelle critique*, inventadas no século XX para designar projetos de sistematização disciplinar do conhecimento sobre a literatura.

Sinal de que esses usos turvam distinção que constitui um imperativo lógico e operacional encontramos na terminologia da língua inglesa, na qual, em face do curso generalizado do vocábulo *criticism*, criaram-se as expressões *critical theory* e *practical criticism*, que nomeiam respectivamente o nível sistemático e generalista dos estudos literários e sua instância analítica e casuística, para cuja designação, no entanto, seria avisado reservar simplesmente a palavra *crítica*.

5

Dadas essas satisfações, passemos a tratar da crítica no sentido estrito acima depreendido.

Da Antiguidade até o século XVIII, pelo menos segundo as fontes que estiveram a nosso alcance, os objetos da crítica se cingiram praticamente a Homero e Virgílio, autores que mereceram extensos e minuciosos estudos, de natureza

---

1. Cf.: "Nada de menos semelhante ao exame de um poema com vistas a achá-lo bom ou ruim, tarefa quase judiciária e comunicação confidencial que consiste em muitas perífrases, em proferir sentenças e confessar preferências, do que a análise desse poema em busca de indicações estéticas, psicológicas, sociológicas, trabalho de pura ciência, em que nos dedicamos a distinguir as causas sob os fatos, as leis sob os fenômenos estudados sem parcialidade nem predileções" (Hennequin, 1894 [1888], p. 2-3).

monográfica, como diríamos hoje. No entanto, muitas passagens de crítica, sobre diversos poetas líricos, dramáticos e épicos, bem como sobre oradores, historiadores e filósofos, encontramos no corpo de tratados de gramática, de retórica e de poética, e ainda em escritos de gêneros os mais variados, em geral a título de ilustração dos conceitos abstratos neles desenvolvidos[2].

Em finais do século XVII, contudo, a crítica começa uma expansão que se revelará notável, com o início de sua veiculação pela imprensa. A partir do exemplo pioneiro do periódico francês *Le Mercure Galant*, em cujas páginas ecoou intensamente a Querela dos Antigos e Modernos, mediante colaborações de letrados e cartas de leitores, as letras como que viram notícia (cf. DeJean, 2005, p. 92-105, *passim*). Comentários de livros e autores ganham generosos espaços em jornais e revistas, numa trajetória que atravessou o século XVIII e alcançou seu apogeu no período que se estende *grosso modo* de 1850 a 1950. Por destinar-se a público heterogêneo, essa crítica se configura muito mais como expressão do gosto pessoal do crítico do que como análise objetiva e técnica, e assim se inscreve mais no domínio da cultura geral do que no setor da cultura especificamente literária, consistindo em textos digressivos compostos mais ou menos na base da livre-associação de ideias.

No século XIX, a crítica assim praticada assumiu-se como um modo de lidar com a literatura distinto da perspectiva acadêmica e especializada, sendo cultivada no âmbito do jornalismo, não do magistério, e, por conseguinte, elegendo jornais e revistas como seus veículos por excelência, em detrimento do livro. Essa tomada de posição deu origem à ideia de *crítica impressionista*, definida numa frase famosa que se tornou uma espécie de palavra de ordem dos seus adeptos: "O bom crítico é aquele que narra as aventuras de sua alma em meio às obras-primas" (France, 1950 [1888], p. 3. Tradução nossa).

No século XX, em troca, deflagrou-se nas universidades um movimento de reação contra o amadorismo da crítica, clamando-se por uma revitalização dos estudos literários baseada no rigor conceitual e na profissionalização de seus praticantes. Passa a circular então a expressão *crítica universitária*, que, na verdade, não obstante a adoção do nome *crítica*, é antes um sistema generalista de conceitos, polemicamente empenhado na rejeição tanto da crítica impressionista – dita também, com intenção depreciativa, *crítica jornalística* – como na superação dos fundamentos historicistas e positivistas que dominaram os estudos literários aca-

---

2. Se assim é em relação às realizações antigas e clássicas da crítica, na Modernidade, além de a crítica configurar-se autonomamente, ela pode manifestar-se em trechos de estudos quer de história literária, quer de teoria da literatura, nos quais a exposição, abandonando generalizações ou discussão de conceitos, se detenha em análises de cunho judicativo de obras ou autores específicos.

dêmicos no Oitocentos[3]. Aliás, no interior desse movimento acadêmico, iniciado por volta da década de 1930 e ainda ativo até os anos de 1950, é que surgem as expressões *new criticism* e *nouvelle critique*, nas quais o adjetivo aponta para o desejo de descartar tudo o que fosse velho em matéria de crítica, representado, num passado então recente, pela ligeireza da crítica jornalística e pela incapacidade demonstrada pelos estudos literários oitocentistas no sentido de acompanhar a revolução literária promovida pelo modernismo.

6

O que teria sobrado nesse cenário de disputa entre as modalidades jornalística e universitária de consideração analítica da produção literária? Podemos tentar uma síntese.

A crítica jornalística, por décadas amplamente acolhida em jornais e revistas de variedades, foi-se retraindo gradualmente, em função de uma série de fatores, da diminuição do interesse público pela literatura à reformulação gráfica dos veículos da imprensa. Passou a abrigar-se então – mas aí já a meio caminho da chamada crítica universitária – em suplementos de jornais, no formato de cadernos apartados das matérias de interesse geral – alocadas nas seções de política, economia, esportes, *fait divers* –, pois destinados a públicos de interesses especificamente literários, até que esses suplementos foram se estiolando e, pelo menos no Brasil, acabaram desaparecendo. Hoje a crítica jornalística se reduz a uma ou outra matéria ou artigo episódico, muito raramente assinados por críticos reconhecidos, quando não se confina em colunas minúsculas mais interessadas na publicidade de certos lançamentos e nos negócios editoriais do que propriamente em obras literárias.

A crítica universitária, por sua vez, seguiu o caminho da ultraespecialização acadêmica. Não propriamente sob a forma de crítica – como estamos tomando aqui o conceito –, mas com o *status* de disciplinas sistemáticas – Teoria da Literatura, Literatura Comparada, Literaturas Nacionais, Literaturas Clássicas –, institucionalizou-se nos currículos das universidades, primeiro em nível de graduação, e depois de mestrado e de doutorado. Além disso, na condição de crítica *stricto sensu*, alimentou os suplementos literários da grande imprensa, até a extinção deles – pelo menos em nosso país, como assinalamos –, parece que por

---

3. Isto é, a chamada *crítica científica* (cf. nota 1), expressão proposta no século XIX para designar os estudos literários de feição acadêmica, já que o programa da época era estabelecê-los com base nas ciências: a história, a psicologia e a sociologia. Contra a crítica científica reagiu a antes referida crítica impressionista, que se queria inteiramente subjetiva, alheia, portanto, a qualquer pretensão cientificista.

desinteresse tanto das empresas jornalísticas como do próprio público. O número dos profissionais desse tipo de crítica cresceu de tal modo que hoje se pode dizer que ela dispõe de um público próprio, constituído por professores e estudantes universitários, o que suscitou uma grande expansão quantitativa de periódicos especializados – ultimamente quase todos publicados em meio digital –, bem como um aumento considerável na publicação de livros dedicados a questões literárias. Essa vasta produção intelectual, porém, que se ocupa com a literatura segundo uma perspectiva estritamente acadêmica, se ganhou em rigor e profundidade, perdeu, contudo, em penetração social: interessa, como dissemos, exclusivamente a professores e estudantes universitários, às vezes somente aos da área de letras, e por isso tem circulação que se restringe a esses meios.

7

Até aqui definimos a crítica como ramificação específica dos estudos literários, e chegamos a tangenciar sua história ao mencionarmos a mudança de seu alcance a partir do momento em que suas manifestações passam a ser veiculadas por órgãos da imprensa. Convém agora detalhar um pouco mais a questão de suas variações históricas.

Vimos que a atividade crítica, embora casuística, não chega a ser arbitrária, pois sempre tem por referência um certo conjunto de valores ou normas.

Na sua fase antiga e clássica, o critério primário de julgamento provinha de uma ideia filosófica, a de imitação. Desse modo, as obras literárias eram concebidas como réplicas verbais de seus objetos. Assim como uma pintura seria tanto melhor quanto mais parecesse ao espectador semelhante a seu modelo, um poema seria tanto mais estimado quanto mais fielmente descrevesse, por exemplo, uma cena da natureza ou os lances de uma batalha:

> A epopeia, o poema trágico, bem como a comédia e o ditirambo [...], todas vêm a ser, de modo geral, imitações (Aristóteles, 1981, p. 19).

> [...] aprender é sumamente agradável não só aos filósofos, mas igualmente aos demais homens [...]. Se a vista das imagens proporciona prazer é porque acontece a quem as contempla aprender e identificar cada original [...] (Aristóteles, 1981, p. 22).

> [...] nos melhores escritores [...], a imitação encontra seu modelo nos efeitos da natureza, pois a arte é acabada quando com esta se parece [...] (Longino, 1981, p. 94).

As peças literárias que obtivessem avaliação positiva nos seus respectivos gêneros, por seu turno, uma vez canonizadas como imitações bem-sucedidas, erigiam-se – e aí por obra não mais da filosofia, mas das disciplinas clássicas do discurso (Gramática, Retórica e Poética) – em modelos autorizados, a serem imitados ou emulados nas obras novas que se viessem a produzir:

> O conceito [de imitação] logrou vasta repercussão na Grécia da decadência e em Roma. E a par de [suas] glosas [...], desponta uma nova ideia, segundo a qual a imitação consistiria na cópia dos processos empregados pelos clássicos; ou seja, pelos autores antigos que apresentaram em cada gênero [...] a criação mais perfeita ou mais elevada (Moisés, 1978 [1974], p. 337).

Ora, como vimos, a gramática se constituiu como estudo analítico dessas obras consagradas, das quais ela deduziu regras de uso linguístico que lhe permitiram autodeclarar-se "ciência de dizer corretamente". Ao fim e ao cabo, portanto, a legislação em que se baseava a crítica – isto é, seus critérios de julgamento – era essencialmente de ordem gramatical, no sentido amplo que tinha então o conceito de gramática. Assim, estimavam-se os textos segundo seu grau de conformidade com a "ciência do dizer corretamente". No entanto, como a gramática relaciona-se estreitamente com a ética – para ela a linguagem comporta o certo e o errado, virtudes e vícios (um erro gramatical é um vício de linguagem) –, a crítica antiga e clássica opera com critérios que são na verdade simultaneamente gramaticais e morais[4]. Para ser bem-avaliada, por conseguinte, a obra tanto deve observar os preceitos da gramática como ser edificante, o que se concretiza por meio da presença de elementos simetricamente antitéticos, segundo o texto se ajuste, conforme distinção da poética antiga, à elevação ou à baixeza do gênero em que se enquadra. Assim, se de gênero elevado, o texto deve propor, mediante o discurso do próprio poeta (caso da lírica) ou das ações dos personagens (casos da epopeia e da tragédia), exemplos de heroísmo e perfeição humana; se de gênero baixo – comédia e sátira –, deve encenar justamente predicados opostos – a covardia, o ridículo, as deformações de corpo e espírito –, pois, conforme a famosa divisa cunhada no século XVII e logo aplicada a esses gêneros, cabe-lhes *castiga[re] ridendo mores*[5]. Nos dois casos, como se percebe, a condição para ser bem-avaliado é que o texto ofereça ensinamentos úteis para uma vida sábia e virtuosa, apresentando-se como modelo tanto para o uso apropriado da linguagem como para a assunção de

---

4. A equação entre gramática e ética pode ser assim formulada: um homem direito fala direito, ou, em outros termos, um homem de bem observa as regras do bem dizer.

5. Repreender, rindo, os costumes.

atitudes e comportamentos socialmente dignos: "O professor quatrocentista de Retórica Lorenzo Guidetti resumiu o propósito de ensinar leitura correta: '[...] quando um bom professor se propõe explicar uma passagem, o objetivo é levar o aluno a falar com eloquência e a viver virtuosamente'" (Manguel, 1996, p. 77. Tradução nossa).

A partir de fins do século XVII, mas sobretudo da segunda metade do século XVIII, justamente no momento em que a crítica se articula com a imprensa, uma série de fatores conjugados abalam de modo radical os fundamentos com que ela operava até aquela altura da história. Correlativamente a rupturas revolucionárias que então se observam nos planos político (fim do *ancien régime*), econômico (Revolução Industrial), social (urbanização e ascensão da burguesia) e cultural (Iluminismo e Romantismo), cessa a autoridade das tradicionais disciplinas dos discursos – Gramática, Retórica e Poética –, ao mesmo tempo que o velho ideal do varão probo, dotado das virtudes cardeais da sabedoria antiga – prudência, coragem, temperança –, cede vez à noção liberal do indivíduo moderno. As obras literárias, assim, deixam de ser concebidas como simulacros verbais das coisas ou rearranjo de materiais linguísticos coletivamente compartilhados e canonizados pela tradição, esperando-se delas que sejam originais – não mais produto de imitação, portanto –, e compreende-se originalidade como expressão individual de um sujeito: "Foi vencida a tirania do classicismo normal. A obediência a regras e imitação de autores modelares não conferem mais direito a uma boa qualificação. Só importam os espíritos criadores" (Curtius, 1957 [1947], p. 414). Ora, para a crítica isso significou o comprometimento de suas bases gramaticais e morais, e sua prática logo teria de buscar outras referências conceituais que pudessem apoiá-la[6].

Que veio encarnada numa nova disciplina filosófica, a qual desponta no século XVIII: a Estética. Mas esta, moderna e liberal, sendo programaticamente infensa ao caráter autoritário da normatização antiga e clássica, concebe a crítica como atividade intelectual emancipada e isenta de qualquer preconceito, e por isso aberta às mais diversas experimentações conceituais. É razoável admitir que essa virada representa o fim da crítica antiga e o advento da moderna. Desde então multiplicam-se os modelos de crítica literária, ou, em outros termos, tem início um processo acelerado de ascensões e quedas de regulamentações para a crítica.

---

6. Embora fortemente abalados, os fundamentos gramaticais e morais referidos teriam sobrevida pelo menos residualmente em boa parte da crítica oitocentista, sobretudo na do período romântico, mas também em manifestações da época realista-naturalista.

No século XIX, é possível distinguir pelo menos três modelos. Segundo um deles, no pressuposto de que a obra literária deve ser a expressão de um indivíduo, o conhecimento da vida do autor é o caminho por excelência para explicar-lhe a obra, que será tanto melhor quanto mais espontaneamente refletir-lhe a vida. Outro modelo se fundamenta na ideia de que as obras devem consistir na representação de realidades objetivas – a história de um país, sua natureza, a estrutura de sua sociedade –, e elas serão tanto mais apreciáveis quanto mais se apresentarem como figurações verossímeis dessas realidades. Em ambos os casos se requer do crítico objetividade e cuidadosos percursos descritivos, que hão de servir de suporte para os juízos de valor a serem emitidos. Um terceiro modelo, contudo, pretende que a crítica atue num vácuo absoluto de regulamentação, resumindo-se ao registro de impressões de leitura sem outro lastro senão a cultura e a sensibilidade do crítico, embora se deva ponderar que essa pretensão por si só já constitui uma regulamentação, sem falar no fato de que esse terceiro modelo concebe a literatura na mesma chave dos anteriores; isto é, como espontaneísmo emocional ou verismo figurativo.

O século XX, porém, pôs em questão esses modelos. Com ânimo depreciativo, tachou o primeiro de biografismo ou psicologismo, o segundo de sociologismo e o terceiro de impressionismo. E construiu novos modelos.

Assim, por um período que se estende até a década de 1980, o modelo amplamente hegemônico postulava que obras literárias são ficções esteticamente autônomas compostas com recursos verbais – isto é, consistem em artefatos de linguagem cujo valor lhes é imanente –, não dependendo, pois, de qualquer referencial que lhes seja externo, como a vida do autor, as condições sociais, os fatores econômicos etc. Tanto melhor será o texto, assim, quanto mais autocentrado e mais eficaz na exposição metalinguística de suas técnicas e do estatuto que reivindica para si.

8

Dos anos de 1980 em diante, porém, outra regulamentação entra em cena. O pressuposto é que textos literários são sintomas de identidades psicossociais não hegemônicas e mantidas à margem por força de preconceitos. Segundo esse modelo, os melhores textos, por conseguinte, são aqueles que afirmam ou representam essas identidades – de etnia, de gênero, de opção sexual, de comunidades periféricas –, e que denunciam preconceitos contra elas, ao mesmo tempo que não apenas dão voz aos excluídos, mas como que, em alguns casos, absorvem em sua estrutura a própria exclusão, ao optarem por temas e procedimentos de composição que os situam fora do campo dominante da cultura literária. Campo dito *cânone*, aqui não por reverência ao consagrado, mas, bem ao contrário, para sua rejeição.

Esse novo pressuposto, por sua vez, integra-se a um cenário amplo, de que é simultaneamente fator e produto. Por um lado, o clima social, político e comportamental, que nas últimas décadas vem favorecendo o que se celebra por meio da palavra *diversidade*, resulta em radical relativização de valores, pois, se "tudo é divino e maravilhoso" (Veloso; Gil, 1969 [1968]), se "tudo é relativo aos bons costumes do lugar" (Lee; Carlini; Marcucci, 1977), então o relativo paradoxalmente se torna absoluto, e assim toda reflexão analítica que tenha por fim aferir o valor de obras de arte, propondo distinções de mérito, torna-se ociosa. Assim, se alguém, por exemplo, se autodeclara escritor indígena, ou afrodescendente, ou *gay*, o gesto é tomado como afirmação de identidade, o que neutraliza eventuais veleidades da crítica de analisar-lhe as obras. Pois estas se apresentam *a priori* chanceladas por certo "lugar de fala", um dado assumidamente relativo, mas que acaba por absolutizar-se na medida em que não reconhece legitimidade ao "lugar da fala crítica". Ou, por outra: só reconhece legitimidade a pronunciamentos críticos proferidos do seu próprio lugar de fala, inevitavelmente autocongratulatórios, e que, afinal, não constituem de modo algum atos propriamente *críticos*.

Por outro lado, no campo específico das letras, assistiu-se nos últimos tempos a uma grande revolução tecnológica no que diz respeito a produção, publicação e circulação de material literário. O acesso universal a editores eletrônicos de textos, a facilidade para impressão e encadernação em equipamentos leves e até domésticos, e, a par disso, a imediata disponibilização em redes sociais do que se escreve, eliminou por completo as instâncias de triagem tradicionais no circuito da criação literária, que, afinal, sempre se constituíram por assim dizer como filtros críticos. Nessas condições, alguém pode escrever um romance, um conjunto de poemas, um testemunho, uma autoficção, e em três tempos vê-los no prestigioso formato de livro, sem precisar pacientemente esperar a avaliação de um editor, o longo processo de revisão e copidesque, e muito menos a demorada e dispendiosa fase de composição gráfica, impressão e encadernação.

Ora, esse conjunto de circunstâncias revolucionárias que assinalam a atualidade no âmbito da produção literária – a autolegitimação de escritores e a grande facilidade de publicação e circulação de livros, tanto no formato impresso como no eletrônico – configura um fenômeno que vem suscitando dois pontos de vista. Por um lado, há quem pense que a cultura literária jamais conheceu momento histórico de mais vigor: nunca antes teria havido tanta oferta de literatura, tanta variedade de gêneros, tantos escritores e tantos leitores. Em contrapartida, existem aqueles que, admitindo a evidência da expansão quantitativa do mundo das letras, alegam que estaria havendo um lamentável efeito colateral – perda de qualidade ou nivelamento por baixo –, e por isso veem nessa conjuntura situação análoga àquilo que, em economia, chama-se inflação – isto é, não crescimento da riqueza –, mas mera expansão de moeda sem lastro.

Nos termos da famosa distinção proposta por Umberto Eco nos anos de 1960, estes são os *apocalípticos*, e aqueles, os *integrados* (cf. Eco, 1970 [1964]). Seja qual for a posição que se assuma quanto a essa questão, o fato é que, na atualidade, com perdão da redundância, a crítica passa por um momento crítico.

9

Nesse ponto é que nos encontramos, no que diz respeito à ideia de crítica literária e à sua prática. É claro que os modelos de crítica foram aqui simplificadamente descritos, e os exercícios críticos concretos nunca se mostram puramente identificados com um único modelo. Como antes afirmamos, a crítica pressupõe um corpo de princípios e normas – historicamente mutante, como vimos –, mas, ao mesmo tempo, por sua condição de atividade intelectual casuística, não se configura como aplicação automática dos princípios que a orientam. Requer, por isso, recursos operacionais muito flexíveis e resistentes a descrições aprioristicas e exaustivas.

Assim, se as diversas manifestações das instâncias sistemáticas e abstratizantes dos estudos literários[7] comportam classificações razoáveis, capazes de dar conta de suas ramificações mais reconhecíveis, propor classificações dessa natureza no que diz respeito à crítica talvez não seja viável, salvo se nos contentarmos com as dicotomias sumárias antes aqui referidas: crítica antiga e crítica moderna; crítica impressionista e crítica universitária.

Referências

ANDRADE, C.D. Entrevista concedida a Zuenir Ventura. *Veja*, São Paulo, n. 637, p. 3-8, nov./1980.

ARISTÓFANES. *As rãs*. Trad. de J.S. Brandão. Rio de Janeiro: [s.e.], [196-?].

ARISTÓTELES. Poética. *A poética clássica*. Intr. de R.O. Brandão. Trad. direta do grego e do latim de J. Bruna. São Paulo: Cultrix, 1981, p. 17-52.

CURTIUS, E.R. *Literatura europeia e Idade Média latina*. Trad. de T. Cabral, com a colaboração de P. Rónai. Rev. ort. e estil. de E. Rodrigues. Rio de Janeiro: Instituto Nacional do Livro, 1957 [1947].

---

7. Configuradas em disciplinas historicamente situadas: na época antiga e na clássica, Gramática, Retórica e Poética; na moderna, História Literária, Literatura Comparada e Teoria da Literatura; na nossa atualidade, estudos culturais (estes, se não propriamente uma disciplina, antes um complexo disciplinar, ou, talvez melhor, um ponto de vista epistemológico).

DEJEAN, J. *Antigos contra modernos: as guerras culturais e a construção de um* fin de siècle. Trad. de Z. Maldonado. Rio de Janeiro: Civilização Brasileira, 2005.

DIONISIO TRACIO. *Gramática – Comentarios antiguos.* Ed. trilíngue: grego, latim, espanhol. Intr., trad. e notas de V.B. Botas. Madri: Gredos, 2002.

ECO, U. *Apocalípticos e integrados.* Trad. de P. Carvalho. São Paulo: Perspectiva, 1970 [1964].

FRANCE, A. À Monsieur Adrien Hébrard, Sénateur, Directeur du *Temps* [1888]. *Ouevres completes illustrées.* Vol. 6. Paris: Calmann-Lévy, 1950.

HENNEQUIN, É. *La critique scientifique.* 3. ed. Paris: Didier/Perrin et Cie., 1894 [1888].

KANT, I. *Crítica da razão pura; e outros textos filosóficos.* Seleção de M.S.C. Berlinck. Trad. de V. Rohden, P. Quintela, R.R. Torres Filho e T.M. Bernkopf. São Paulo: Abril, 1974.

LEE, R.; CARLINI, L.S.; MARCUCCI, L. Me recuso. *Caras & bocas.* São Paulo: Philips, 1977. 1 LP. Lado A, faixa 2.

LONGINO. Do sublime. *A poética clássica.* Intr. de R.O. Brandão. Trad. direta do grego e do latim por J. Bruna. São Paulo: Cultrix, 1981.

MANGUEL, A. *A history of reading.* Nova York: Viking Penguin, 1996.

MARQUARD, O. O exílio da serenidade [1976]. *Estética e anestética: reflexões filosóficas.* Trad. e apres. de L.C. Lima. Sup. da trad. por D. Offerhaus. Goiânia: Martelo, 2022.

MOISÉS, M. *Dicionário de Termos Literários.* 2. ed. rev. São Paulo: Cultrix, 1978 [1974].

QUINTILIAN. *The institutio oratoria.* Ed. bilíngue: latim, inglês. Trad. de H.E. Butler. Londres/Nova York: William Heinemann/G.P. Putnam's Sons, 1920.

SERVIUS. *Aeneidos librorum I-V comentarii.* Vol. 1. Lipsiae: Aedibus B.G. Teubneri, 1881.

VELOSO, C.; GIL, G. Divino maravilhoso [1968]. *Gal Costa.* São Paulo: Philips, 1969. 1 LP. Lado B, faixa 2.

Croniquinha da profissão I: de como uma geração lidou com a teoria da literatura

Para Regina Zilberman

1

No nosso país, até o final dos anos de 1960, ainda se ensinava Literatura no nível médio. Entenda-se: Literatura como tal – isto é, como disciplina específica –, e não, conforme hoje, na condição de simples parte, mais ou menos facultativa, dos programas de língua portuguesa. A base do ensino literário, sistematizada entre nós por volta de meados da década anterior, na introdução escrita por Afrânio Coutinho para a obra *A literatura no Brasil* (v. 1, 1955), era então o conceito de estilo de época. A expressão prestava-se muito bem à síntese que se propuseram os estudos literários naquela altura, pois, nela, *estilo* remete para texto, concebido como artefato verbal autônomo, e *época* para contexto, tomado como período histórico condicionante do texto. A noção de estilo de época, portanto, procurava compatibilizar dois modos distintos de estudar literatura: o diacrônico, dominante no século XIX, e o sincrônico, que se impôs no século XX.

Assim, no limiar da década de 1970, chegávamos à universidade – e daqui em diante assumo a primeira pessoa do plural, com a pretensão de falar desde o ponto de vista da minha geração – com uma ideia simples de literatura, mas perfeitamente aceitável: a literatura consistia num conjunto de textos escritos que representavam artisticamente as coisas do mundo: a interioridade das pessoas, as relações sociais, os espaços físico-geográficos. E isso se podia fazer, por exemplo, à maneira romântica, neoclássica, modernista.

No entanto, mal iniciávamos o Curso de Letras, nas exposições de aula e nas leituras prescritas pelos professores nos espantaríamos com certas perguntas que nublavam a clareza da definição de que dispúnhamos: literatura = representação verbal artística. Pois, afinal, o que era representação? E linguagem verbal? E arte? Desse modo, transitamos, bastante subitamente, da consciência tranquila do senso comum para o desassossego da reflexão.

Promovia esse trânsito uma disciplina com que topamos logo no começo dos nossos estudos universitários, então recém-introduzida nos currículos de letras das universidades brasileiras, e que atendia por um nome fadado a grandes incompreensões: *teoria da literatura*. Era a matriz do tal desassossego reflexivo mencionado, ao qual, contudo, não se mantiveram alheias as matérias tradicionais – as várias literaturas nacionais e mesmo as clássicas –, todas tocadas pelo ímpeto questionador característico da recém-chegada.

Aos poucos, porém, a atitude de questionar e pôr em dúvida todo o aparato de noções adquiridas na nossa educação literária pré-universitária foi virando uma espécie de obrigação rotineira: nada que tivesse ares de estabilidade, ou que fosse imediatamente compreensível, estava certo, não passando de ingenuidade. O conceito de estilo de época virou Judas em sábado de aleluia, e deu-se uma corrida atrás de sistemas teóricos supostamente capazes de sustentar um conhecimento da literatura que merecesse o grau de *profundo*.

A análise estilística e o *close reading*, métodos apegados às formas concretas das obras literárias, foram preteridos em nome da necessidade de se depreenderem as estruturas delas – isto é, seus fundamentos gerais e abstratos – vistos como passíveis de depreensão e redução a esquemas formalizados, por meio da adoção de princípios e procedimentos metodológicos e conceituais importados da linguística, dado que muito bem-sucedidos no campo dessa ciência. Cedo, contudo, ficou evidente que, se a antropologia e a psicanálise aplicaram com êxito o modelo linguístico à investigação dos seus respectivos objetos – o mito e o inconsciente –, o mesmo não se deu com os estudos literários, cujo objeto – a matéria literária –, sendo ambíguo, instável, historicamente mutante e resistente a definições, revelou-se refratário a descrições estruturalistas. Sobreveio assim em seguida o pós-estruturalismo: o texto, que a corrente antecessora considerava uma composição verbal de natureza estética cujas unidades constituintes, por meio da atividade analítica, poderiam ser identificadas e posteriormente reunidas num sistema de possibilidades combinatórias, de que ele seria uma das manifestações concretas, passa a ser concebido como um discurso no qual ressoam outros inumeráveis discursos, num processo de origem e fim não determináveis, e que não comporta propriamente descrições, antes suscitando uma interminável proliferação de glosas

130

suplementares. Mas não só: também se contrapôs ao estruturalismo, em cuja trama conceitual não havia lugar nem para a história nem para o sujeito, um projeto teórico dedicado ao estudo da historicidade da recepção das obras literárias.

Bem, tudo isso desfilava como encarnações sucessivas da teoria da literatura, mais ou menos antagônicas e mais ou menos imbricadas, e o resultado foi um agigantamento da disciplina, que avassalou todo o campo dos estudos literários, absorvendo-o por completo, confundindo-se com ele. Tudo se lia pela lente da teoria, qualquer texto tinha sua inteligibilidade e seu valor determinados pelos princípios e instrumentos analíticos por ela propostos. Assim, por exemplo, passávamos a ver, numa página de José de Alencar ou de Aluísio Azevedo, não representações de fatos e suas relações transparentes sob o verniz leve do estilo – ingenuidade inaceitável –, mas, a partir do paradigma de um Guimarães Rosa, justamente a dificuldade – se não a impossibilidade – da representação, obstruída por uma engenharia verbal densa e intransitiva. Daí para uma fixação na atualidade das práticas literárias – tanto as crítico-analíticas como as criativas – o passo estava dado, e o adjetivo *contemporâneo*, de palavra transitiva que é, tornou-se um estranho substantivo intransitivo, a ponto de alguém escrever um ensaio inteiro dedicado a explicar o que é *o* contemporâneo, por sinal de muito sucesso mundo afora.

No entanto, essa superdisciplina, cuja base conceitual é a ideia iluminista de autonomia da arte, entraria no século XXI questionada nesse fundamento: o texto literário deixa de ser visto nas suas articulações internas, como tessitura verbal autocentrada, passando a ser concebido como sintoma de circunstâncias psicossociais, e avaliado por sua eficácia maior ou menor na intervenção em questões de políticas identitárias. O golpe é radical, pois implica mudança da referência filosófica dos estudos literários: sai a estética e entra a ética. Mas, em vez de acusar o golpe, e encarar o debate – afinal, acena-se com a extinção da disciplina, por perempção do seu objeto, diluído que estaria no ecletismo da cultura –, a saída tem sido seguir a rotina: mais uma encarnação da teoria da literatura – ou, concedendo um pouco, da *teoria* só, sem *literatura*, a qual, reduzida a sintoma e não mais considerada um valor em si mesma, já não importa muito –, e toque-se a vida.

2

Muito nítida, então, essa ideia de uma teoria da literatura onívora e dinâmica, entre cujos especialistas grassava uma espécie de euforia com as novidades, importando sempre a adesão imediata e entusiástica ao *hit* acadêmico mais recente. Um ou outro sapo cururu, no entanto, preferia ficar transido de frio na beira do rio, alheio ao coro dos contentes, tentando construir uma compreensão consistente e crítica tanto do que ia chegando como do que ficava para trás. Esses é que, em vez de reduzir o impulso reflexivo a mera volubilidade intelectual, atinaram com o espírito da disciplina. Assim, com os instrumentos que ela própria fornecia, tomaram-na antes como questão a ser pensada do que como sensação acadêmica momentosa.

Mas isso não se deu de imediato, demandando, ao contrário, um bom tempo para maturação. Pois, inicialmente, o efeito da teoria da literatura sobre nós foi que, superando resistências de nossa educação estética anterior, assimilamos categorias para compreender e valorizar a chamada *arte moderna*. Desse modo, se nossa ideia de arte – aí incluída a literatura – inclinava-se muito mais para o figurativo do que para o abstrato, aprendemos que o poeta – o artista em geral – era na verdade um fingidor, e que o fingimento estético, no caso da literatura, se efetivava mediante a construção de arranjos verbais opacos e autorreferentes, isto é, textos que, longe de representarem as coisas dos mundos psíquico, social e físico, exibiam ou discutiam as suas próprias formas e técnicas de composição.

Ora, essa compreensão não foi conquista intelectual de pouca monta, e daí uma compreensível supervalorização dela. Com isso, construía-se uma noção de literatura sofisticada e subtraída ao senso comum, e que, não obstante a sucessão de orientações teóricas, mantinha-se firme e tida como solução plenamente satisfatória para a maioria dos docentes universitários. Mas, para aqueles que se dedicavam a exercício reflexivo propriamente radical, nisso aliás demonstrando sintonia mais fina com a teoria da literatura, nenhuma solução permanecia invulnerável a questionamentos. Assim, concluíram mais tarde que se estava tomando por trans-histórica uma ideia de literatura na verdade contingente e específica, característica de um certo tempo, e não de todos os tempos. Tratava-se – isto sim – de concepção que remontava ao pensamento estético dos primeiros românticos alemães. Dessa origem lá pelo final do século XVIII e início do XIX, mantendo-se na condição de um princípio como que submerso, e só excepcionalmente aflorado na obra de uns poucos autores, essa ideia iria caracterizar o modernismo, que normalizou um preceito-chave comum às vanguardas estéticas das primeiras décadas do século XX – futurismo, dadaísmo, expressionismo, surrealismo –, segundo o qual o próprio da arte não seria retratar realidades preexistentes – operar a mímesis clássica, portanto –, mas construir uma linguagem infensa à propriedade da referência, concebida para não representar nada senão o seu próprio modo de ser especioso e cifrado.

Bem, tendo chegado a esse ponto, compreenderíamos a relação de gênese recíproca entre a concepção modernista de literatura e a teoria da literatura, ou, em outros termos, compreenderíamos que a teoria da literatura era de fato a contrapartida teórico-crítico-analítica do modernismo artístico, cujos contornos ela ajudara a tornar nítidos, e cuja aceitação e valorização, ao mesmo tempo, tinha contribuído decisivamente para viabilizar.

Ora, para aqueles que alcançaram esse discernimento – minoritários, a nosso ver, entre os especialistas da área – houve diversas consequências no modo de lidar com a disciplina, que talvez possamos sintetizar em uma única, na suposição de que fundamente todas as demais. Deixaram de identificá-la com a totalidade dos estudos literários, o que lhes permitiu reabilitar a pertinência de outras realizações históricas nesse campo, como a retórica, a poética e a história da literatura, considerando-as como formações disciplinares conceitualmente consistentes e dignas de serem conhecidas nos seus próprios termos, e não as apreciando segundo critérios estranhos a elas, com sua consequente inscrição no rol das ciências mortas. Dizendo de outro modo, livraram-se, pois, de uma espécie de enclausuramento no âmbito estreito da atualidade, o que lhes facultou compreender a diversidade das maneiras de se conceber e avaliar as obras literárias, sem reduzi-las à bitola do nosso próprio presente, *insight* que, por sua potência explicativa, bem pode qualificar-se como uma verdadeira descoberta.

3

Tentei, nos segmentos anteriores desta breve exposição, descrever sumariamente a trajetória a meu ver percorrida pela minha geração rumo à especialização em estudos literários, a primeira geração que, no Brasil, teve inscrita no seu currículo acadêmico a disciplina chamada *Teoria da Literatura*. Sustentei que, se a disciplina muitas vezes teve seu vigor reflexivo destruído por práticas que a tomaram pela rama, transformando-a em simples proselitismo do "contemporâneo", por outro lado encontrou praticantes que honraram sua proposição mais profunda.

De minha parte, procurei me alinhar com estes últimos, enquanto buscava me qualificar para o exercício do magistério de Letras, no Rio de Janeiro, em fins da década de 1960 e ao longo da subsequente, cursando graduação na Uerj e em seguida pós-graduação na UFRJ. Não sabia que, ao mesmo tempo, uma colega de Porto Alegre – Regina Zilberman – ia executando o mesmo plano, sucessivamente na Universidade Federal do Rio Grande do Sul e na Universidade de Heidelberg. Em 1989, porém, li o seu livro *Estética da recepção e história da literatura*, então recentemente lançado, e logo descobri afinidades com a autora não apenas geracionais, mas de concepções sobre a área acadêmica da nossa comum eleição. Por algum tempo, ela permaneceria a autora cujas publicações eu acompanhava, revelando sempre, nos múltiplos setores da sua agenda de pesquisas – estética da recepção, história literária nacional, história literária gaúcha, ensino de literatura, formação do leitor –, a mesma competência que eu admirava desde a leitura do livro de1989. Mas enfim, nas andanças da profissão, eu finalmente teria a alegria de conhecê-la pessoalmente, num encontro acadêmico na Universidade Federal Fluminense, não me lembro exatamente quando. A partir daí, a autora virou uma pessoa, e desde então perdi a conta de quantas vezes recorri aos seus saberes na condução dos meus próprios estudos, encontrando sempre a mesma receptividade generosa, traduzida em indicação de fontes, temas de pesquisa, cessão de materiais raros e de difícil acesso.

Sou, por conseguinte, muito grato a Regina Zilberman, e fiquei feliz de poder me associar aos colegas que ora a homenageiam, não só por sua notável contribuição à bibliografia da nossa especialidade, mas também por sua dedicação ao fortalecimento institucional da área, representando-a por diversas ocasiões em órgãos governamentais, bem como participando ativamente de nossas associações acadêmicas, sempre com muito destaque e liderança amplamente reconhecidos por nossa comunidade estudiosa.

Croniquinha da profissão II: a área de letras na universidade brasileira

> Para Marisa Lajolo

1

Entre as muitas questões contempladas na obra ensaística extensa e diversificada de Marisa Lajolo, notável pela expressiva contribuição que vem representando para os estudos literários, figura a da inserção da área de letras nas nossas instituições universitárias. Tenho a impressão de que, até os anos de 1980, pelo menos que seja do meu conhecimento, a ninguém tinha ocorrido empreender pesquisa histórica desse objeto, talvez por tratar-se de especialidade acadêmica de definição recente, com a maioria de seus pioneiros ainda em atividade naquela época. Marisa publicou, no entanto, um ensaio dedicado ao tema – "No jardim das letras, o pomo da discórdia" –, de título aliás típico do processo que costuma adotar em seus escritos, que consiste em introduzir leveza e graça onde rotineiramente só se espera encontrar monotonia e gravidade. O texto saiu no *Boletim* ¾, da Associação de Leitura do Brasil, seção Sul, no ano de 1988. Eu o li pouco depois de publicado, e me lembro que, entre as informações que eram novidade para mim, constava menção a um projeto de 1883, mediante o qual Carlos de Laet (1847-1927), então diretor do Imperial Colégio de Pedro II, apresentara à congregação a proposta de criação de um curso superior de Letras, que, até onde pude constatar nos meus estudos posteriores, deve ter sido a primeira iniciativa nesse sentido em nosso país.

A intenção da autora, com trabalhos do gênero, era conhecer e dar a conhecer a história da própria especialidade, a meu ver um requisito indispensável para o exercício reflexivo do magistério e da pesquisa universitárias. Com essa mesma motivação, proponho-me aqui reconstituir sumariamente as transformações pelas quais vem passando a nossa área, desde sua implantação, lembrando pelo menos um professor representativo das sucessivas gerações que nela tenha atuado ou venha atuando.

2

Em escala histórica, trataremos de uma curta duração, que não chega a um século, pois a ideia de Carlos de Laet antes referida só encontraria condições objetivas para tornar-se realidade na década de 1930. É que, afora tentativas anteriores que não prosperaram – Faculdade Eclesiástica (depois Pontifícia) de São Paulo, fundada em 1908 e extinta em 1914; Universidade de São Paulo (não a USP, mas sua homônima anterior e particular), criada em 1911 e extinta em 1919; Academia de Altos Estudos, depois Faculdade de Filosofia e Letras, no âmbito do Instituto Histórico e Geográfico Brasileiro, em atividade de 1916 a 1921; Faculdade de Filosofia e Letras do Rio de Janeiro, aberta em 1924 e em funcionamento até 1937; Faculdade Paulista de Letras e Filosofia, fundada em 1931 e extinta no ano subsequente –, os primeiros cursos superiores de Letras passaram a funcionar no Brasil somente na década de 1930. Esses cursos se instalaram em instituições de São Paulo, Rio de Janeiro, Paraná e Minas Gerais: Pontifícia Universidade de São Paulo, que, quando da sua fundação em 1946, com o nome de Universidade Católica de São Paulo, absorveu o Curso de Letras do Instituto Sedes Sapientiae, em funcionamento desde 1933; Universidade de São Paulo, em 1934; Universidade Federal do Rio de Janeiro (então Universidade do Brasil), em 1935; Universidade Federal do Paraná (então Universidade do Paraná), em 1938; Universidade do Estado do Rio de Janeiro, que, quando da sua fundação em 1950, com o nome de Universidade do Distrito Federal, incorporou a Faculdade de Filosofia, Ciências e Letras do Instituto Lafayette, criada em 1939; e Universidade Federal de Minas Gerais (então Universidade de Minas Gerais), também em 1939.

3

A geração que implantou esses cursos na década de 1930, constituída por pessoas nascidas em fins do Oitocentos, não contava com graduados em Letras – especialidade então inexistente –, nem com quadros preparados para a profissão do magistério. Esses pioneiros, por conseguinte, tiveram de improvisar-se de professores, e podemos ter uma ideia do perfil acadêmico dessa geração tomando Alceu Amoroso Lima (1893-1983) como um seu representante exemplar. Formado em Direito, credenciou-se para ensinar literatura brasileira na Faculdade Nacional de Filosofia, Ciências e Letras da Universidade do Brasil – nome originário, como vimos, da atual Universidade Federal do Rio de Janeiro – por suas obras em diversos campos das humanidades, em especial a crítica literária, assunto a respeito do qual publicara livros e mantinha colunas em jornais. Mais tarde ele se tornaria o primeiro catedrático da disciplina na sua instituição.

Os mestres dessa geração já chegavam às universidades por assim dizer com a vida feita em outras atividades. Muitas vezes de origens aristocráticas – caso de Alceu Amoroso Lima –, o magistério não constituía para eles propriamente uma profissão, pois não dependiam financeiramente dele, e assim a docência tinha algo de diletantismo: menos um ofício, e mais um distintivo social, entre os que já possuíam. Claro, estou falando aqui de um caso, que, no entanto, parece-me paradigmático, mas seria recomendável um estudo específico de outros professores dessa época, a fim de verificar, no que tange à vinculação de classe deles, se é possível inferir um padrão.

Nessas circunstâncias, é compreensível que os docentes não se aplicassem muito a discutir os fundamentos conceituais de suas práticas. A disciplina de referência era a História Literária de figurino oitocentista: ensinavam a sucessão dos períodos da literatura, numa chave evolucionista, e privilegiavam a biografia dos autores e a reconstituição dos contextos de produção de suas obras. À análise de textos específicos não se dedicava muito espaço nas aulas, e o "método" adotado era o comentário impressionista, baseado no gosto do professor e na sua capacidade de fazer associações a partir de sua cultura humanística.

4

Os alunos formados por esses professores é que constituíram a primeira geração de docentes graduados nas chamadas faculdades de filosofia implantadas nos anos de 1930, e em geral, por conseguinte, não mais, como os da geração anterior, diplomados para o exercício de profissões liberais ou oriundos de seminários católicos. Nascidos nas duas primeiras décadas do século XX, também, como seus antecessores, pertenciam a famílias abastadas ou de classe média alta, e, estudantes nos anos 30 do Novecentos, exerceriam o magistério da década de 1940 até pelo menos o início dos anos de 1970.

No seu tempo, as discussões metodológicas e teóricas entraram na agenda acadêmica, bastando lembrar-se, como principal marco simbólico desse fato, a verdadeira campanha encetada por Afrânio Coutinho, na década de 1950, pela profissionalização dos estudos literários. Ele argumentava que era preciso superar o que chamava "crítica de rodapé" – isto é, o comentário de livros e autores publicado em colunas de jornais, em linguagem impressionista e assinados por amadores –, o que só seria possível – sustentava – mediante a formação de pessoal especializado, detentores de diploma universitário de Letras. Afrânio fez a sua campanha, no entanto, com artigos publicados na imprensa, o que é um tanto irônico e, ao mesmo tempo, sintoma da transição que se vivia, da *crítica literária* – impressionista, não especializada, ramo do jornalismo, aberta ao grande público – para os *estudos literários* – teoricamente orientados, especializados e, como tal, assunto da alçada de professores e alunos no âmbito das universidades.

Essa geração protagonizou então um combate conceitual contra o impressionismo crítico, conferindo grande importância à discussão teórica e metodológica. É com ela que começa o declínio da história literária, ao mesmo tempo que a teoria da literatura desponta timidamente nos currículos. Defende-se então a análise do texto em si, de um ponto de vista estético, postulando-se, pois, o abandono da consideração das obras literárias como produtos de causas exteriores a elas, como a vida dos escritores ou o contexto sócio-político-econômico de sua produção. A novidade teórica que na época empolga professores e alunos chama-se estilística, corrente de vanguarda nos estudos literários um tanto neorromântica, um tanto modernista, originária de universidades europeias localizadas sobretudo na Alemanha, na Espanha e na França; no final dessa fase, porém, a grande sensação já seria o estruturalismo.

Acrescente-se, para fechar este sumário panorama da época, que congressos eram eventos raros, bem como concursos para ascensão ao topo da carreira, às chamadas cátedras, constituindo essas ocasiões verdadeiros acontecimentos, sempre muito formais e pomposos.

Coube ainda a essa geração, como decorrência da reforma universitária de 1968, introduzir as alterações que deram à área as características que ela tem até hoje: criaram-se as faculdades de letras, com o desmembramento das antigas faculdades de filosofia; consolidada a graduação, instituíram-se os cursos de pós-graduação, primeiro o mestrado e logo em seguida o doutorado; extinguiram-se as cátedras e se implantaram os departamentos, com o que, em tese, ficou anulada a tradicional subordinação hierárquica ao catedrático dos professores das demais categorias; estabeleceu-se o sistema de nomeação por concurso público, e não mais por simples indicação do catedrático da área em questão.

Tomemos como representantes dessa geração os professores Afrânio Coutinho (1911-2000) e Antônio Cândido (1917-2017), ambos, por sinal, com trajetórias ainda vinculadas às da geração precedente: o primeiro, diplomado em medicina, não exerceu a profissão, logo reorientando seus interesses para a área de letras; o segundo estudou Direito até o quinto ano do curso, e depois se graduou em Sociologia, disciplina que lecionou no início de sua carreira docente, para posteriormente dedicar-se ao magistério de Literatura.

5

A plena implantação da pós-graduação, no entanto, não foi obra exclusiva dessa geração, mas também da que a sucedeu, integrada por docentes nascidos na década de 1930 e graduados nos anos de 1950/1960. Estes, juntamente com os da geração anterior, foram os primeiros docentes desse nível, e alguns deles, ao mesmo tempo que já atuavam no magistério universitário, às vezes inclusive na pós-graduação, foram cursando simultaneamente o mestrado e depois o doutorado – ou então, segundo possibilidade da época, eram liberados do mestrado e trabalhavam direto em suas teses –, dado que esses graus de formação acadêmica não existiam no tempo em que se graduaram.

Representante destacado dessa geração é Luiz Costa Lima: graduado em 1959 – em direito, no que se distingue de seus companheiros geracionais, que já cursaram faculdades de filosofia –, obteria seu título de doutor em Letras em 1972, quando já tinha livros publicados e exercia o magistério de Literatura havia dez anos.

O momento em que essa geração entra em cena – o início dos anos de 1970 – se caracterizou por uma súbita e expressiva expansão dos cursos superiores no país, o que determinou um aumento considerável dos corpos docentes. O resultado disso, no que diz respeito à composição do quadro de professores, foi uma situação sem precedentes, assinalada pela atuação simultânea de três gerações: a dos veteranos, que se iniciaram na profissão na década de 1940; a dos mais jovens, diplomados nos anos de 1950/1960, por isso sem títulos acadêmicos formais, então ainda em processo de institucionalização; e a de recém-graduados, os primeiros que puderam prosseguir seus estudos num sistema de pós-graduação em vias de consolidar-se.

Vejamos então o estado de coisas que se apresentou para essa geração de professores que se graduaram na virada da década de 1960 para a de 1970.

6

A partir dos anos de 1970, como sabemos, a pós-graduação *strito sensu* tornou-se requisito para o exercício do magistério universitário em Letras. Mestrado e doutorado, quando passaram a ser oferecidos esses níveis de formação acadêmica, eram etapas cumpridas em prazos longos, nunca menos de três anos para a defesa da dissertação e no mínimo cinco anos para a da tese, não sendo incomum que a integralização de um doutorado demandasse até dez anos. Durante toda essa década, a expansão da rede de ensino universitário particular, facilitada e mesmo incentivada pelos governos militares, absorvia sem dificuldades até os graduados, de modo que bastava ter o olho do mestrado para ser rei em terra de cego.

Foi a época também dos primeiros concursos públicos para início de carreira, tornando-se cada vez mais comum a abertura de vagas para professores assistentes, e até mesmo para auxiliares de ensino. Por outro lado, na rede pública universitária estruturou-se uma carreira docente em quatro níveis – auxiliar, assistente, adjunto e titular –, articulada com a titulação acadêmica – graduação, mestrado e doutorado –, que passou a regulamentar a inserção dos professores nos quadros funcionais, bem como suas promoções.

Concursos para professor titular, contudo, quase não havia, cada universidade mantendo em geral um titular por disciplina, e às vezes nem isso, não tendo ocorrido, pois, quanto a esse particular, grande mudança em relação ao tempo da cátedra, os raros titulares conservando ainda, portanto, um poder acadêmico muito parecido com aquele que detinham os antigos catedráticos. Esses concursos obedeciam a um modelo bastante exigente: prova de títulos, prova escrita, prova de aula e defesa de tese. Eram abertos em geral para vaga única, o que, juntamente o rigor do processo, determinava que fosse reduzido o número de candidatos inscritos.

A maioria dos professores financiava seus estudos de pós-graduação com seus próprios salários, e via de regra acumulavam empregos, muitas vezes atuando simultaneamente em universidades, colégios e escolas. Afastamento remunerado para capacitação não existia, e o sistema de bolsas contemplava uns poucos, e da distribuição delas, em tempo de ditadura, pode-se dizer no mínimo que obedecia a critérios desconhecidos e inquestionáveis.

No entanto, foi uma época de expansão da área não só em termos de quantidade, mas também de qualidade. O prestígio acadêmico da teoria da literatura atingiu seu apogeu, e o estruturalismo praticamente se confundia com a disciplina, as suas diversas modalidades – a linguística, a antropológica e a psicanalítica – disputando a preferência de professores e alunos. A estilística saiu então definitivamente de cena, e assim a universidade francesa, onde prosperava o pensamento estruturalista em todas as suas vertentes, tornou-se a principal referência para a academia brasileira. No finalzinho desse período, no entanto, a estética da recepção – de origem alemã, como se sabe – começaria a se oferecer como alternativa ao estruturalismo.

Do ponto de vista da origem social, em comparação com o estado de coisas observado nas duas gerações anteriores, a expansão do sistema ocasionou alteração profunda: a classe média é que passou a ser a principal provedora de quadros para o magistério universitário de Letras.

Marisa Lajolo é representante destacada dessa geração, tendo percorrido a trajetória paradigmática do tempo de sua formação, toda na área de letras: graduação em 1967, mestrado em 1975 e doutorado em 1980.

7

Venhamos então, para concluir, ao que podemos considerar a atualidade.

O crescimento demográfico acelerado do país implicou grande aumento no número de vagas nos cursos de graduação em Letras, e mesmo a pós-graduação teve uma expansão considerável a partir da década de 1980. Simultaneamente, o sistema de pós-graduação se consolidou, passando a oferecer quantidade de bolsas bem mais elevada do que no passado recente, o que vem permitindo que estudantes de mestrado e doutorado se dediquem plenamente a seus cursos, sem precisar financiar seus estudos atuando como professores. As vagas para docentes universitários, que aos poucos foram desaparecendo na rede privada depois do crescimento vertiginoso dos anos de 1970, em contrapartida cresceram bastante na rede pública, com a criação de várias novas universidades federais e estaduais Brasil afora. Crescimento, contudo, insuficiente para absorver os jovens pós-graduados, e o aumento da concorrência pelas vagas determinou que o mestrado perdesse a importância, pois o doutorado é que passou a ser em geral o requisito para a iniciação na carreira. E o pós-doutorado se instituiu, no princípio com a finalidade de viabilizar a concessão de bolsas a recém-doutores ainda não empregados, mas logo passou a ser utilizado também como meio de propiciar a docentes já em exercício temporadas para reciclagem ou reforço na capacitação.

Os sistemas de avaliação de cursos, especialmente os de pós-graduação, se institucionalizaram, logo atingindo tal sofisticação técnica e tais exigências que induziu nas nossas universidades o que bem suporta – acho eu – o rótulo de *produtivismo*. Isto é, resultou numa perversão, na medida em que pesquisas e publicações se viram forçadas a acertar o passo com os indicadores estabelecidos por órgãos responsáveis pelas avaliações, perdendo em desprendimento e espontaneidade em função do que se empenhavam por ganhar em adequação aos parâmetros para a mensuração dos trabalhos acadêmicos. Multiplicaram-se então os congressos, simpósios, seminários, jornadas etc.; do mesmo modo as publicações em periódicos especializados, cujo número subiu a centenas; cresceu a publicação de livros de autoria individual, e se pode até falar da criação de um gênero novo, dito *coletânea*; isto é, livros de autoria coletiva.

O regime departamental enfim se consolidou, quebradas as hierarquias que, de modo informal, tinham sobrevivido à extinção das cátedras, e a carreira do magistério universitário por assim dizer se flexibilizou: introduziu-se nova categoria docente – a de professor associado –, e praticamente se extinguiu a de auxiliar de ensino. O acesso à categoria de professor titular, por sua vez, passou a ser por ascensão funcional, por meio de um processo bastante simplificado em relação aos antigos concursos, que se tornaram raros ou desnecessários.

Quanto aos paradigmas teóricos, depois da exaustão do estruturalismo, sem que a estética da recepção tivesse conseguido ocupar o espaço que então se abriu, os ventos continuaram soprando da França. Inicialmente, bateram direto por aqui, trazendo nas asas o pós-estruturalismo; logo, porém, fizeram escala em terras norte-americanas, e só então desceram rumo sul, espalhando por nossas universidades um modelo de literatura comparada bastante *sui generis*, praticamente coincidente com o que, no mundo universitário anglófono, se vem chamando estudos culturais.

8

Até aqui chegamos, nessa história de curta duração, na qual se sucederam cinco gerações. Se formos otimistas como aquele filósofo do Setecentos, diremos que cada uma delas terá instituído o melhor dos mundos possíveis. Quanto ao futuro – creio eu –, permanece incerto e não sabido, se formos cautelosos; ou então, se otimistas, diremos que já se anuncia, "na bruma leve das paixões que vêm de dentro".

A questão do método
nos estudos literários

1

Por diversos motivos que esperamos se explicitem no curso da exposição que se segue, não se pode dizer que problemas de método e metodologia se encontrem em alta nos estudos literários hoje, havendo, muito ao contrário, pouco ou nenhum interesse em tais questões. No entanto, ao mesmo tempo, parece fora de dúvida que, em alguns momentos de suas práticas acadêmicas, os especialistas da área terão necessidade de pronunciar-se sobre as diretrizes gerais e específicas que orientam suas reflexões; ou seja, terão de dar alguma satisfação sobre o(s) método(s) de sua eleição. Que mais não seja, nessa época de forte institucionalização da docência e da pesquisa universitárias, será incontornável, ainda que de maneira meramente protocolar, dizer algo sobre a metodologia, numa tese de doutorado, por exemplo, ou, num projeto de pesquisa, na cabulosa seção dos "Fundamentos metodológicos e teóricos", que, como sabemos, sempre se recomenda incluir nos projetos.

Assim sendo, ou pela mera razão prática mencionada, ou, de modo mais decisivo, exatamente pelo caráter secundário atribuído à questão do método na agenda atualmente hegemônica na área – pressupondo que hegemonias devem sempre ser criticamente confrontadas –, julgamos muito oportuno e necessário abrir um espaço para considerações metodológicas com referência aos estudos literários.

2

Comecemos consignando uma suposição: parece que, na ciência em geral, a preocupação com o método só se torna central a partir do século XVII – isto é, na conjuntura que deflagraria a Modernidade –, sendo emblemáticos, nesse sentido, Bacon, com o *Novum organum* (1620), e Descartes, com o *Discurso do método* (1637), matrizes respectivamente do empirismo e do racionalismo, esteios da moderna concepção de método. O problema, a partir de então, ganha tal destaque que chega a extrapolar sua condição inicial de simples ferramenta para a atividade filosófica e científica, ganhando importância intrínseca, a ponto de tornar-se objeto de uma disciplina, a Metodologia. Sintoma de que, já no século XVIII, o método era quase uma obsessão encontramos num pronunciamento de Kant, na *Crítica da razão pura* (1781), em que o filósofo propõe certa relativização da relevância concedida às definições, vistas como premissas metodológicas do labor intelectual, especialmente no âmbito da filosofia:

> Na Filosofia não se deve imitar a Matemática no que tange a iniciar com as definições, a não ser que assim se proceda a título de mera tentativa. [...] na Filosofia, a definição, enquanto uma clareza precisa, deve antes concluir do que iniciar o nosso labor (Kant, 1980 [1781], p. 359-360).

> A Filosofia formiga de definições defeituosas, sobretudo de tais que na verdade contêm efetivamente elementos para a definição, mas não de modo completo. Ora, se não se pudesse fazer absolutamente nada com um conceito antes que tivesse sido definido, então as coisas andariam bastante mal para todo o filosofar. [...] as definições deficientes – isto é, proposições que propriamente não são ainda definições, mas de resto são verdadeiras e portanto aproximadas delas – podem ser usadas muito utilmente. Na Matemática a definição concerne *ad esse*, na Filosofia *ad melius esse*. É belo, mas frequentemente muito difícil, chegar a isto. Os juristas ainda procuram uma definição para o seu conceito de direito (p. 360).

E Kant de fato foi consequente com essa ideia de não condicionar a reflexão filosófica a uma espécie de tutela metodológica que, no limite, poderia até inviabilizá-la, ao se erigir as definições metódicas como começo, meio e fim da filosofia. Assim, na arquitetura da primeira *Crítica* (1781), depois de uma introdução relativamente sumária, não por acaso reserva o primeiro e mais espaçoso compartimento à "Doutrina transcendental dos elementos", relegando ao segundo a "Doutrina transcendental do método", a que, de resto, confere um desenvolvimento quase tão sumário quanto o da introdução.

Mas, não obstante a cautela kantiana no manejo da noção de método, não há dúvidas de que ela se imporia de modo absorvente, e talvez tenha conhecido o auge do seu prestígio no século XIX e primeira metade do XX. Não deixou, contudo, de suscitar reações, representadas, por exemplo, pela pregação de Paul

Feyerabend, sistematizada sobretudo no seu *Contra o método* (1975), bem como, mais recentemente, pela defesa empreendida por Edgar Morin do que ele chama "antimétodo", num prolixo tratado aliás intitulado *O método*, por uma espécie de ironia involuntária. Vejamos uma passagem de cada autor, para ilustrar suas respectivas posições sobre a questão:

> A ciência é um empreendimento essencialmente anárquico: o anarquismo teorético é mais humanitário e mais suscetível de estimular o progresso do que as alternativas representadas por ordem e lei (Feyerabend, 1989 [1975], p. 17).

> A incerteza torna-se um viático: a dúvida sobre a dúvida dá à dúvida uma dimensão nova, a dimensão da reflexividade; a dúvida pela qual o sujeito se interroga sobre as condições de emergência e de existência do seu próprio pensamento constitui [...] um pensamento potencialmente relativista, relacionista e autocognoscente. Enfim, a aceitação da confusão pode tornar-se um modo de resistir à simplificação mutiladora. É certo que nos falta o método à partida; mas, pelo menos, podemos dispor do antimétodo, onde a ignorância, a incerteza e a confusão se tornam virtudes (Morin, 1997-2005 [1977-2004], v. 1, p. 19).

3

Apesar de tais reservas, contudo, a indagação sobre o método fez carreira. Chegou, como dissemos, a instaurar um espaço disciplinar próprio, dito *metodologia*, e cujo âmbito pode ser segmentado em quatro níveis.

Num nível primário, a metodologia consiste na sistematização de técnicas básicas de estudo e preparação de trabalhos acadêmicos, situando-se no espaço da pedagogia. Num segundo nível, trata da caracterização de procedimentos e estratégias especializadas visando à constituição, descrição e análise de objetos próprios de disciplinas específicas, e nesse caso se insere no âmbito da disciplina em questão. Num nível terciário, constitui-se como reflexão sobre o conhecimento produzido em determinada área, ocupando-se com seus critérios de validade e modos de integração, bem como com aspectos técnicos e éticos da atuação profissional de seus especialistas, e, como tal, tanto se caracteriza como epistemologia regional (Bunge, 1987 [1980], p. 16-17) quanto se inscreve na órbita da sociologia do conhecimento. Por fim, num quarto nível, se estabelece como reflexão sobre o processo de elaboração do conhecimento científico em geral, considerando seus condicionamentos internos e externos, assim alcançando o *status* de epistemologia geral ou filosofia das ciências.

Nosso interesse, aqui, exclui apenas o primeiro nível, e assim propomo-nos, transitando pelos três outros, analisar alguns aspectos do problema metodológico na sua referência aos estudos literários.

4

Convém iniciar pela definição de método, que, como os conceitos filosóficos em geral, não se resolve numa fórmula consensual, comportando, ao contrário, várias alternativas. Segundo uma delas, frequentemente citada, método se define como *caminho para um fim*. Trata-se de uma definição por assim dizer poético-etimológica, que pode ter algum encanto, mas pouca ou nenhuma consequência conceitual. Vejamos, então, algumas definições mais técnicas, potencialmente mais interessantes para a exploração que pretendemos fazer do conceito.

Método é o *conjunto dos princípios orientadores de uma pesquisa científica*, segundo uma delas. Conforme outra, consiste em *certa perspectiva ou centro de interesse a partir do qual se investiga cientificamente determinada região da realidade*. Uma terceira, por seu turno, estabelece que constitui o método o *conjunto de condições materiais, recursos instrumentais e procedimentos técnicos para a execução de um estudo científico*. Por fim, é usual encontrar-se ainda uma quarta definição, que o caracteriza como *redução de uma teoria à sua aplicação a casos particulares*.

Abandonemos agora a compreensão poético-etimológica, dada sua intransitividade, e retenhamos tão somente as definições propriamente ditas. Se abstrairmos suas diferenças secundárias, atentando para o que têm em comum – a conexão com as noções correlatas de ciência, teoria e técnica –, podemos perceber duas concepções básicas de método, respectivamente chamadas *monista* e *pluralista* (Bunge, 1976 [1969], p. 47). Segundo a primeira, o método é comum a todas as ciências, consistindo numa sequência invariável de procedimentos: observação, experimentação, quantificação, dedução matemática. Dentro dessa unidade, será hipotético-indutivo, caso o ponto de partida seja a observação, ou axiomático-dedutivo, caso seja a dedução matemática. Conforme a segunda concepção, porém, os métodos, em vez de se prestarem a classificação econômica, revelam-se, ao contrário, muito diversificados, pois variam de acordo com a especificidade da perspectiva ou centro de interesse cognitivo em questão, e assim, no limite, haverá tantos métodos quantas são as disciplinas.

5

Façamos agora uma pausa para exemplificação.

Seja o dado "dentes humanos". Ora, estudá-lo cientificamente implica fazer observações, desenvolver experiências, quantificar resultados, estabelecer deduções; em síntese, aplicar o método. Mas esse dado pode ser investigado, por exemplo, como um dos componentes morfológicos do corpo, como um dos intervenientes na digestão, como um subconjunto integrado de funções orgânicas – ou seja, respectivamente, na perspectiva da anatomia, da gastroenterologia, da odontologia; isto é, segundo os métodos anatômico, gastroenterológico, odontológico.

Como logo se percebe, o equacionamento acima se fez com base na concepção pluralista antes referida, segundo a qual método constitui noção correlata de *perspectiva* ou *centro de interesse*, operadores aptos a transformar dados em objetos, assim configurando um campo especializado de conhecimento; ou seja, uma disciplina. Tentando esclarecer melhor, e atentos ainda ao nosso exemplo: "dentes humanos" constitui um simples dado, e, como tal, um elemento da realidade disponível à apreensão segundo diversos interesses. Se nos aproximamos desse elemento interessados em conhecê-lo na condição de um componente morfológico do corpo, então nos apropriamos dele a partir de um interesse anatômico, e desse modo servimo-nos do método da anatomia e convertemos o dado em objeto dessa ciência, o que significa dizer que nos colocamos no seu espaço disciplinar. Fosse o nosso interesse conhecer o dado "dentes humanos" sob outra ótica – digamos, a da odontologia –, nesse caso o método a ser utilizado seria outro, e, pois, o objeto também, e do mesmo modo a disciplina.

A partir dessas considerações podemos fazer três inferências.

A primeira é que, adotada a concepção pluralista, torna-se evidente uma relação de implicação recíproca entre as noções de método, objeto e disciplina, que assim podemos representar: método ↔ objeto ↔ disciplina.

A segunda é que se a concepção monista – o método científico é um só para todas as disciplinas – parece adequada para as ciências exatas e as da natureza, não o é para as humanas, em cujo âmbito seria difícil vislumbrar, numa situação concreta de pesquisa que se viesse a analisar, a observância sequencial das instâncias de observação, experimentação, quantificação e dedução matemática. Pois como cumprir, numa investigação filosófica, por exemplo, o momento da quantificação? Convenhamos que, quando isso for possível, estaremos antes em face de exceção do que da regra.

Por outro lado, em compensação – e eis a terceira inferência –, parece que as chamadas ciências duras não se revelam muito compatíveis com a concepção

147

pluralista. Basta verificar, nesse sentido, como soam estranhas as expressões *método anatômico, método gastroenterológico, método odontológico*, por nós utilizadas acima por necessidade argumentativa, as quais, como vimos, implicam postular especificações disciplinares do método; em contrapartida, *método histórico, método sociológico, método linguístico* etc. são locuções que podemos empregar sem qualquer abalo nos sensores ultrassensíveis dos usos idiomáticos.

6

Fechemos agora, enfim, o foco sobre os estudos literários.

É fato incontroverso que a teoria da literatura, a mais típica representação disciplinar da área no século XX, nasceu sob o signo da discussão metodológica. Como sabemos, o tratado fundador da disciplina – o influente *Teoria da literatura*, de René Wellek e Austin Warren, publicado em 1949 –, se estruturou justamente tendo em vista a questão do método[1]. Assim, propôs uma classificação seminal, ao fazer distinção entre o que chamaram os autores "métodos extrínsecos" e "estudo intrínseco da literatura", este voltado para a análise crítica da obra considerada em si mesma, como artefato verbal autônomo e de natureza estética, e aqueles dirigidos aos seus aspectos tidos por periféricos, e por sua vez divididos em quatro modalidades: métodos biográfico, psicológico, sociológico e filosófico. Essa constituiu a tese defendida no tratado, bem como o princípio ordenador de suas partes e capítulos, o que dá bem a medida da centralidade assumida pelo problema do método na sua concepção.

Duas décadas depois o problema continuava na agenda da área, do que é indício obra de alguma presença internacional de autoria do professor argentino Enrique Anderson Imbert[2]. Trata-se de *Métodos de crítica literária* (1969), em que o autor, nitidamente ecoando a sistematização proposta por Wellek e Warren, apresentava uma classificação bastante minuciosa dos métodos utilizáveis nos estudos literários, porém não menos confusa, além de afetada por diversas inconsis-

---

1. Assinale-se que, como declaram os autores no prefácio à primeira edição da obra (1962 [1949], p. 9), o título de que cogitaram inicialmente para o livro foi *Teoria da literatura e metodologia do estudo literário*; enfim preterido pela formulação mais econômica *Teoria da literatura*. Há duas traduções da obra para o português: a portuguesa, de 1962, conserva o título do original inglês; a brasileira, de 2003, recupera o título primeiramente cogitado pelos autores, apenas pluralizando a expressão nele constante "literary study", traduzida por "estudos literários".

2. Na verdade, modalizando um pouco a asserção, parece restrita a circulação internacional da obra, pois, escrita em espanhol, que seja do nosso conhecimento só logrou tradução para o português. Seu autor, contudo, tendo sido professor nas universidades de Columbia e de Michigan, regeu por longos anos, de 1965 até se aposentar em 1980, a cátedra de literatura hispano-americana em Harvard, criada especialmente para ele.

tências. Em síntese, e não cabendo aqui discutir o mérito da proposição, ele parte da distinção entre o que chama "métodos auxiliares" ou da "crítica externa" – que comportariam os métodos histórico, sociológico e linguístico, além de outros que o autor contempla com um "etc." – e "métodos da crítica interna". Estes, por sua vez, se diversificariam em várias modalidades, ordenadas em três categorias básicas: métodos da "atividade criadora", desdobrados nos métodos histórico, sociológico e psicológico; da "obra criada", constituídos pelos métodos temático, formalista e estilístico; e métodos da "recriação do leitor", subdivididos nos métodos dogmático, impressionista e revisionista.

Pela mesma época, no âmbito do estruturalismo neoformalista francês, Tzvetan Todorov dedica considerável atenção ao problema do método, num dos ensaios integrantes do volume de autoria coletiva *O que é o estruturalismo?* (1968), destinado a apresentar a nova fisionomia assumida por diversas disciplinas como decorrência da adoção dos pressupostos estruturalistas. No referido ensaio, publicado no Brasil num pequeno volume autônomo intitulado *Estruturalismo e poética* (1970), a questão do método é tratada na seguinte passagem:

> [...] o objeto da Poética é a literatura, ou [...] a literariedade; e seu método, as leis que lhe governam o discurso. Mas se examinarmos de mais perto essas duas noções, a evidência cede lugar a uma incerteza. [...] toda obra de Poética [...] trata de literatura, mas através dela trata, e isso a um nível mais profundo, de seu próprio discurso, da imagem da literatura que ele propõe. O fim último de tal obra é sempre a construção de uma teoria; seria mais exato e mais honesto dizer que o fim da obra científica não é o melhor conhecimento de seu objeto, mas o aperfeiçoamento do discurso científico. Trata-se de uma consequência do caráter teórico desse tipo de discurso. Mesmo que as obras concretas fossem o objeto da Poética, na medida em que seu discurso é teórico, ela substituiria imperceptivelmente esse objeto pelo seu próprio discurso. Mas como a Poética só trata de virtuais, não de reais, e como esses virtuais existem precisamente pela força de seu discurso, parece incontestável que seu objeto primeiro não é senão um meio de tratar do segundo. [...] a Ciência não fala do seu objeto, mas fala de si com a ajuda desse objeto.
>
> Produz-se, portanto, uma curiosa inversão: o objeto da Poética é precisamente seu método; [...] as discussões metodológicas não s[ão] uma parte limitada do conjunto da Ciência, uma espécie de produto suplementar, mas lhe s[ão] o próprio centro. Quanto à literatura, ela é precisamente a linguagem que permite à Poética voltar-se para si mesma, a mediadora de que esta se utiliza para conhecer-se a si própria. [...] esse objeto aparente que é a li-

teratura não passa [...] de um método particular escolhido por um discurso para tratar de si próprio. O método é o objeto da Ciência, e seu objeto seu método (Todorov, 1970 [1968], p. 117-118).

A citação decerto saiu mais longa do que o desejável, mas não nos pareceu possível submeter a passagem a cortes ou parafraseá-la, sem se perder o que tem ela de fundamental. Não sendo aqui pertinente discutir os muitos problemas que suscita, basta pôr em relevo, considerando os objetivos que nos propusemos, a habilidosa manobra argumentativa do autor, com a qual, aliás, ele próprio parece deslumbrar-se, ao defini-la como "curiosa inversão". Por meio da manobra referida, romper-se-ia o compromisso das ciências com o que não passaria de um trambolho grosseiro – seus objetos –, e, pela tal "curiosa inversão", estes – os objetos – seriam substituídos pela finura dos métodos. Com isso – belo resultado final – a operação do conhecimento se transformaria numa espécie de trânsito livre por uma estrada desimpedida, que, de resto, numa circularidade confortável, conduziria da ciência à própria ciência. No caso específico da poética, então, é esquecer essa coisa informe e fugidia – a literatura –, a fim de se lidar apenas com o próprio método forjado para conhecê-la.

Estranha opção por absoluta segurança operacional, vale dizer, metodológica: exorciza-se assim qualquer possibilidade de inconsistências, erros ou contradições, mas, como parece correto constatar, à custa de uma estéril tautologia. No entanto, como a crítica desses aspectos nos dispersaria de nosso tema, concentremo-nos no que por ora nos interessa: talvez tenhamos aqui a mais completa defesa do relevo que se deveria dar à metodologia no âmbito dos estudos literários, cristalizada em verdadeira proclamação: "[...] as discussões metodológicas não s[ão] uma parte limitada do conjunto da Ciência, uma espécie de produto suplementar, mas lhe s[ão] o próprio centro" (Todorov, 1970 [1968], p. 117-118).

Logo, contudo, a questão como que refluiria, num verdadeiro recesso. Indício desse estado de coisas é o fato de que ela não se faz presente, pelo menos de modo explícito e direto, em obras-síntese de teoria da literatura que se projetaram em décadas mais recentes. Para conferir, veja-se um título inglês, um francês e um norte-americano – *Teoria da literatura: uma introdução*, de Terry Eagleton (1983), *O demônio da teoria: literatura e senso comum*, de Antoine Compagnon (1998), e *Teoria literária: uma introdução*, de Jonathan Culler (1999) –, manuais universitários que resistem a tratar expressamente de problemas metodológicos.

7

E hoje: que panorama se apresenta, nos estudos literários, quanto à reflexão metodológica?

Diríamos que, na atualidade, existem duas posições a propósito da questão: a uma delas, hegemônica, chamemos *metodofobia*; à outra, *metodofilia*.

O horror ao método, por sua vez, se manifesta sob dois aspectos: ora se impugna o método como reducionismo incompatível com a grandeza incomensurável da literatura, ora por seu compromisso com a compartimentalização do conhecimento, que deveria ser neutralizada pela adoção de perspectiva dita *inter-*, *multi-* ou *transdisciplinar*. No primeiro caso, configura-se a recusa humanística, ao passo que, no segundo, temos a recusa culturalista; por mais que a motivação de cada qual na aparência não se confunda com a outra, o fato é que há entre elas inesperadas coincidências, e, de resto, em ambas, a mesma metodofobia.

Quanto à metodofilia, trata-se de posição de resistência, que rejeita categoricamente fórmulas sensacionalistas e inconsequentes, de que constitui incrível exemplo a seguinte recomendação: "[...] podemos dispor do antimétodo, onde a ignorância, a incerteza e a confusão se tornam virtudes" (Morin, 1997-2005 [1977-2004], v. 1, p. 19). Em troca, a posição de afeição pelo método articula alguns princípios-chave: reconhece a necessidade incontornável de enfrentamento explícito da questão metodológica, inclusive por não perder de vista que os estudos literários constituem, por definição, área particularmente sujeita aos chamados "juízos de gosto" (Kant, 1974 [1790]), que, fora de um estrito controle conceitual – e, pois, metodológico –, podem tornar-se álibi para interpretações arbitrárias e infensas a referendo intersubjetivo; considera pertinente e legítima a demanda pelo "método próprio", ou o empenho por aproximações graduais a métodos que se revelem crescentemente menos impróprios; e, ciente da correlatividade entre as noções de método e disciplina, defende a disciplinaridade, contra a complacência dos arranjos interdisciplinares e congêneres.

8

Para concluir, uma última observação.

No ano de 1975, no seu *Contra o método*, Paul Feyerabend (1989 [1975], p. 23) fazia a seguinte concessão ao racionalismo, objeto de seu violento e competente ataque ao longo da obra: "Poderá, é claro, vir tempo em que se faça necessário conceder à razão uma vantagem temporária e em que será avisado defender suas regras, afastando tudo o mais. Não creio, porém, que estejamos vivendo esse tempo".

Não podemos saber se o autor, considerando o atual estado do mundo, acharia que esse tempo tivesse chegado[3]. De nossa parte, não temos dúvida de que chegou, e, de resto, não nos parece acertado que se conceda à razão, em 1975, hoje ou em qualquer outra quadra da história, apenas uma "vantagem temporária".

---

3. Tendo construído uma carreira acadêmica exitosa, como professor em diversas universidades importantes de vários países, Paul Feyerabend morreu em 1994.

Referências

ANDERSON IMBERT, E. *Métodos da crítica literária*. Trad. de E.M.M. Aguiar e Silva. Coimbra: Almedina, 1971 [1969].

ASTI VERA, A. *Metodologia da pesquisa científica*. Trad. de M.H.G. Crespo e B.M. Magalhães. Porto Alegre: Globo, 1973 [1968].

BACON, F. Novum organum: ou verdadeiras indicações acerca da interpretação da natureza [1620]. *Novum organum ou Verdadeiras indicaç*ões acerca da interpretação da natureza – *Nova Atlândida*. 2. ed. Trad. e notas de J.A.R. de Andrade. São Paulo: Abril, 1979, p. 1-231.

BUNGE, M. *La investigación científica: su estrategia y su filosofía*. Trad. de M. Sacristán. 5. ed. Barcelona: Ariel, 1976 [1969].

BUNGE, M. *La ciência: su método y su filosofía*. 2. ed. Buenos Aires: Siglo Veinte, 1977 [1960].

BUNGE, M. *Epistemologia: curso de atualização*. Trad. de C. Navarra. São Paulo: T.A. Queiroz, 1987 [1980].

COMPAGNON, A. *O demônio da teoria – Literatura e senso comum*. Trad. de C.P.B. Mourão. Belo Horizonte: UFMG, 1999 [1998].

CULLER, J. *Teoria literária: uma introdução*. Trad. de S.G.T. Vasconcelos. São Paulo: Becca, 1999.

DESCARTES, R. Discurso do método: para bem conduzir a própria razão e procurar a verdade nas ciências [1637]. *Discurso do método / Meditações / Objeções e respostas / As paixões da alma / Cartas*. Intr. de G.-G. Granger. Pref. e notas de G. Lebrun. Trad. de J. Guinsburg e B. Prado Júnior. 2. ed. São Paulo: Abril, 1979, p. 25-71.

EAGLETON, T. *Teoria da literatura: uma introdução*. Trad. de W. Dutra. 5. ed. São Paulo: Martins Fontes, 2003 [1983].

FERRATER MORA, J. Método. *Diccionario de Filosofía*. Vol. 2. 5. ed. Buenos Aires: Sudamericana, 1971 [1941], p. 197-200.

FEYERABEND, P. *Contra o método: esboço de uma teoria anárquica da teoria do conhecimento*. Trad. de O.S. da Mota e L. Hegenberg. 3. ed. Rio de Janeiro: F. Alves, 1989 [1975].

KANT, I. *Crítica da razão pura; e outros textos filosóficos*. Sel. de M.S.C. Berlinck. Trad. de V. Rohden, P. Quintela, R.R. Torres Filho e T.M. Bernkopf. São Paulo: Abril, 1974 [1781, 1783, 1785, 1790, 1793].

KANT, I. *Crítica da razão pura*. Trad. de V. Rohden e U.B. Moosburger. Apres. de V. Rohden. Cons. de M. Chauí. 2. ed. São Paulo: Abril, 1980 [1781].

KUHN, T.S. *A estrutura das revoluções científicas*. Trad. de B.V. Boeira e N. Boeira. Rev. de A.k. Miyashiro. São Paulo: Perspectiva, 1975 [1962].

MORIN, E. *O método*. Trad. de M.G. Bragança, E.C. Lima e J.E. Martins. 6 vol. Mem Martins: Europa-América, 1997-2005 [1977-2004].

WELLEK, R.; WARREN, A. *Teoria da literatura*. Trad. de J.P. Carmo. Lisboa: Europa-América, 1962 [1949].

WELLEK, R.; WARREN, A. *Teoria da literatura e metodologia dos estudos literários*. Trad. de L.C. Borges. São Paulo: Martins Fontes, 2003 [1949].

Um pouco de metateoria:
a historicidade dos estudos literários[1]

> Para Luiz Costa Lima

1

O leitor que nos tenha acompanhado até aqui certamente já notou a ausência daquelas grandes convicções que, perpassando trabalhos desta natureza, se cristalizam em enunciados assertivos a serviço da tese que se defende. Em lugar dessas convicções, pudemos oferecer tão somente pouco mais do que um histórico, o que hoje passa por um modo primário e antiquado de argumentação. Assim, avaliando agora a exposição feita, nos parece claro que não desenvolvemos uma cadeia de argumentos redutora da incerteza acerca da questão em estudo; em vez disso, apresentamos uma reordenação de dúvidas, uma reconcepção de problemas. Em outros termos, o resultado de nosso percurso de pesquisa e reflexão consiste antes em propor um equacionamento do que em apresentar respostas ou soluções. É que, na nossa área de investigação, um resultado não é uma grandeza nova, dedutível de fatores já conhecidos mas com eles inconfundível; nesse campo, um resultado se prende de tal modo aos fatores de que deriva que

---

1. O texto constitui o capítulo 5 de minha tese de doutorado *A investigação da literatura e o modelo científico do conhecimento*, concluída em junho de 1980 e defendida em janeiro de 1981, e posteriormente publicada em livro, com o título *Formação da teoria da literatura*, no ano de 1987. Achei que sua republicação como ensaio autônomo se justificava, pois me parece ainda atual a reflexão nele desenvolvida, na qual reconheço os fundamentos do modo pelo qual tenho compreendido o estatuto disciplinar dos estudos literários, segundo uma perspectiva em que dados históricos e conceitos se implicam mutuamente.

nele menos encontramos um novo produto de cálculos e experiências, e mais um redimensionamento dos mesmos fatores. Daí a pertinência da indagação histórica, mesmo quando se trata de discutir questões metodológicas e conceituais. A indagação histórica, portanto, não significa para nós uma atividade mecânica de recolha e alinhamento cronológico de dados; significa a possibilidade de, reordenando os fatores segundo determinada perspectiva, encontrar não propriamente novos produtos, mas novas armações de contas já bem antigas, de que emergem os métodos e conceitos que importa discutir.

Acreditamos, por conseguinte, ser a indagação histórica um caminho obrigatório para qualquer reflexão de natureza metateorética sobre os estudos de literatura. E esse caminho não é obrigatório no sentido de que é uma pena ter que passar por ele (ou, talvez até, permanecer nele); ao contrário, ele liberta a investigação da debilidade de julgar único e, pois, absoluto, qualquer modelo dos estudos literários, bem como garante à investigação a sempre desejável atitude de não proceder à crítica de um modelo a partir de categorias e parâmetros alheios a ele tomados a seus pares e rivais. Aliás, essa profunda pertinência da indagação histórica, transformada em recurso epistemológico, não é privativa da área que nos ocupa; nisso, a investigação da literatura estaria na vizinhança da psicanálise, da teologia e da filosofia:

> O recurso [na psicanálise], que sempre de novo se faz, à literatura histórica, não encontra paralelo em nenhuma ciência, somente na teologia, na filosofia e na poética. Pois em qualquer ciência, por mais extensas que sejam as investigações precedentes, por maiores que tenham sido as descobertas, é sempre indispensável submetê-las a um processo controlável de invalidação, a fim de poderem ser protocoladas, como teorias, e usadas na explicação de novos fatos (Leão, 1977, p. 58).

Voltaremos a considerar esse ponto de vista, segundo o qual o recurso ao histórico das disciplinas afasta os estudos literários do *status* de ciência. Por enquanto, retenhamos a conclusão de que, na área que nos ocupa, confundem-se as questões históricas com os problemas metodológicos e conceituais. Isso firmado, façamos um resumo ultrassintético do percurso de natureza histórica que empreendemos nos capítulos 3 e 4, na expectativa de que nosso inventário de pendências, escapando à intransitividade meramente historiográfica, nos conduza a um protocolo de intenções relativo aos modos de se estudar literatura.

2

Vimos que, na atualidade, a teoria da literatura constitui o caso histórico mais prestigioso dos estudos literários. Essa disciplina, sendo específica na área desses estudos, incorpora também a história de seus antecedentes, a propósito da discussão de seus próprios conceitos de base. Como isso não costuma ser feito de modo explícito, a teoria da literatura em geral acaba se apresentando indevidamente como uma espécie de súmula do saber sobre a literatura, ora reduzindo as disciplinas que a antecederam a meros capítulos seus, ora deformando-se em confusos amontoados de fragmentos conceituais cheios de anacronismos. Por isso, achamos importante procurar isolar o núcleo de convergências conceituais constitutivo da teoria da literatura, o que nos conduz igualmente à mesma providência em relação às demais disciplinas que se vêm historicamente dedicando à produção literária. Verificamos, então, que o referido núcleo de convergências e harmonias conceituais próprio de cada uma dessas disciplinas se configura como realização histórica particular, donde uma sequência de disciplinas histórica e conceitualmente específicas: retórica, poética, estética, história da literatura, crítica literária, ciência da literatura e teoria da literatura[2]. Embora essas disciplinas sejam propensas a formações sincréticas, e de fato assim se apresentem inúmeras vezes, cabe proceder a um desenredo que as revele como distintas construções conceituais.

Daí uma primeira conclusão: considerando que um campo de estudos não se unifica em função dos objetos a que pode dar origem, o objeto literatura vem sendo trabalhado metodológica e conceitualmente por diversas disciplinas, cujas peculiaridades se impõem a um exame mais detido. Por isso, a questão terminológica não é de modo algum desprezível aqui; as disciplinas listadas não são designações alternativas que confiram unidade e recorte idêntico a um campo de estudos. O campo de estudos literários dá margem a objetos distintos segundo as disciplinas que nele exercem sua potência conceitual. Assim, os termos *retórica*, *poética*, *estética*, *história da literatura*, *crítica literária*, *ciência da literatura* e *teoria da literatura* não são rótulos neutros que alternativamente se refiram a um só e mesmo objeto; cada um deles constitui designação de um modo próprio de atuar sobre o campo em questão, segundo seus específicos propósitos, métodos e aparato conceitual. Admitamos então, prudentemente, que os resultados históricos alcançados por essas disciplinas delimitaram um campo de observação – a que

---

2. Embora me pareça coerente, tendo em conta a argumentação aqui desenvolvida, a série de casos históricos dos estudos literários assim composta, minhas reflexões posteriores me levaram a excluir dela as disciplinas Estética e Ciência da Literatura, e a incluir Gramática, Filologia, Literatura Comparada e Estudos Culturais. Assim, no ensaio subsequente – "Os estudos literários em três tempos: clássico, moderno, pós-moderno" –, a série é apresentada em termos que suponho mais precisos.

desde o século XVIII se tem chamado *literatura* –, de feição mais ou menos definida. Para evitar equívocos terminológicos, não devemos designar o conjunto das disciplinas que se exercem no mencionado campo mediante um termo já utilizado para nomear uma delas, o que nos deixaria na desajeitada situação de utilizar o mesmo nome para designar o todo e uma parte dele; por isso, em língua portuguesa, a expressão *estudos literários*, pela neutralidade e abrangência, nos parece a mais adequada para atribuir um rótulo ao conjunto das disciplinas em causa, tendo em vista o significado assumido pelo termo *literatura* desde o século XVIII[3]. Assim, referendando o uso que dele fizemos ao longo deste trabalho, estabeleçamos que a expressão *estudos literários*, por sua amplitude e certa indeterminação, evoca o que contemporaneamente se tem chamado *literatura*, considerada como campo de observação moldável em objetos mais ou menos específicos segundo cada disciplina da série referida.

3

Vejamos agora como a especificidade de cada disciplina explorou de modo particular o campo de observação que lhes é comum; em outros termos, como cada uma delas construiu o seu próprio objeto.

A retórica e a poética constituem originariamente disciplinas voltadas para o estudo de questões muito próximas, em cuja distinção, porém, Aristóteles insistiu, criticando confusão que já se fazia no seu tempo:

> [...] os primeiros que deram origem [ao estilo] eram naturalmente poetas, porque as palavras são imitativas de coisas e a voz é o mais imitativo de todos os nossos órgãos (donde o desenvolvimento das várias artes de recitação épica, encenação e outras). Uma vez que se julgou terem os poetas obtido reputação pelo modo de dizer, pois o que eles diziam era autêntico, o estilo [da prosa] foi primeiramente poético, por exemplo, o de Górgias; e mesmo hoje a maioria dos sem instrução julga tais locutores os melhores. Isto é errado, sendo o estilo da oratória diferente daquele da poesia, como demonstram os fatos [...] (Aristóteles. *In*: Russel; Winterbotton, 1978, p. 136; tradução nossa).

Por conseguinte, oratória e poesia, enquanto formações discursivas distintas[4], teriam possibilitado a constituição de duas disciplinas igualmente distintas:

---

3. Cf., a propósito, a parte 5 do ensaio "Termos e conceitos básicos nos estudos literários: reflexões a partir das etimologias".

4. Outros testemunhos antigos da distinção aludida: "[...] aquele que, sendo orador, cerceia o salário dos

"[...] a oposição desses dois sistemas, um retórico e outro poético, [...] define a retórica aristotélica" (Barthes, 1975, p. 155). Mas o ponto de vista dos "sem instrução", malgrado Aristóteles, acabaria por se impor: diluíram-se as fronteiras entre a retórica e a poética; paralelamente, cresceu a interseção entre os campos da oratória e da poesia, cuja diferença se retraiu em favor de um campo comum, o da *linguagem elaborada* (que designamos por essa expressão a fim de marcar distinção em face dos demais usos por assim dizer informais e espontâneos da linguagem verbal). Mas esse campo da linguagem elaborada, cooperado por retórica e poética, constitui também o domínio da escrita, o que leva a retórica, inicialmente voltada para a consideração dos discursos proferidos em público, a desinteressar-se pela execução oral deles. Das operações preconizadas pela arte retórica para a elaboração e apresentação dos discursos – invenção, disposição, elocução, pronunciação e memória –, elimina-se as duas últimas, e assim a retórica se põe em condições de fundir-se com a poética, em função do interesse comum pelo campo da linguagem elaborada escrita.

Segundo Barthes (1975, p. 161), essa cooperação por retórica e poética do campo da linguagem elaborada escrita estaria na origem da ideia moderna de literatura:

> [...] a retórica deixa de opor-se à poética, em proveito de uma noção transcendente que chamaríamos hoje "literatura".

> Esta fusão é capital, pois está na origem da ideia de literatura: a retórica aristotélica ressalta o raciocínio; a *elocutio* (ou departamento das figuras) é apenas uma parte dela (menor no próprio Aristóteles). Em seguida vem o oposto: a retórica identifica-se com os problemas, não propriamente de "prova", mas de composição e de estilo: a literatura (ato total da escrita) define-se como arte de bem escrever (p. 156).

Uma informação lexicográfica é importante agora, para a demonstração que pretendemos:

> Primitivamente, o vocábulo [*literatura*] designava o ensino das primeiras letras. Com o tempo, passou a significar "arte das belas-letras" e, por fim, "arte literária". Até o século XVIII, preferiu-se o termo "poesia", ao qual se atribuía sentido solene e elevado. Somente a partir do século XIX é que a

---

poetas" (Aristófanes, [196-] [195-], p. 42); "Nascemos poetas, tornamo-nos oradores" (*apud* Rónai, 1980 [19--], p. 115 e 140). Na passagem de Aristófanes, a distinção indica a rivalidade entre poetas e oradores; no provérbio, atribuído a Cícero, referenda-se o entendimento segundo o qual a poesia depende do engenho – isto é, do talento inato –, ao passo que a oratória, da arte – isto é, de uma técnica passível de ser aprendida e ensinada.

palavra "literatura" entrou a ser empregada para definir uma atividade que, além de incluir os textos poéticos, abrangia todas as expressões escritas, mesmo as científicas e filosóficas (Moisés, 1978, p. 311)[5].

A partir de tais informações, consideremos: 1°) inicialmente, o campo da linguagem elaborada proporciona a construção de dois objetos: o da retórica – composições destinadas a persuadir ou convencer os auditórios, e eventualmente a deleitá-los – e o da poética – composições destinadas a instruir e deleitar[6]; 2°) este mesmo campo em seguida refaz sua segmentação conforme outro critério: enquanto escrita, ele será objeto do sincretismo retórica/poética; enquanto execução oral, da retórica; 3°) depois, a partir de um período que se estende de meados do século XVIII ao início do XIX, o campo da linguagem elaborada se prestará a dois tratamentos conceituais: a) encampado pela estética, esta o divide em dois setores, desde Baumgarten: o das "representações distintas", objeto da lógica, e o das "representações sensíveis", objeto da estética[7]; b) encampado pela história da literatura, unifica-se sob a égide da categoria documento; 4°) com a modernização iluminista e romântica, ascendendo como novos valores literários as noções de sensibilidade e imaginação, à medida que perdem importância os antigos e clássicos compromissos das práticas letradas com a persuasão, o deleite e a utilidade moral e didática, vão saindo da cena intelectual, por perempção de seus respectivos objetos, a retórica e a poética, ao passo que nela despontam sucessivamente, como vimos, a estética e a história da literatura; 5°) correlativamente a essa virada conceitual, vai-se generalizando o uso do termo *literatura* para cobrir o conceito já firmado de linguagem elaborada escrita.

Quanto à crítica literária, na sua versão oitocentista ela operou basicamente com os mesmos critérios adotados pela história da literatura – texto literário concebido como documento, condicionado ou mesmo determinado por dados extraliterários, especialmente a vida do autor e os fatores contextuais constituídos pelo momento histórico e pelo meio físico-social de produção da obra ou

---

5. Para uma exposição mais detalhada dessa questão, cf. a parte 5 do ensaio "Termos e conceitos básicos nos estudos literários: reflexões a partir das etimologias".

6. Cf.: "A definição [...] da eloquência a mais comum [...] é chamar-lhe uma força de persuadir" (Quintiliano, 1944, p. 35). • "Arrebata todos os sufrágios [o poeta que] mistura o útil e o agradável, deleitando e ao mesmo tempo instruindo o leitor" (Horácio, 1981, p. 65).

7. Cf.: "Entendemos por representações sensíveis as recebidas pela parte inferior da faculdade cognoscitiva" (Baumgarten, 1964 [1735], p. 31; tradução nossa). • "As representações distintas, completas, adequadas, profundas em todos os graus, não são sensíveis e, portanto, tampouco são poéticas [...]" (p. 36; tradução nossa). • "[...] as coisas conhecidas [...] o são por uma faculdade superior como objeto da lógica, enquanto as coisas percebidas o hão de ser por uma faculdade inferior como seu objeto [...], Estética" (p. 88; tradução nossa).

nela representados –, porém com o objetivo central não tanto de analisar descritivamente um texto, mas de atribuir-lhe um valor, proferir um julgamento a seu respeito. Por outro lado, enquanto a história da literatura se ocupava com o passado e se materializava em livros destinados a professores e estudantes, a crítica tratava preferencialmente do movimento editorial seu contemporâneo, tendo por veículos jornais e revistas, e destinando-se a um público heterogêneo e não especializado.

A expressão *ciência da literatura*, por sua vez, embora possa ser tomada como simples tradução do alemão *Literaturwissenshaft* – e, nesse caso, pode designar os estudos literários em geral –, nós a tomamos aqui como um caso histórico dos estudos literários, que Luiz Costa Lima (1975, p. 19-20) assim caracteriza: 1º) configurou-se nas primeiras décadas do século XX, tendo tido sua obra-síntese publicada em 1930: *Philosophie die Literaturwissenchaft* (reunião de estudos de diversos autores editada por E. Ermatinger); 2º) concebeu o poético, sob a influência do romantismo, não apenas como categoria da arte, mas como a totalidade que integra o vigor da vida, escapando, por isso, à apreensão racional; 3º) corroborou a distinção feita por Dilthey entre ciências da natureza – que procedem por explicação das causas, tendendo, pois, à objetividade e à precisão – e ciências do espírito – que operam por compreensão dos significados, inclinando-se, assim, à participação vivida; 4º) colocou o estudo da literatura sob o controle epistemológico do historicismo; 5º) floresceu sobretudo na Alemanha, com autores como Vossler, Spitzer, Curtius, Auerbach, bem como na França, com Lanson e seus seguidores; 6º) situou o objeto literário à margem do controle pela razão analítica, considerando como passível de rigor e objetividade apenas o trabalho filológico; isto é, a instância preliminar da investigação da literatura. Entendida desse modo – como a antecedente imediata da teoria da literatura, por conseguinte –, a ciência da literatura se colocou, na esteira da estética, o dilema de entrever, no objeto dos estudos literários, uma feição dupla e simultânea: documento, descritível e analisável, porém dotado de certa especificidade ("significado espiritual"?).

Enfim, quanto à teoria da literatura, pode-se dizer que ela resolveu o dilema da ciência da literatura: endossando a ideia de que há no objeto dos estudos literários uma duplicidade – além de documento, um certo significado particular, cuja natureza e caracterização permanece controvertida –, ela reivindica este significado particular como seu objeto específico, desterrando a investigação filológica, ocupada exclusivamente com o documento, para a periferia do âmbito de que se apropria. Daí, o que Wellek e Warren (1962, p. 67-85) chamam suas "operações preliminares", e Kayser (1976 [1948], p. 29-67), seus "pressupostos filológicos". Ao contrário, porém, da ciência da literatura, que sublinhou a impossibilidade de se exercer pleno controle analítico desse "significado particular", a teoria da literatura se propôs desenvolver técnicas e métodos adequados para uma consideração sistemática e objetiva desse "significado", feito seu objeto. Assim, ela começa por eleger um critério que lhe permita discernir, no acervo de documentos inventariados e fixados pela preparação filológica, aqueles dotados do referido "significado particular" que ela selecionou como seu objeto. No caso das correntes mais típicas da teoria da literatura – isto é, naquelas que constituem seu núcleo textualista –, esse "significado particular" se configura apenas nos "documentos *literários*" – não se encontrando, portanto, nas demais espécies de documento –, como certas propriedades exclusivas deles e, pois, ausentes dos outros tipos de documento. Trata-se, assim, de um critério basicamente linguístico, que, por exemplo e para simplificar, os adeptos da estilística caracterizam como um *desvio* em relação às normas da língua, enquanto os formalistas russos o descrevem como *procedimentos de composição* capazes de suscitar nos leitores um efeito de *estranhamento*[8]. Assim, para essa disciplina, trata-se de encontrar, na literatura compreendida *lato sensu* – isto é, como corpo de materiais escritos pertencentes aos mais diversos gêneros e espécies –, um círculo mais estreito dotado de configuração linguística especial, e que às vezes até se tenta aplicar um nome distinto do termo *literatura*, visando a evitar equívocos: belas-letras, arte literária, arte da literatura, literatura imaginativa[9]. Com isso, a teoria da literatura delineia, no campo de observação dos estudos literários, as fronteiras e a composição do seu objeto próprio: o conceito de objeto literário deixa de identificar-se com documento escrito, chegando inclusive a acolher a literatura oral[10].

Se quiséssemos agora reduzir a um quadro as relações entre a área dos estudos literários e os objetos específicos que as diversas disciplinas por nós consideradas delinearam nesse campo de observação, teríamos o seguinte:

---

8. Os formalistas russos, no que foram posteriormente acompanhados pelos estruturalistas franceses, chegaram a postular que o objeto dos estudos literários seria constituído não propriamente pelos textos em si mesmos, mas pela propriedade identificável em alguns textos, nos quais os procedimentos de composição gerassem o efeito de estranhamento, isto é, a característica que os tornava propriamente literários. Para nomear esse traço diferencial presente apenas nos textos que se revelassem literários, os formalistas cunharam o neologismo *literariedade*.

9. Cf.: "O círculo assim delimitado pode designar-se por uma expressão, já de há muito usada: chamamos-lhe *Belas Letras*" (Kayser, 1967 [1948], p. 9; grifos nossos). • "Literatura é *arte literária*. Somente o escrito com o propósito ou a intuição dessa arte [...] é [...] literatura" (Veríssimo, 1969 [1916], p. 10; grifos nossos). • "O termo 'literatura' afigura-se mais adequado quando limitado à arte da literatura (i. é, à literatura imaginativa)" (Wellek; Warren, 1962 [1949], p. 27; grifos nossos).

10. Cf.: "[...] qualquer concepção coerente deve incluir a 'literatura oral'" (Wellek; Warren, 1962, p. 27).

Objetos / Estudos literários	Linguagem verbal elaborada	Discursos orais públicos	Composições poéticas	Composições escritas	Representações sensíveis	Documento escrito			Literariedade
						da vida nacional (história, natureza, cultura); da vida do autor	de mérito artístico	de significação espiritual	
Retórica	X	X							
Poética	X		X						
Retórica / Poética	X			X					
Estética	X				X				
História da Litetarura	X					X			
Crítica literária	X						X		
Ciência da Literatura	X							X	
Teoria da Literatura	X								X
	Campo de observação	Oratória / Eloquência	Poesia	Oratória / Eloquência / Poesia	Poesia	Literatura			Literatura

Designações históricas dos objetos

Segundo o representado no quadro, o saldo comum das diversas disciplinas que consideramos é a construção de um campo de observação dos fenômenos da linguagem verbal marcados por uma certa distinção relativa às ocorrências mais banais da locução. Por isso, chamamos *linguagem verbal elaborada* a esse campo, que, a rigor, não chega a constituir um objeto específico, mas se presta à construção de diversos objetos, segundo dele se aproprie esta ou aquela disciplina. Parece adequado, num esforço de fixar terminologia livre de equívocos, embora fazendo concessão ao emprego feito por nossa época do termo *literatura*, chamar *estudos literários* ao conjunto das disciplinas que historicamente concorreram para delimitar a área de fenômenos constituídos pela linguagem verbal elaborada.

4

Mas agora, com o propósito de fechar este estudo sobre os estudos literários, fixemos a atenção na sua versão mais recente – a teoria da literatura –, a fim de situar os problemas cruciais e as perspectivas com que se enfrenta a investigação da literatura *sub specie theoriae*.

Já assinalamos que a teoria da literatura não é uma espécie de súmula final dos estudos literários, tendente a reduzir as demais disciplinas da área a meros capítulos seus. Conforme cremos ter demonstrado, podem-se delimitar mais precisamente seus contornos no âmbito dos estudos literários. Tendo rejeitado os encaminhamentos da investigação da linguagem literária numa chave referencialista, nisso rompendo com a opção historicista prevalente no século XIX, a teoria da literatura se propôs considerar o objeto literário sobretudo como linguagem dotada de certas propriedades especiais. Nessa ruptura com a visão referencialista mencionada, visão propensa a ampliar o horizonte da investigação, de modo a abarcar os múltiplos aspectos culturais que transparecem na linguagem, a teoria da literatura é conduzida à ultraespecialização, não se interessando, por conseguinte, pela consideração do que possa subtrair-se à imanência do objeto por ela construído. Essa tomada de posição ultraespecializada, assumida com vistas à elevação da sua cientificidade, implicou uma concepção frequentemente segregativa de literatura, de que é exemplo a ladainha que se faz ouvir, com variações secundárias, por todo o compêndio de Wellek e Warren (1962, p. 173): "O ponto de partida natural e sensato da investigação literária é a interpretação e análise das obras literárias em si próprias". Mas como nas profissões de fé dessa natureza a decisão de abstrair tem produzido antes um objeto segregado do que um objeto científico, tem havido, no âmbito da própria teoria da literatura, reações a tal propósito (nem sempre salutares, porém, pois usualmente reduplicam o princípio referencialista próprio do século XIX, segundo o qual as obras literárias, ainda que de modo menos ou mais estilizado, consistem na expressão da subjetividade dos autores ou na representação de fatos objetivos da história, da natureza ou da vida social).

Mas o problema da especialização, da decisão de abstrair, da própria opção pelo termo *teoria*, indicativos do empenho da teoria da literatura em inscrever-se entre as ciências, nos remete à questão do *status* da disciplina: a teoria da literatura constitui ou não uma ciência?

Sabe-se que em princípio responde-se enfaticamente *sim* a essa questão. Mais do que isso, a teoria da literatura se apresenta como a primeira realização verdadeiramente científica no campo dos estudos literários na medida em que pretende dispor de um objeto claramente constituído, de um aparato específico de conceitos, de métodos e de técnicas analíticas, bem como de um sistema de proposições solidárias protocolares de suas experiências.

A esse respeito, porém, nunca cessou de haver questionamentos, a exemplo do que se passa com os demais espaços disciplinares constitutivos das chamadas ciências humanas. Mas tudo indica que hoje, quando se procura desfazer a ilusão científica da teoria da literatura, não se trata mais de reverter a vagas filosofias, a expansões impressionistas, a dissertações sofrivelmente poéticas. Trata-se, isto sim, de propor que se abandone – ou que se relativize – a providência de enquadrar os saberes em compartimentos bem determinados e não porosos, providência que, no caso das humanidades, começa pelo dilema de inscrever cada uma de suas ramificações no âmbito da ciência ou no de conhecimentos de outra natureza. No que concerne à teoria da literatura, eis um exemplo dessa posição:

> [...] se não sei precisamente o lugar que ocupará ou ocuparia um discurso que se sabe nem científico, nem ficcional, sei quando nada que advogá-lo tem o propósito de tentar romper com a ideia que toma a ciência como detentora da lógica. [...] E isso contra os irracionalismos, seja o dos cientistas – o que está fora da ciência é irrazão [...] – seja o dos humanistas, que parecem pensar que, mais do que ideia, o homem é emoção (Lima, 1980, p. 114).

A propósito dessa questão de conceber a teoria da literatura como ciência ou não, voltemos, conforme ficamos de fazê-lo, às observações sobre o suposto escasso teor de cientificidade da psicanálise. Vimos que, segundo Emmanuel Carneiro Leão (1977, p. 58), o recurso à história como instância epistemológica seria frequente e até característico da psicanálise, da teologia, da filosofia e da poética. Quanto à psicanálise especificamente (o que, *mutatis mutandis*, aplica-se à teoria

165

da literatura, inferência que, de resto, apoia-se na aproximação que faz o trecho citado entre psicanálise e poética), prossegue o autor (p. 58):

> Para uma crítica epistemológica a insensatez do discurso teórico da psicanálise é consequência de uma ingenuidade metodológica fundamental. Não há produção de objeto na psicanálise. Os casos são apresentados numa língua técnica que confunde observação com interpretação estilizada. A falta completa de métodos para testar hipóteses impede qualquer produção epistemológica de objeto. O resultado são protocolos, abundantes em hipóteses explicativas, mas carentes de fatos testados.

Eximindo-nos, por incompetência, de discutir o problema quanto à psicanálise, examinemos as mesmas conclusões aplicadas à teoria da literatura. Embora a arguição de 1) falta de um objeto – seja dificilmente separável das arguições correlativas de 2) confusão entre observação e interpretação estilizada e 3) carência de métodos de verificação de hipóteses, arriscamos afirmar que as observações 2 e 3 depõem mais contra a cientificidade da teoria da literatura do que a de número 1. De qualquer modo, a teoria da literatura, ressentida pelo menos das lacunas 2 e 3 referidas, se acha de fato muito distante das construções científicas (no que, de resto, se faz acompanhar das demais ciências humanas, exceto, talvez, certas vertentes da linguística, da sociologia e da antropologia). Essa conclusão, porém, não serve, a nosso ver, para alimentar complexos de inferioridade, cuja tentativa de superação vá empurrando a pesquisa no sentido de atingir resultados científicos crescentes. Nem tampouco para fazer dos estudos literários o reino da epistemologia do assombro, em que a reflexão se veja substituída por exclamações deslumbradas ante a maravilha da poesia. Inconfundível tanto com os cálculos e experiências da ciência como com certos derramamentos verbais malcontrolados, o discurso da teoria da literatura se tece com proposições perfeitamente coerentes, solidárias, rigorosas, cabendo reconhecer, sem ressentimento, que se trata de uma coerência e rigor inseparáveis de boa margem de informalidade (queremos dizer que não temos notícia de nenhuma teoria da literatura formalizada).

Essa busca permanente de coerência, rigor, consistência, põe a teoria da literatura em sintonia e em atitude receptiva relativamente às contribuições da epistemologia, bem como aos resultados de outras disciplinas cujos campos de observação – certo(s) aspecto(s) da linguagem – são próximos do seu próprio, entre as quais se destacam a linguística, a semiologia[11], a filologia e a filosofia da lingua-

---

11. Esse termo, utilizado por Ferdinand de Saussure no seu *Curso de Linguística Geral* (1916) e depois corrente no estruturalismo francês, na época em que este texto foi escrito usava-se de preferência a *semiótica*, designação originária dos trabalhos de Charles Sanders Peirce.

gem (esta última, faça-se a ressalva, permanece uma possibilidade promissora, porém timidamente sondada até agora). No entanto, convém que essa atitude de sintonia e receptividade, em si mesma benéfica, não se transforme em opção cientificista – isto é, numa indiscriminada importação de modelos analíticos tidos por científicos oriundos de outras áreas –, visando à obtenção de uma cientificidade por assim dizer metonímica ou metafórica.

Falamos em coerência, rigor e formalização, o que nos sugere outro ponto que convém assinalar. Contrariando embora um uso já firmado – ao que sabemos, desde a publicação do livro de Wellek e Warren –, verificamos que o termo *teoria da literatura* se ressente de certa impropriedade para a designação da disciplina em apreço. Admitindo que por *teoria* se entende um conjunto de proposições solidárias destinado a explicar determinada ordem circunscrita de fatos e relações, devemos consequentemente admitir: 1º) se o campo de observação a que hoje chamamos *literatura* consiste no sedimento depositado pelo fluxo das disciplinas constituintes dos estudos literários, cada disciplina, dotada de sua própria coerência, representa uma teoria explicativa desse campo, não cabendo, por conseguinte, a apenas uma delas a designação de *teoria*; 2º) se por *disciplina* entendemos um conjunto de fatos e relações circunscrito e submetido à observação – isto é, se as noções de disciplina e campo de observação forem tomadas como equivalentes –, uma dada disciplina pode dar margem à construção de N teorias – ou seja, N conjuntos de proposições solidárias destinados à explicação de uma mesma ordem delimitada de fatos e relações; assim como em física, por exemplo, há a teoria da relatividade e a teoria dos Quanta, em teoria (?) da literatura haveria tantas teorias quantas fossem as correntes: teoria estilística, formalista, neocriticista, estruturalista etc.

Daqui podemos transitar para outro problema próximo: sem ser ciência, é absurdo esperar da teoria da literatura eficácia tecnológica; quer dizer – e este é o equívoco escolar a que se tem prestado a disciplina –, a teoria da literatura não é o projeto de uma máquina que, uma vez montada, venha a produzir análises literárias em série[12].

Nesse ponto, em que se cogita de uma suposta transição automática da generalidade da teoria da literatura para a situação particular da análise de obras literárias específicas, encontra-se talvez o principal impasse da teoria da literatura. De fato, frequentemente topamos com afirmações como a seguinte: "[...] uma corrente que dê conta simultaneamente do sistema literário e da especifici-

---

12. Cf.: "[...] a teoria que esboçamos não dá lugar à ideia de uma 'produção em série' da análise [...]" (Lima, 1975a, p. 57).

dade das obras permanece algo ainda hoje hipotético" (Lima, 1975b, p. 25). Em face disso, 1) algumas correntes privilegiam a análise das obras específicas, propondo teorias que se movem no eixo indução/empirismo (p. ex., estilística e *new criticism*); 2) outras cuidam prioritariamente das generalidades teóricas, dando pouca atenção à análise dos casos concretos, movendo-se assim no eixo dedução/ formalismo (p. ex., formalismo russo e estruturalismo); 3) outras, propondo-se atravessar o dilema, optam por uma estratégia circular, baseando-se nas diversas versões do círculo – dito *hermenêutico, filológico* ou *lógico*[13].

Quanto a esse problema, importa começar por reconhecer que ele não é privilégio da teoria da literatura (que, segundo vimos, nem é uma ciência *stricto sensu*), fazendo-se presente em qualquer teoria construída no âmbito de disciplinas científicas:

> [...] as teorias fatuais têm que ser abertas à experiência. Mais precisamente: as teorias fatuais não podem prescindir de proposições singulares (dados) que não se encontram entre os axiomas nem são logicamente deriváveis deles. E não serviria para nada colocar essa informação empírica entre os axiomas da teoria: primeiro, porque não implicam nada interessante; segundo, porque os dados constituem um conjunto aberto, e, por assim dizer, um conjunto vivo, já que cresce e se mantém jovem mediante a substituição de elementos informativos caducos por outros novos e mais precisos. Por outro lado, se se muda ou acrescenta um axioma produz-se uma teoria nova. O mesmo praticamente vale no que diz respeito aos supostos auxiliares (p. ex., as hipóteses simplificadoras) que se acrescentam oportunisticamente aos axiomas cada vez que a teoria se aplica a um caso particular. Como os dados e os supostos auxiliares são indispensáveis para a derivação de enunciados singulares, e como estes últimos são os que se podem comparar com a experiência, temos que admiti-los em nossas teorias; mas como os dados e os supostos auxiliares não são nem axiomas nem teoremas, não podem pertencer ao núcleo axiomático das teorias. Dito de outro modo: as teorias fatuais não podem axiomatizar-se plenamente (Bunge, 1976, p. 436-437).

A passagem é longa, mas bastante esclarecedora. Vejamos por quê.

Inicialmente, embora ela se refira às teorias surgidas no âmbito das disciplinas científicas *stricto sensu*, suas observações são plenamente aplicáveis à teoria da literatura, cuja não cientificidade não lhe subtrai o rigor das proposições nem

---

13. Cf. Heidegger, 1970, p. 12; Portella, 1974, p. 17-18; Leão, 1977, p. 212-213; Spitzer, 1968, p. 33-34; Wellek; Warren, 1962 [1949], p. 325.

o compromisso de confronto com os fatos, como assinalamos. Dito isso, examinemos passo a passo o trecho transcrito, verificando sua aplicabilidade à disciplina que nos interessa.

Qualquer teoria fatual tem então a seguinte arquitetura: 1) num extremo, situa-se o conjunto fechado de seu núcleo axiomático, consistente e rigoroso, formado pelos axiomas e teoremas; 2) noutro extremo – como as teorias fatuais, diferentemente das formais, têm por definição de se abrir à experiência –, situa-se o conjunto aberto de sua periferia empírica, formado por seus dados; 3) como o núcleo axiomático da teoria não se presta ao confronto direto com os dados particulares, entre um e outro extremos ficam os supostos auxiliares (exemplificados com as hipóteses simplificadoras), que, tornando possível a aplicação da teoria a casos particulares, permitem que os dados sejam absorvidos por ela sob a forma de proposições singulares.

Romper a descrita estratificação da teoria produz resultados indesejáveis. A ruptura frequente é inscrever os dados, as proposições singulares e/ou os supostos auxiliares no núcleo axiomático, o que torna a teoria redundante em relação aos dados – isto é, nula enquanto teoria (produção de construtos conceituais, e não reduplicação de dados) –, ou então restringe-lhe drasticamente a potência explicativa (ela passa a dar conta tão somente dos dados inseridos em seu núcleo axiomático). Outra ruptura – menos frequente, e talvez mesmo impossível – seria não acolher na teoria os dados, as proposições singulares e/ou os supostos auxiliares, o que equivaleria à hipótese mal-imaginável de transformar em formal uma teoria fatual por sua própria natureza.

Quanto à teoria da literatura, é usual que ela incorra na primeira ruptura aqui referida. Enquanto disciplina distinta na área dos estudos literários, pode-se até arguir que ela tenha nascido de uma operação dessa natureza. Reconhecendo como seu objeto um determinado ângulo da linguagem – aquele em que a linguagem em si mesma neutraliza todas as suas múltiplas implicações, ou as reduz à condição de figurantes apagados, passando a brilhar sozinha no circuito da comunicação que ela estabelece –, desconhecendo a possibilidade de admitir hipóteses simplificadoras, a teoria da literatura se dispõe à análise apenas daquelas obras literárias particulares coincidentes com o conceito literatura que ela constitui. E é sabido que ela opera com *esse* conceito, e não com outro qualquer, por ter inscrito no seu "núcleo axiomático" o que deveria ter permanecido apenas como um de seus dados (situado entre inúmeros outros), a saber: as obras literárias concebidas segundo o ideário estético das vanguardas artísticas de fins do século XIX e primeiras décadas do XX, para as quais a literatura é antes de tudo, ou mesmo é tão somente, um artefato verbal, uma tessitura intransitiva de linguagem. Assim procedendo, a teoria da literatura se torna redundante em relação aos próprios dados, ou restringe sua potência explicativa a dados indevidamente erigidos em axiomas[14].

Cabe aqui lembrar que outras disciplinas da área dos estudos literários já incorreram na mesma inconsistência conceitual, confundindo seu objeto com o(s) dado(s) que privilegiam: a retórica/poética o identificou com a prática dos autores clássicos; a história da literatura, com a dos românticos e realistas. Por isso, a contribuição mais substancial que se pode esperar da teoria da literatura é justamente a superação dessa inconsistência capital, que confunde uma teoria com a estreiteza de um ideário.

5

Que caminhos de superação nos parecem hoje possíveis? Primeiro, é fundamental o face a face com o concreto: a teoria da literatura não pode encerrar-se na geometria rarefeita de abstrações; ela tem que desdobrar-se na análise de obras particulares, pois estas é que constituem seus dados, sem cuja acolhida a disciplina se tornará algo mal-imaginável: uma ciência fática formal. Em outros termos, lidando com fatos – e fatos sujeitos às oscilações da história –, um certo informalismo é inerente às suas proposições (retórica, formalismo russo, estruturalismo, poética gerativa, são esforços de formalização inevitavelmente frustrantes). Segundo, ao enfrentar-se com o concreto, ela não pode agir com suposta neutralidade, conforme a pretensão, por exemplo, da ortodoxia filológica, com a sua habitual abstenção ou prudência hermenêutica. Terceiro, a teoria da literatura não pode, nas suas incursões analíticas a obras particulares, agir como se as obras devessem ajustar-se diretamente a seus axiomas, ou estes àquelas: com isso, ela se degrada ou numa prática tautológica, ou em crítica palpiteira, judicativa ou legislativa, ignorante de todas as diferenças constitutivas da historicidade do dado literário; ela precisa admitir, entre os "axiomas" e os dados, os "supostos auxiliares" ("hipóteses simplificadoras"), que a habilitem a conjugar um "núcleo axiomático" com o fluxo vivo, diferenciado e, portanto, histórico de seus dados. Mas para isso – e esta é a quarta diretriz – não é preciso que a teoria da literatura se desfaça numa espécie de anticonstrução relativística; basta entender que a história – os dados novos e vivos – sempre poderá insinuar-se no seu "núcleo axiomático", o que, no entanto, não deve ocorrer sem resistências conceituais (do contrário, as

---

14. Cf.: "A poética [termo aqui equivalente à expressão *teoria da literatura*] está essencialmente ligada à prática da escritura. Assim como esta prática é consciência da linguagem, a poética é a consciência desta consciência" (Meschonnic, 1975, p. 75).

teorias seriam espaços coloniais de qualquer novo ideário estético emergente). Assim, se um dado novo, elaborado e conduzido à condição de conceito, chegar a ser admitido como novo "axioma", é preciso reconhecer que se cria desse modo uma nova harmonia teórica, algo bem diverso de arranjos simploriamente redundantes, contraditórios ou ecléticos.

Referências

ARISTÓFANES. *As rãs.* Trad. do grego, intr. e notas de J.S. Brandão. 2. ed. Rio de Janeiro: [s. n.], [196-] [195-].

BARTHES, R. A retórica antiga. Trad. de L.P.M. Iruzun. *In:* COHEN, J. *et al. Pesquisas de retórica.* Petrópolis: Vozes, 1975. p. 147-225.

BAUMGARTEN, A.G. *Reflexiones filosóficas acerca de la poesia.* Trad. do latim, pról. e notas de J.A. Miguez. Madri: Aguilar, 1964 [1735].

BUNGE, M. *La investigación científica: su estratégia y su filosofia.* Trad. de M. Sacristán. 5. ed. Barcelona/Caracas/México: Ariel, 1976 [1969].

HEIDEGGER, M. Porquoi des poètes? [1946]. *Chemins qui ne mènnent nulle part.* Trad. De W. Brokmeier. Paris: Gallimard, 1970, p. 220-261.

HORÁCIO. Arte poética. *A poética clássica.* Intr. de R.O. Brandão. Trad. direta do grego e do latim de J. Bruna. São Paulo: Cultrix, 1981, p. 53-68.

KAYSER, W. *Análise e interpretação da obra literária: introdução à ciência da literatura.* Vol. 1. 4. ed. rev. Vol. 1. Coimbra: Arménio Amado, 1967 [1948].

LEÃO, E.C. *Aprendendo a pensar.* Petrópolis: Vozes, 1977.

LIMA, L.C. As projeções do ideológico. *Cadernos da PUC/RJ – I Encontro Nacional de Professores de Literatura,* Rio de Janeiro, n. 26, p. 155-203, 1975a.

LIMA, L.C. O labirinto e a esfinge. *In:* LIMA, L.C. (Sel., introd. e rev. técnica). *Teoria da literatura em suas fontes.* Rio de Janeiro: Francisco Alves, 1975b, p. 11-41.

LIMA, L.C. Questionamento da crítica literária. *Tempo Brasileiro,* Rio de Janeiro, n. 60, p. 105-114, jan.-mar. 1980.

MESCHONIC, H. Pela poética. In: LIMA, L.C. (Sel., introd. e rev. técnica). *Teoria da literatura em suas fontes.* Rio de Janeiro: Francisco Alves, 1975, p. 73-90.

MOISÉS, M. *Dicionário de Termos Literários.* 2. ed. rev. São Paulo: Cultrix, 1978 [1974].

PORTELLA, E. *Fundamento da investigação literária.* Rio de Janeiro: Tempo Brasileiro, 1974.

QUINTILIANO. i. Trad. de J.S. Barbosa. São Paulo: Cultura, 1944 [1788].

RÓNAI, P. *Não perca o seu latim.* Com a col. de A.B.H. Ferreira. 2. ed. rev. e ampl. Rio de Janeiro: Nova Fronteira, 1980 [19--].

RUSSEL, D.A.; WINTERBOTTOM, M. (eds.). *Ancient literary criticism: the principal texts in new translations*. 2. ed. Oxford: Clarendon, 1978 [1972].

SPITZER, L. Lingüística e historia literaria [1948]. *Lingüística e historia literaria*. 2. ed. Madri: Gredos, 1968 [19--], p. 7-53.

VERÍSSIMO, J. Introdução. *História da literatura brasileira: de Bento Teixeira (1601) a Machado de Assis (1908)*. 5. ed. Pref. de A.A. Lima. Rio de Janeiro: José Olympio, 1969 [1916], p. 2-17.

WELLEK, R.; WARREN, A. *Teoria da literatura*. Trad. de J.P.C. Lisboa: Europa-América, 1962 [1949].

Os estudos literários em três tempos: clássico, moderno, pós-moderno

1

Muitos saberes se constituíram a propósito das letras e da literatura.

Entre os mais antigos, cujas manifestações inaugurais datam do século V a.C., encontra-se o sistema de preceitos operacionais destinados a orientar a composição de discursos orais públicos, de modo que tais falas, conformadas a ocasiões específicas – assembleias, tribunais, cerimônias sociais – e graças a artifícios diversos, se capacitassem a persuadir, convencer, comover ou deleitar os auditórios. Chamou-se *retórica* a essa ciência, palavra que significa, segundo a etimologia, "técnica de discorrer", ou, conforme definição posterior mais restrita, "técnica de falar bem".

Na mesma época, uma segunda ciência literária se estabeleceu, com o nome de *gramática*, que, etimologicamente, quer dizer "técnica das letras"; isto é, conjunto de noções que habilitam a ler e a escrever.

Em princípio, por conseguinte, distinguem-se a retórica e a gramática pelo fato de aquela aplicar-se à fala propriamente dita, e esta à representação gráfica da fala; ou seja, à escrita. No entanto, ao passo que tal distinção acabaria por obliterar-se – com a crescente vulgarização das habilidades de ler e escrever tornou-se comum que as peças oratórias passassem a ser escritas –, outra divisão de competências veio a estabelecer-se: a gramática se firmou como "técnica de escrever (e falar) *corretamente*", distinguindo-se, pois, da retórica, "técnica de falar (e escrever) *bem*".

Assim se instituíram, portanto, dois complexos específicos de regras: um zelava pela correção – isto é, a lógica e a funcionalidade do discurso; o outro, assegurados esses atributos mínimos, visava à obtenção de efeitos extras e mais refinados – elegância, beleza ou vigor expressivo –, alcançáveis pela aplicação de recursos especiais, genericamente chamados *tropos* e *figuras*. Se, por exemplo, se escreve "Azevedo Gondim ficou sério, conteve-se e recuperou a altivez", a frase está correta – isto é, obedece às normas gramaticais; se, contudo, tivermos "Azevedo Gondim apagou o sorriso, engoliu em seco e apanhou os cacos de sua pequenina vaidade"[1], o enunciado, além de correção gramatical, passa a dispor de qualidades mais elevadas, e, como tal, sujeita-se tanto às normas da gramática como às da retórica. Eventualmente, porém, pode haver conflitos entre essas legislações paralelas, como numa conhecida passagem de Almeida Garrett – "E o desgraçado tremiam-lhe as pernas, e sufocava-o a tosse"[2] –, em que justamente uma incorreção gramatical (um termo solto na oração – "o desgraçado" –, sem função sintática) é que constitui a elegância retórica; ou seja, uma figura: o anacoluto, no caso.

Também relacionada à escrita, definiu-se uma técnica de estabelecimento e explicação de textos, nomeada *filologia*; isto é, "amizade (devoção) à palavra". Sua fundação ora se credita ao grupo de escribas anônimos que, no século VI a.C., por determinação de um tirano de Atenas – Pisístrato –, recolheu e ordenou cantos épicos dispersos sobre a Guerra de Troia, fixando como textos escritos aquelas narrativas orais metrificadas atribuídas a Homero, transformando-as assim em obras literárias – a *Ilíada* e a *Odisseia*; ora a Teágenes de Régio, que, no mesmo século, propôs a primeira interpretação alegórica desses poemas, vendo os deuses intervenientes nas ações neles narradas como representações simbólicas de forças da natureza e de virtudes ético-políticas; ora, ainda, aos eruditos que, no século III a.C., na condição de administradores da famosa Biblioteca de Alexandria, iniciaram o labor de catalogação, restauração, explicação e edição dos códices do seu lendário acervo (cf. Sousa, 1966).

A essas três disciplinas veio juntar-se, mais ou menos pela mesma época (séculos V-IV a.C.), um saber especializado no estudo da poesia, por isso designado pelo termo *poética*; ou seja, conforme sua significação etimológica, "técnica da poesia". Seu programa envolvia tanto a descrição dos recursos de que pode valer-se o poeta para elaborar suas composições como uma especulação de cunho filosófico sobre a natureza da poesia e sua legitimação ética e política.

A poesia, porém, produção discursiva que, para os gregos antigos, se revestia de valor gnômico e enciclopédico, considerada, consequentemente, como esteio para a formação dos indivíduos, tornou-se, pela importância especial que lhe era atribuída, objeto não apenas da poética. Assim, porque encerrava frequentemente formulações lapidares e memoráveis, a poesia foi consagrada pela retó-

---

1. *São Bernardo* (1934), de Graciliano Ramos, capítulo 1 (período citado com pequena adaptação).

2. *Viagens na minha terra* (1843-1845), capítulo IX.

rica como modelo para a oratória e para a prosa escrita, e, dado que a expressão poética se mostrava em geral refratária ao entendimento imediato, demandando às vezes cuidadoso trabalho interpretativo, a gramática lhe reservou uma de suas partes, dedicada à análise de poemas, dita *crítica* – isto é, "discernimento", "juízo", segundo o sentido etimológico do termo –, parte também conhecida pela designação alternativa de *comentário dos poetas*.

2

O conjunto desses estudos, formado por retórica, gramática, filologia, poética e crítica, e incidente sobre o cânone das letras greco-latinas, permanece estável até por volta do século XVI, quando começa a sofrer uma inflexão à medida que desponta e vai crescendo o interesse no levantamento de materiais literários especificados segundo cada país e destinados a exame na perspectiva da formação histórica das diferentes sociedades nacionais (cf. Auerbach, 1970 [1944]). Assim se configura o embrião de uma nova área no campo dos estudos literários, a *história literária*, disciplina dedicada ao conhecimento da cultura letrada de um país específico e definida plenamente no século XIX, não por acaso no momento em que o conceito de Estado-nação se consolida, visto, no plano político, como a mais avançada das instituições sociais, e, no plano estético, como objeto da celebração romântica – pela literatura e pelas demais artes – de suas glórias e particularidades.

Uma vez configurada, a história literária de feição nacional logo se desdobrou numa espécie de contraponto internacionalista, que, chamado *literatura comparada*, cedo também passaria a contar com estatuto disciplinar próprio. Seu objetivo originário e básico era o cotejo de tradições linguístico-literárias distintas, a fim de determinar as relações históricas que mantinham entre si, de modo a aferir créditos e débitos de uma cultura literária nacional em relação a outra, no que dizia respeito a temas, formas, gêneros, estilos etc.

Observe-se ainda que essas duas disciplinas oitocentistas, em sintonia com os rumos modernos e românticos tomados pela produção literária da época, operaram um radical deslocamento dos interesses de pesquisa. Abandona-se a exposição reverente dos preceitos impessoais e universais que até então orientavam a prática dos escritores, para investigar-se o caráter específico e a originalidade tanto de culturas literárias nacionais como de autores e de obras. Em outras palavras, os estudos literários vão-se desvencilhando progressivamente de seus fundamentos clássicos tradicionais – retórica, gramática, poética –, ao mesmo tempo que buscam aproximar-se das novas ciências humanas então em processo de definição, a sociologia e a psicologia.

Por outro lado, o século XIX assiste também a uma profunda reconcepção da ideia de crítica.

Até então, a crítica se desdobrava em duas etapas sucessivas. Na primeira, apurava-se a fidedignidade de um texto, mediante colação de suas diversas versões com uma versão atestada como autêntica. Na segunda, vinha a aferição do mérito da obra, tendo-se em conta dois níveis: quanto ao conteúdo, julgava-se sua eficácia em propor exemplos morais, pela figuração de heróis que tipificassem as virtudes cardeais da sabedoria antiga – isto é, coragem, prudência e temperança; quanto à forma, avaliava-se sua capacidade de imitar ou emular modelos consagrados pela tradição, caracterizados pela observância à tríplice regulamentação da gramática, da retórica e da poética. A qualidade, pois, de uma composição literária podia ser estimada pelo grau de sua conformação a tais critérios objetivos e bem definidos.

A partir da modernidade iluminista e romântica, no entanto, quando a arte, por influxos diversos e convergentes – estético-filosóficos, sociais, políticos, econômicos –, deixa de ser concebida como reciclagem contínua de matérias e processos de composição tradicionais e autorizados, passando a ser vista como manifestação original de subjetividades emancipadas, a crítica toma outros rumos e abandona o sistema de conceitos com que vinha operando em sua trajetória já então duas vezes milenar. Em uma de suas ramificações, desregulamenta-se, assumindo a forma de apreciação pessoal do valor das obras, virtualmente desprovida de lastro metodológico e conceitual; em outra, busca fundamentar suas análises e juízos nas ciências humanas então emergentes, a sociologia e a psicologia, à maneira do que simultaneamente se dava também, como vimos, no campo da história da literatura e da literatura comparada. Por volta da década de 1880, acham-se tão nitidamente definidas essas ramificações que cada uma delas ganha designação própria: enquanto a primeira torna-se conhecida como *crítica impressionista*, a segunda se assume como *crítica científica*.

Assinale-se, ainda, que essas disciplinas – História Literária, Literatura Comparada e Crítica – dividiram entre si os papéis sociais que os estudos literários se habilitaram a desempenhar no século XIX. Desse modo, enquanto a história literária e a literatura comparada se institucionalizaram como matérias acadêmicas, passando a integrar currículos de colégios e universidades, sendo veiculadas por tratados, manuais e compêndios escolares, e, por isso, cultivadas por professores e destinadas fundamentalmente a estudantes, a crítica dirigia-se a públicos mais amplos e heterogêneos, tendo nos jornais e nos periódicos os seus veículos por excelência, embora eventualmente se apresentasse também sob a forma de ensaios reunidos em livros.

176

3

No mesmo período em que se definem a história literária, a literatura comparada e a crítica moderna, uma reforma na terminologia da área merece nossa atenção. Vejamos:

Até por volta do século XVI, usava-se o vocábulo *letras* (ou seu equivalente latino, *litterae*) para designar o objeto dos estudos literários; isto é, o objeto comum às disciplinas clássicas dos discursos: Retórica, Gramática, Filologia, Poética e Crítica (antiga). Com esse termo – *letras* – se cobriam todas as modalidades das artes verbais, como cartas, tratados, sermões, poemas, narrativas, composições dramáticas etc. Para o estabelecimento, contudo, de distinções em campo tão heterogêneo, acrescentaram-se adjetivos à palavra, forjando-se desse modo diversas expressões destinadas a segmentar o âmbito das letras de acordo com certos critérios.

Assim, distinguiram-se os escritos religiosos – a Bíblia, os tratados teológicos, os sermões – dos profanos – poesia, ficção em prosa, peças dramáticas, tratados filosóficos etc. –, pelo emprego respectivamente das expressões *letras divinas* e *letras humanas* (Marino, 1996 [1991], p. 7, 17, 57 e 166; Wellek, 1982 [1972], p. 13).

Circulou também a expressão *boas letras* (Wellek, ibid., p. 13; Marino, ibid., p. 17-18 e 19) para designar a parcela da produção escrita considerada útil e moralmente edificante. Sua antítese, no entanto, não tem registro nas línguas modernas, mas apenas no latim medieval, em que a expressão *malae litterae* (Wellek, ibid., p. 13; Marino, ibid., p. 17-18 e 89) – isto é, literalmente, "más letras" – foi empregada para designar gêneros condenáveis segundo um ponto de vista moral e religioso: a tragédia e a comédia.

Por fim, cunhou-se ainda a expressão *belas-letras*, com a qual, por um critério basicamente retórico, mas já de certo modo também estético, nomearam-se determinadas modalidades das artes verbais em que, para aludirmos à célebre formulação horaciana[3], a doçura e o deleite se sobrepunham à utilidade e à aridez pedagógica. Integrariam as belas-letras, por conseguinte, a poesia, certas manifestações da eloquência e a prosa de ficção, além de obras de história e de filosofia reconhecidas mais pelo brilho estilístico do que pelo rigor conceitual, enquanto os demais gêneros, de feição exclusivamente pragmática – desprovidos, portanto, de encantos retóricos, poéticos ou estéticos, como manuais didáticos ou técnicos, e tratados filosóficos ou científicos –, constituiriam um subconjunto distinto – o das letras, digamos, utilitárias –, embora sem um nome corrente que o identificasse.

---

3. Cf.: "Aut prodesse volum, aut delectare Poetae, / Aut simul et jucunda, et idonea dicere vitae" (Horácio, 1778, p. 154); "Omne tulit punctum, qui miscuit utile dulci, / Lectore delectando, pariterque monendo" (p. 158). Tradução em prosa: "Os poetas desejam ou ser úteis, ou deleitar, ou dizer coisas ao mesmo tempo agradáveis e proveitosas para a vida" (Aristóteles, 1981, p. 65.); "Arrebata todos os sufrágios quem mistura o útil e o agradável, deleitando e ao mesmo tempo instruindo o leitor [...]" (p. 65).

Todas essas designações, no entanto, ficaram obsoletas. *Letras divinas, letras humanas* e *boas letras* tornaram-se expressões desabilitadas em decorrência da laicização da cultura, observável desde o século XVI e intensificada no XVIII. *Belas--letras*, por seu turno, ainda que não tenha desaparecido de todo, perdeu o prestígio por dois motivos solidários e conjugados: 1º) servia para distinguir – no duplo sentido de "identificar" e "exaltar" – textos concebidos no espírito da retórica – isto é, classicizantes, decorosos e afeitos a ornamentos de linguagem –, não tendo resistido à decadência dessa disciplina, consumada no século XIX; 2º) baseava-se na noção de beleza clássica, e, por isso, deixou de justificar-se a partir do momento em que o romantismo redimiu o feio, o disforme e o grotesco, incorporando esses elementos à sua estética[4], no que foi seguido por movimentos literários posteriores, como o realismo, o naturalismo, o decadentismo e as vanguardas do início do século XX. A expressão *belas-letras* manteve, no entanto, uma sobrevida como termo depreciativo: designa, como sabemos, o conjunto constituído por produtos literários assinalados por diletantismo, frivolidade e convencionalismo acadêmico.

Cessadas então as condições conceituais que suscitaram a segmentação das letras em divinas e humanas, ou boas e belas, e, ao mesmo tempo, dado o reconhecimento de que parte delas, por influxo da Modernidade emergente, apresentava-se como manifestação de identidades nacionais, expressão de sensibilidades ou objeto estético, reclamando um nome que destacasse seu caráter específico no campo da produção letrada tradicional, parece que essa lacuna no vocabulário é que propiciou a recuperação de uma antiga palavra – *litteratura* –, então revitalizada por um processo que vale a pena sumariamente reconstituir.

Neologismo derivado de *littera* ("letra"), formado em latim para traduzir o grego *grammatiké* – termo, por sua vez, derivado de *grámma*, "letra" –, *litteratura*, portanto, em latim, era sinônimo de *grammatica* (forma latina do grego *grammatiké*), e significava "técnica das letras" – isto é, "habilidade de ler e escrever" –, e logo, por derivação de sentido, "cultura obtida por meio do domínio dessa habilidade", "erudição". Com esses significados e as alterações fonéticas típicas da transmissão por via vulgar, a palavra introduziu-se nas línguas modernas – em português, registram-se *letradura, leteradura, literadura* e *leteratura* (Cunha, 1986 [1982]. p. 471; Machado, 1990 [1952], p. 409 e 430; Silva, 1991 [1967], p. 1; Silva, 1789, v. 2, p.17; Silva, 1813, p. 216) –, mas acabou caindo em desuso, preterida pelo vocábulo *letras* e pelas expressões dele derivadas antes referidas (*letras divinas, letras humanas, boas letras, belas-letras*).

---

4. Cf.: "Do ponto de vista romântico, também as degenerações excêntricas e monstruosas da poesia têm seu valor como materiais e exercícios preparatórios da universalidade, desde que nelas haja alguma coisa, desde que sejam originais" (Schlegel, 1997 [1798], p. 69).

No momento, contudo, em que se constata a lacuna lexical mencionada, a palavra *litteratura* faz uma segunda entrada nas línguas modernas, dessa vez por via erudita, o que explica a conservação de sua forma latina. Assim, em português, por exemplo, o termo *litteratura* aparece em dicionário no ano de 1727, registrado com o mesmo significado que tinha em latim: "Erudição, sciencia, noticia das boas letras". E, naquele que viria a ser o grande dicionário português oitocentista – conhecido como o *Morais* –, figura como verbete somente na edição de 1823[5], na qual, no entanto, ainda se lhe atribui o antigo sentido latino – "Erudição, sciencia, noticia das boas letras, humanidades" (Silva, 1823, v. 2, p. 174) –, situação que permanece em edições subsequentes – 1831, 1844 e 1858 –, até que, na edição de 1877-1878, viesse a aparecer com seu significado básico moderno: "O conjunto das producções litterarias d'uma nação, d'um país ou d'uma epocha" (Silva, 1877-1878, v. 2, p. 244).

4

Articulam-se assim, de fins do século XVIII às primeiras décadas do XIX, certas transformações que mudam o panorama dos estudos literários: as antigas disciplinas que o constituíam – Retórica, Gramática, Filologia, Poética e Crítica (antiga) – entram em declínio, ao passo que nele despontam formações disciplinares novas: História Literária, Literatura Comparada e Crítica (moderna); correlativamente, o objeto de tais estudos deixa de ser as letras em geral, para restringir-se à literatura.

Esse novo conceito, de fato, conforme se vê na definição oitocentista do Morais, estabelece, na esfera ampla das letras, um âmbito mais restrito. Assim, diferentemente do que caracteriza o seu antecessor – as letras –, não se situa em plano universal e atemporal, antes especificando-se pela combinação de particularidades nacionais – "conjunto das producções litterarias *d'uma nação* [ou] *d'um pais*" – e determinações históricas: "conjunto das producções litterarias [...] *d'uma epocha*".

Simultaneamente, além disso, esboçam-se as condições para uma definição de fundamento estético para o conceito de literatura, como se vê, por exemplo, na seguinte ponderação de um crítico brasileiro da primeira metade do século XIX:

> Sem duvida nenhuma a palavra litteratura na sua mais lata accepção, significa a totalidade dos escriptos litterarios ou scientificos, e he neste sentido que dizemos – litteratura theologica, medica, juridica. Mas d'aqui se não segue que devamos admittir tal accepção quando se trata de litteratura

---

5. Na primeira e na segunda edição do Morais (respectivamente, 1789 e 1813), não há verbete específico para a palavra *litteratura*, que aparece, contudo, no verbete que consigna o vocábulo arcaico *letradura*, como sinônimo (ou variante) deste.

propriamente dita. Ninguem ainda procurou a litteratura italiana, ingleza ou franceza nas *Memorias da Academia del Cimento*, nas *Transacções philosophicas* ou no *Journal des Savants* ou de *Physique*. Não he de Lancisi, Galileo, Volta e Galvani que se nos falla na historia litteraria, não de Boyle, Cavendish, Davy etc., mas de Dante, Petrarcha, Ariosto, Machiavelli, Tasso, Shakespeare, Milton e Bossuet, Corneille (Ribeiro, 1843, p. 8).

Veja-se como essa passagem condensa tempos diversos. Por um lado, ocupa--se com o conceito de literatura, já que se refere a conjuntos de escritos especificados pelas nacionalidades – italiana, inglesa, francesa –, e os toma como objetos da história literária, mantendo assim plena sintonia com ideias do seu tempo. Por outro, figura num periódico em cujo subtítulo – "Jornal de Ciências, Letras e Artes" – ainda encontramos o termo tradicional *letras*, já então de uso declinante, e não a novidade lexical daquele momento, a palavra *literatura*. E, finalmente, propõe uma noção de literatura de fundamento estético, então ainda por definir-se mais precisamente. Assim se exemplifica a "literatura propriamente dita" – isto é, o conjunto de obras não utilitárias e esteticamente orientadas, e, pois, composto exclusivamente por ficção lírica, narrativa e dramática, em verso ou prosa – com poetas como Petrarca, Ariosto, Tasso, Shakespeare e Corneille, e também com Dante e Milton[6] –, excluindo cientistas de seu âmbito – Lancisi, Galileu, Volta, Galvani, Boyle, Cavendish, Davy –, nela inclui, porém, Maquiavel e Bossuet; ou seja, autores que tomamos hoje não como poetas ou escritores de ficção em prosa, mas, respectivamente, como pensador político e pregador religioso.

Ora, o trecho citado nos permite depreender a fisionomia geral dos estudos literários em meados do século XIX. Por um lado, mostra que a ideia de literatura como representação de identidades nacionais ou expressão de sentimentos individuais tidos por autênticos acha-se plenamente estabelecida, encontrando espaço na História Literária – bem como na Literatura Comparada e na Crítica, acrescentamos nós –, disciplinas que, como vimos, buscavam fundamentar suas pesquisas e juízos na Sociologia e na Psicologia, e não mais na tríade clássica Retórica/Gramática/Poética. Por outro lado, indica que ainda não se tinha estabelecido na época a noção estética de literatura, que a tomasse, por conseguinte, como arte autocentrada, não obstante sua prefiguração em conceitos como verossimilhança/necessidade (Aristóteles, na *Poética*) e sabedoria poética/fantasia (Vico, nos *Princípios de uma ciência nova* [1725]), e que ganhou dimensões inéditas na Modernidade, com contribuições devidas, sobretudo, a Baumgarten (nas *Reflexões filosóficas acerca da poesia* [1735]) – diferença entre representação distinta ou não poética e representação

---

6. As obras principais desses autores – respectivamente, *Divina comédia* (circa 1313-1320) e *Paraíso perdido* (1667-1674) –, se bem que poemas, não deixam de ser textos de natureza teológica.

sensível ou poética – e Kant (na *Crítica da faculdade do juízo* [1790]) – diferença entre juízo de conhecimento, ou lógico, e juízo de gosto, ou estético.

A definição de literatura em termos estéticos, assim, permanece incipiente na primeira metade do século XIX, condição em que continua até as décadas iniciais do século XX. Veja-se, por exemplo, a definição proposta em 1916 por um crítico e historiador brasileiro: "Literatura é arte literária. Somente o escrito com o propósito ou a intuição dessa arte – isto é, com os artifícios de invenção e de composição que a constituem – é, a meu ver, literatura. [...] Esta é [...] sinônimo de boas e belas-letras [...]" (Veríssimo, 1969 [1916], p. 10).

O autor, na passagem citada, prosseguindo com sua argumentação, propõe excluir da literatura, por ele considerada uma das artes, todos os escritos não artísticos, que exemplifica com "economia política, [...] direito público, [...] artigos de jornal [...], discursos parlamentares, cantigas e histórias populares [...]", gêneros que – acrescentemos –, com exceção do que ele chama "cantigas" e "histórias populares", fariam parte das letras, mas não da "literatura propriamente dita", para usarmos a expressão empregada por fNunes Ribeiro no trecho antes citado. No entanto, embora ele tangencie uma conceituação estética, na verdade fundamenta sua caracterização de literatura em categorias retóricas, como "artifício", "invenção", "composição"[7], e em noções clássicas, como "boas letras" e "belas-letras", e não no princípio propriamente estético de autonomia da arte – emergente na modernidade iluminista[8] e assimilado por certa vertente do romantismo[9] –, segundo o qual a condição para uma obra ser considerada artística – e, portanto, a condição para a sua correta apreciação – seria o alheamento em relação a todos os valores estranhos à sua natureza, de ordem pedagógica, moral, política, religiosa etc.

O conceito estético de literatura, porém, vai gradualmente conquistando relevo, processo intensificado em fins do século XIX, ao se confrontarem os estudos literários com experiências interessadas especialmente nos aspectos formais das composições, unificadas sob a rubrica de *arte pela arte* e representadas

---

7. Os termos *artifício, invenção* e *composição* integram a terminologia da retórica. Com efeito, essa disciplina se propõe como *arte*, no sentido antigo e clássico da palavra, isto é, apresenta-se como conjunto de *artifícios* constitutivos de uma técnica ou perícia especializada na produção de obras literárias, processo que se inicia com a etapa chamada *invenção* – procura de um tema ou assunto –, a que se segue a etapa dita *disposição* – arranjo do material temático em determinada ordem argumentativa ou narrativa –, designada pelo termo *composição* no trecho citado.

8. Cf.: "Bela arte [...] é um modo-de-representação que por si mesmo é final [...]" (Kant, 1974 [1790], p. 339).

9. Cf.: "[A] beleza não oferece resultados isolados nem para o entendimento nem para a vontade, não realiza, isoladamente, fins intelectuais ou morais, não encontra uma verdade sequer, não auxilia nem mesmo o cumprimento de um dever, e é, numa palavra, tão incapaz de fundar um caráter quanto de iluminar a mente." (Schiller,1995 [1795], p. 110); "A poesia é um discurso republicano; um discurso que é sua própria lei e seu próprio fim, onde todas as partes são cidadãos livres e têm direito a voto" (Schlegel, 1997 [1798], p. 30.).

em correntes poéticas como o parnasianismo e o simbolismo. Em seguida, nas primeiras décadas do século XX, essas experiências se radicalizam, com a proliferação das chamadas *vanguardas artísticas* – futurismo, cubismo, dadaísmo, surrealismo etc. –, que confluem no movimento – e logo categoria historiográfica – dito *modernismo*.

Tais experiências, com exclusão da diretriz classicizante e conservadora representada pelo parnasianismo, permaneceram, por sua novidade radical, geralmente fora do alcance da história e da crítica literárias, que, como regra, tinham em conta mais os aspectos referenciais dos textos estudados do que suas articulações internas. Desse modo, dadas as limitações dos estudos literários oitocentistas para lidar com textos caracterizados por linguagem densa e pouco transparente, e que se apresentavam, por conseguinte, como objetos verbais autocentrados, foi-se definindo, no campo dos estudos literários, uma nova disciplina, que veio a adotar como nome o título do tratado universitário que, publicado em 1949, a expôs pela primeira vez de modo sistemático, e estava destinado a tornar-se famoso: *Teoria da literatura*, de René Wellek e Austin Warren.

5

Como estratégia para defender o projeto disciplinar da teoria da literatura, Wellek e Warren partem do pressuposto de que o campo dos estudos literários se dividiria em dois setores. Um deles se caracterizaria pelo emprego do que eles chamam "métodos extrínsecos", interessados não na literatura em si mesma, mas "na sua posição, no seu meio ambiente e nas suas causas externas" (Wellek, 1962 [1948], p. 89). Esses métodos se proporiam "interpretar a literatura à luz do seu contexto social e dos seus antecedentes, [constituindo] uma explicação 'causal', que pretende justificar a literatura, explicá-la e [...] reduzi-la às suas origens". No entanto, segundo os autores, "o estudo causal nunca conseguirá dar conta dos problemas de descrição, análise e valoração de um objecto como a obra de arte literária" (p. 89), razão por que, para o necessário enfrentamento desses problemas, que deveriam constituir o verdadeiro objeto central da investigação literária, seria indispensável adotar uma metodologia intrínseca; isto é, aparelhada para "a interpretação e a análise das obras literárias em si próprias" (p. 173).

Ora, logo se vê que se trata de preterir a ideia romântico-realista de literatura como representação verista ou expressão emocionalmente autêntica – ideia de base, pois, histórica, sociológica e psicológica – pela concepção modernista de obra literária como objeto autorreferente e autônomo, fundamentado, por conseguinte, na estética. A par disso, à medida que se tornara aguda a consciência de que a literatura consistia em conjuntos de artefatos compostos essencialmente de palavras, os estudos literários, na busca de métodos e conceitos mais sintonizados com a então pressuposta natureza do seu objeto, tenderam a guardar distância das disciplinas que tinham sido suas referências no século XIX – a História, a Sociologia e a Psicologia –, para se aproximarem da linguística, especialidade, de resto, então em alta no campo das ciências humanas, graças aos progressos que alcançara no início do século XX.

Tamanha foi a influência da linguística que algumas correntes da teoria da literatura definiram o objeto da nova disciplina como certa modalidade específica de discurso, caracterizável, portanto, em termos estritamente linguísticos.

Assim, para a estilística, a linguagem literária consistiria num desvio em relação aos empregos rotineiros e utilitários da língua, e, para o formalismo russo, numa quebra de automatismos verbais apta a provocar a estranheza dos leitores.

O *new criticism*, por sua vez, partindo do pressuposto de que o essencial nas obras literárias seria a própria tessitura de sua linguagem, postulou que o instrumento adequado para apreendê-la seria o que seus adeptos batizaram de *close reading* – isto é, uma leitura minuciosa e aderente ao texto –, sem interesse, por conseguinte, em fatores extratextuais, como as condições sociais de produção da obra e a vida do autor.

O estruturalismo, por fim, ao sustentar que a linguagem exercia funções variadas à medida que pusesse em relevo um dos fatores presentes nos atos de comunicação – remetente, contexto, mensagem, contacto, código, destinatário –, qualificou como *poética* a função que respondia pelo destaque conferido à mensagem; isto é, ao texto. A tese estruturalista, assim, concebe a poesia (tomado o termo na acepção ampla de conjunto das artes da palavra, aí incluídos, pois, gêneros da prosa de ficção e da dramaturgia) como lugar por excelência de manifestação da função poética da linguagem – ou seja, como certa modalidade específica de mensagem empenhada em exibir-se a si própria –, em detrimento da expressão do remetente, da referência ao contexto, do estabelecimento de contato, da elucidação do código e do apelo ao destinatário. Para seus seguidores, assim, a literariedade – quer dizer, o diferencial da literatura, a propriedade que a distingue de outras espécies de discurso – se define por um critério linguístico. A teoria da literatura, portanto, não seria senão uma parte da ciência geral da linguagem, vale dizer, consistiria, basicamente, numa seção da linguística.

Acrescente-se que, com a mediação da linguística, os estudos literários se aproximaram também da antropologia e da psicanálise, no pressuposto de que seu objeto próprio – a linguagem literária – apresentaria semelhanças estruturais com formações discursivas objeto daquelas ciências; isto é, respectivamente, o mito e o sonho.

6

A teoria da literatura, no entanto, nunca se apresentou como projeto disciplinar unificado e homogêneo, caracterizando-se, muito pelo contrário, pelas inumeráveis controvérsias internas que sempre comportou, a ponto de ter-se tornado usual se reconhecerem no seu âmbito diversas correntes antagônicas, algumas especificadas por designações individualizadoras fixadas na terminologia da área.

Numa tentativa de síntese sumária é possível dividir suas principais correntes em dois grandes grupos, tomando por referência a mencionada distinção feita por Wellek e Warren, entre os métodos intrínseco e extrínseco. Assim, ao método intrínseco podemos vincular as correntes interessadas em tomar as obras literárias principalmente como textos, no sentido de arranjos verbais intransitivos, e que, assim consideradas, se prestariam a análises técnicas altamente especializadas, casos da estilística, do formalismo russo, do *new criticism*, do estruturalismo. O método extrínseco, por seu turno, seria o denominador comum das correntes que, de uma forma ou de outra, se interessam por fatores extratextuais implicados pelas composições literárias, especialmente as relações entre literatura e sociedade, questão central para as vertentes da teoria da literatura caracterizadas por orientação sociológica de diversos matizes. Reduzir, contudo, tamanha fragmentação a um quadro coerente e econômico não parece viável, além de haver correntes que não se revelam passíveis de alinhamento seguro com qualquer dos lados da dicotomia metodológica proposta por Wellek e Warren, caso, por exemplo, da chamada *estética da recepção*.

7

Quanto à posição da crítica no panorama dos estudos literários definido na primeira metade do século XX, cabe uma observação.

Sabemos que a palavra *crítica*, por sua própria etimologia, designa a parte dos estudos literários especialmente dedicada à avaliação do mérito de composições literárias específicas. Por isso, inicialmente, não comporta generalizações teóricas, antes limitando-se a aplicar teorias que a precedem. Assim, nas épocas antiga e clássica, como vimos, consistia na aferição da autenticidade e do valor de textos, com base em parâmetros filológicos, morais, retóricos, gramaticais e poéticos. Em torno da segunda metade do século XVIII, porém, conforme já assinalamos, sofre sua primeira reformulação: desacreditada a autoridade das antigas disciplinas dos discursos, toma a forma de juízos livres e pessoais sobre autores e obras, praticamente desprovidos de lastro conceitual. Logo, no entanto, no curso do século XIX, conhece um esforço de teorização própria, procurando novos fundamentos conceituais, distintos daqueles tradicionalmente aplicados até então. Enfim, acomoda-se a veículos modernos de difusão cultural, elegendo jornais e revistas como seu lugar privilegiado. Apresenta-se, então, sob a forma de ensaios às vezes extensos, escritos em linguagem destinada a leitores não especializados, assinados por figuras públicas amplamente acatadas como críticos e detentoras de colunas jornalísticas fixas que, em alguns casos, se tornaram célebres[10].

Assim alcança o século XX, até tornar-se objeto de restrições por parte de especialistas de formação universitária, os quais, rejeitando a crítica de modelo oitocentista, propuseram a profissionalização da atividade, que então, aos poucos, foi deixando de ser praticada por *connaiseurs* ou amadores esclarecidos, para circular no âmbito das universidades, exercida por professores especializados em estudos literários.

A crítica, assim, acaba por constituir-se em componente da teoria da literatura: sai de cena a velha crítica, e surgem as designações *new criticism* e *nouvelle critique*, adotadas para nomear ramificações daquela disciplina.

O processo, portanto, implicou a absorção da crítica pela teoria da literatura, tornando-se aquela uma espécie de parte operacional desta; isto é, dedicada não a generalizações conceituais, mas à dissecação analítica de obras literárias específicas. A crítica tradicional, por sua vez, transformada praticamente em um ramo do jornalismo, mudaria de feição, à medida que os espaços na imprensa se reconfiguravam, sob a pressão de transformações sociais e culturais cada vez mais aceleradas ao longo do século XX. O generoso espaço que lhe era reservado nos jornais se encolhe, e assim as colunas de crítica acabam em geral reduzidas a resenhas ligeiras, quando não a meras notícias de lançamentos literários.

8

Os estudos literários, nas suas configurações oitocentista e novecentista aqui sumariamente descritas, embora constituídos por disciplinas mais ou menos intercomplementares e ao mesmo tempo mais ou menos rivais – História Literária, Literatura Comparada, Crítica, Teoria da Literatura –, tiveram por saldo a estabilização de certos princípios que, contudo, depois de terem sido amplamente aceitos como produtos conceituais da Modernidade, tornaram-se objeto

---

10. Caso de "Causeries du Lundi" (1851-1862) e "Noveux Lundis" (1863-1870), de Charles Sainte-Beuve (1804-1869), que constituíram uma espécie de paradigma para colunas jornalísticas de crítica literária.

de questionamentos radicais. Assim, a ideia de literatura nacional foi impugnada, por tratar-se de construção da história literária que, além de conceber as nações como tecidos sociais homogêneos e passíveis de representação pela linguagem literária, descrevia a literatura como um movimento teleológico de autorrealização nacionalista. A noção de cânone, por sua vez, viu-se acusada de consistir numa invenção pseudocrítica, baseada em preconceitos e refratária à diversidade, por isso constituída por obras representativas tão somente dos interesses de classes, gêneros e etnias dominantes. E a própria ideia de literatura concebida como objeto de linguagem verbal, passível de distinguir-se de outras produções culturais por meio de critérios estéticos e linguísticos, ficou sob suspeita, por sua alegada natureza essencialista e alheia ao caráter inevitavelmente contingente, mutante e relativo de tudo o que circula no âmbito da cultura.

Novas configurações, então, se estabeleceram no campo literário: em vez da segmentação da literatura pela conjugação dos critérios de nacionalidade, época e valor estético – que fundamentavam distinções como literatura brasileira e literatura portuguesa, romantismo e realismo, obras maiores e obras menores etc. –, configuram-se noções como literatura feminina, literatura afro-brasileira, literatura *gay*, literatura pós-colonial etc.; em vez de objetos estritamente literários – isto é, de cunho exclusivamente verbal –, acolhem-se composições híbridas, nas quais confluem linguagens diversas, como pintura, música, cinema, fotografia, publicidade etc.; enfim, a própria expressão *campo literário* se revela imprópria, pois a literatura teria perdido a especificidade, diluída no campo abrangente e heterogêneo da cultura.

Constitui-se, assim, não uma disciplina, mas um ponto de vista epistemológico[11], caracterizado justamente por rejeitar compartimentações do saber estabelecidas mediante critérios disciplinares, antes se propondo como área inter-, multi-, pluri- ou transdisciplinar. Chamado *estudos culturais*, esse ponto de vista epistemológico apresenta-se com forte vocação para o ativismo ético-político, e abriga correntes como a crítica feminista e a teoria pós-colonial, contrapondo-se, com ânimo polêmico, aos estudos literários. Instalou-se desse modo, nas últimas três décadas, um dissenso entre – digamos, na falta de termos consensuais – universalistas e relativistas, ou entre estudos literários e estudos culturais, o que configura talvez a principal controvérsia acadêmica da atualidade no âmbito das ciências humanas.

---

11. Tomamos a expressão a Joseph Hrabák, que a emprega em relação ao estruturalismo (apud Câmara Jr., 1969 [1966], p. 5).

9

Bem, minha ideia aqui, em consonância com o tema deste Congresso, foi discorrer sobre a tradição dos estudos literários em três tempos, embora ela conte com nada menos do que dois milênios e meio, e só posso esperar que o tenha feito de modo mais sintético do que simplesmente ligeiro.

Agora, para encerrar esse sobrevoo por panorama tão extenso, digamos que, caso se aceitem as bases desta exposição, parece aceitável que essa longa duração por sua vez se deixe segmentar também em três tempos. Nessa linha, é razoável considerar disciplinas *clássicas* a Retórica, a Poética e a Filologia; disciplinas *modernas*, a História Literária, a Literatura Comparada e a Teoria da Literatura; e os Estudos Culturais, se não propriamente uma disciplina, um complexo disciplinar *pós-moderno*. Quanto à crítica, como vimos, foi clássica e tornou-se moderna, mas parece de inserção muito problemática numa época como a nossa, em que a ideia de diversidade nos conduz a um relativismo cultural ironicamente tomado como valor absoluto.

Referências

ARISTÓTELES; LONGINO; HORÁCIO. *A poética clássica.* Intr. de R.O. Brandão. Trad. direta do grego e do latim por J. Bruna. São Paulo: Cultrix, 1981.

AUERBACH, E. As pesquisas literárias. *Introdução aos estudos literários.* Trad. de J.P. Paes. São Paulo: Cultrix, 1970 [1944].

BAUMGARTEN, A.G. *Reflexiones filosóficas acerca de la poesía.* Trad. Do latim, pról. e notas de J.A. Miguez. Madri: Aguilar, 1964 [1735].

BLUTEAU, R. *Vocabulario portuguez e latino.* Vol. 9. Coimbra: Collegio das Artes da Companhia de Jesus, 1727.

CAMARA JR., J.M. O estruturalismo linguístico [1966]. *Tempo Brasileiro*, n. 15/16, p. 5-42, mar.-abr./1969.

CUNHA, A.G. *Dicionário Etimológico Nova Fronteira da Língua Portuguesa.* 2. ed. rev. e acrescida de um suplemento. Rio de Janeiro: Nova Fronteira, 1986 [1982].

HORÁCIO. *Arte poética.* Trad. e ilustr. por C. Lusitano. 2. ed. cor. Lisboa: Officina Rollandiana, 1778.

KANT, I. Da arte e do gênio [1790]. *Crítica da razão pura; e outros textos filosóficos.* Sel. de M.S.C. Berlinck. São Paulo: Abril, 1974, p. 335-363.

KANT, I. *Crítica da faculdade do juízo.* 2. ed. Trad. de V. Rohden e A. Marques. Rio de Janeiro: Forense Universitária, 2002 [1790].

MACHADO, J.P. *Dicionário Etimológico da Língua Portuguesa; com a mais antiga documentação escrita e conhecida de muitos vocábulos estudados.* Vol. 3. 6. ed. Lisboa: Livros Horizonte, 1990 [1952].

MARINO, A. *The biography of the idea of literature: from Antiquity to the Baroque*. Trad. de V. Stanciu e C.M. Carlton. Albânia: State University of New York, 1996 [1991].

RIBEIRO, S.N. Da nacionalidade da literatura brasileira. *Minerva Brasiliense*, Rio de Janeiro, v. 1, n. 1, p. 7-23, 01/11/1843.

SCHILLER, F. *A educação estética do homem: numa série de cartas*. Trad. de R. Schwartz e M. Suzuki. Intr. e notas de M. Suzuki. 3. ed. São Paulo: Iluminuras, 1995 [1795].

SCHLEGEL, F. Fragmentos críticos: Athenäum [1798]. *O dialeto dos fragmentos*. Trad., apres. e notas de M. Suzuki. São Paulo: Iluminuras, 1997.

SILVA, A.M. *Diccionario da Lingua Portugueza*. 2 vol. Lisboa: Officina de Simão Thaddeo Ferreira, 1789 [2. ed. 2 vol. Lisboa: Typographia Lacerdina, 1813. • 3. ed. 2 vol. Lisboa: Typographia de M.P. de Lacerda, 1823. • 4. ed. 2 vol. Lisboa: Impressão Régia, 1831. • 5. ed. 2 vol. Lisboa: Typographia de Antonio José da Rocha, 1844. • 6. ed. 2 vol. Lisboa: Typographia de Antonio José da Rocha, 1858. • 7. ed. 2 vol. Lisboa: Typographia de Joaquim Germano de Sousa Neves, 1877-1878].

SILVA, V.M.A. *Teoria da literatura*. 8. ed. Coimbra: Almedina, 1991 [1967].

SOUSA, E. Nota acerca da história da filologia grega na Antiguidade. *In*: ARISTÓTELES. *Poética*. Trad., pref., intr., com. e apêndices de E. Sousa. Porto Alegre: Globo, 1966, p. 188-210.

VERÍSSIMO, J. *História da literatura brasileira: de Bento Teixeira (1601) a Machado de Assis (1908)*. 5. ed. Rio de Janeiro: J. Olympio, 1969 [1916].

VICO, G. *Princípio de (uma) ciência nova: acerca da natureza comum das nações*. Sel., trad. e notas do Prof.-Dr. A.L. Almeida Prado. São Paulo: Abril, 1979 [1725].

WELLEK, R. The attack on literature [1972]. *The attack on literature and other essays*. Chapel Hill, NC: The University of North Carolina Press, 1982, p. 13-18.

WELLEK, R.; WARREN, A. *Teoria da literatura*. Trad. de J.P. Carmo. Lisboa: Europa--América, 1962 [1949].

Sobre os textos

São inéditos os ensaios "O figurativo e o abstrato nas artes literárias", "O conceito de epopeia na historiografia literária brasileira oitocentista" e "Croniquinha da profissão II: a área de letras na universidade brasileira". Os demais me pareceu oportuno republicá-los, a fim de marcar ou reiterar posições nos debates sobre os estudos literários ora em curso nas nossas universidades. Seguem abaixo as referências anteriores desses textos, que aqui se apresentam em alguns casos bastante retocados e mesmo com títulos alterados, se não adaptados para a inserção neste volume.

"Antonio Carlos Secchin: sua lira dos vinte anos". *Brasil/Brazil: Revista de Literatura Brasileira/A Journal of Brazilian Literature*, Porto Alegre, v. 35, n. 68, p. 57-66, 2022.

"Os professores do Colégio Pedro II e a institucionalização da literatura brasileira". *Revista Brasileira*, Rio de Janeiro, Fase IX, ano III, n. 104, p. 69-78, jul.-set./2020.

"Termos e conceitos básicos nos estudos literários: reflexões a partir das etimologias" – Termos e conceitos básicos nos estudos literários: etimologias. SOUZA, R.A. *Como e por que sou professor de Literatura: e outros estudos de história, crítica e teoria literária*. Chapecó: Argos, 2020, p. 177-211.

"Teoria da literatura". JOBIM, J.L.; ARAÚJO, N.; SASSE, P.P. (orgs.). *(Novas) Palavras da crítica*. Rio de Janeiro: Makunaima, 2021, p. 694-719.

"Teoria da literatura: fragmentação, limites, possibilidades". RODRIGUES, R.R.; PORTELA, N.T.; ANDRÉ, D. (orgs.). Uberlândia: Pangeia, 2019, p. 20-23.

"O lugar da crítica nos estudos literários" – Como se pesa o talento dos poetas: lugar da crítica nos estudos literários. *In*: ABREU, F.C.S.; OLIVEIRA, G.S.; QUEVEDO, R.C. (orgs.). *A poesia na ágora*. São Luís: Edufma, 2021, p. 217-232.

"Croniquinha da profissão I: de como uma geração lidou com a teoria da literatura" – De como uma geração lidou com a teoria da literatura. SARAIVA, J.A. *et al*. (orgs.). *Literatura e seus enlaces: trajetória de Regina Zilberman*. Rio de Janeiro: Makunaima, 2023, p. 902-909.

"A questão do método nos estudos literários". SOUZA, R.A. *Um pouco de método: nos estudos literários em particular com extensão às humanidades em geral*. São Paulo: É Realizações, 2016, p. 56-70.

"Um pouco de metateoria: a historicidade dos estudos literários" – Capítulo 5: A investigação da literatura: do inventário de pendências ao protocolo de intenções. SOUZA, R.A. *Formação da teoria da literatura: inventário de pendências e protocolo de intenções*. Rio de Janeiro/Niterói: Ao Livro Técnico/Eduff, 1987, p. 125-141.

"Os estudos literários em três tempos: clássico, moderno, pós-moderno" – Apresentação. SOUZA, R.A. *O labirinto e o plano: textos seminais para os estudos literários (1905-2017)*. Vol. 1. Chapecó: Argos, 2021, p. 19-43.

Conecte-se conosco:

f facebook.com/editoravozes

📷 @editoravozes

𝕏 @editora_vozes

▶ youtube.com/editoravozes

🟢 +55 24 2233-9033

www.vozes.com.br

Conheça nossas lojas:

www.livrariavozes.com.br

Belo Horizonte – Brasília – Campinas – Cuiabá – Curitiba
Fortaleza – Juiz de Fora – Petrópolis – Recife – São Paulo

    Vozes de Bolso

EDITORA VOZES LTDA.
Rua Frei Luís, 100 – Centro – Cep 25689-900 – Petrópolis, RJ
Tel.: (24) 2233-9000 – E-mail: vendas@vozes.com.br